Fidel Alcala

TEMAS
HOMILETICOS SELECTOS
para reuniones
de señoras

TEMAS
HOMILETICOS SELECTOS
para reuniones
de señoras

Lidia Vila

Libros CLIE
Galvani, 113
08224 TERRASSA (Barcelona)

TEMAS HOMILETICOS SELECTOS
PARA REUNIONES DE SEÑORAS

Depósito Legal: B. 16.743 - 1989
ISBN 84-7228-757-2

Impreso en los Talleres Gráficos de la M.C.E. Horeb,
E.R. nº 265 S.G.- Polígono Industrial Can Trias,
calles 5 y 8 - VILADECAVALLS (Barcelona)

Printed in Spain

INDICE

PROLOGO

El presente libro es el primero que se publica a nombre de la autora Dña. Lidia Vila de Vila; pero podemos afirmar que por sus manos, y naturalmente por su mente, han pasado la mayor parte de los 650 volúmenes que constituyen el fondo editorial de CLIE en los 56 años de historia de la referida editorial, ya que doña Lidia es la esposa de don Samuel Vila desde el año 1931, cuando contaba 17 años de edad, y ha sido, desde entonces, la inseparable e insustituible secretaria particular de nuestro director.

Del mismo modo que don Samuel no quiere jubilarse, sino que sigue impertérrito a sus 80 años en la obra de predicar y escribir el Evangelio, su esposa doña Lidia le acompaña en su misma trayectoria. Asistió en los días 6 a 9 de mayo del pasado año, a la primera Feria Internacional del *Libro de Miami,* donde muchos libreros y visitantes tuvieron la oportunidad de conocerla en el departamento de la Editorial CLIE; y predicó en un culto unido de señoras celebrado en la Iglesia Bautista de la Resurrección, de Miami.

En su visita a México para inaugurar el centro distribuidor UNILIT, en la calle Insurgentes, de la capital federal, varios hermanos, y de un modo muy particular el agente de UNILIT, don Alvaro Hernández, la asediaron con la petición de que escribiera un libro de bosquejos para cultos de señora; una obra que diera a las hermanas predicadoras una guía para tratar temas bíblicos de un modo bien ordenado y homilético, seleccionados de su indudablemente gran archivo de tales materiales, y de su experiencia pastoral por más de medio siglo en España. El presente libro es fruto de su promesa a tal respecto.

Naturalmente, en el presente libro la autora ha procurado condensar sus mensajes para dar lugar a la iniciativa de las hermanas predicadoras que han de usar este libro. Esta es la razón por la que ha suprimido el texto completo de casi todos los versículos a que hace referencia, poniendo solamente las citas para que las usuarias las busquen y las expliquen con sus propias palabras; pero en el conjunto de cada mensaje tienen el meollo del tema expuesto en un orden homilético y sustanciosamente edificante.

Considerando, empero, que el texto de cada mensaje es demasiado extenso para que las predicadoras o predicadores puedan usarlo sin caer en el peligro de leerlo en la iglesia, hemos puesto una segunda parte con los bosquejos resumidos en una sola hoja, la cual puede ser, incluso, cortada por la línea perpendicular para llevarla en la propia Biblia a la reunión, después de haber leído el mensaje completo dos o más veces. A tales hojas recortables, cada usuaria, o usuario, puede añadir sus propios pensamientos.

Cuantas más veces se haya leído el texto entero más habilidad se adquirirá para expresar los pensamientos del libro en palabras propias, añadiendo otros textos o pensamientos adecuados en el lugar conveniente.

Esta serie de mensajes dados con amplitud y resumidos, a su vez en un práctico conjunto de esqueletos para refrescar la memoria, es la gran novedad y ventaja del presente libro sobre los que contienen meros bosquejos en esqueleto, desnudos de material; y también de aquellos libros de sermones enteros donde aparecen largas pláticas sin divisiones; muchas veces porque el mismo sermón no sigue ningún orden homilético.

Muchas damas de las reuniones femeninas en que doña Lidia suele tomar parte en Cataluña, han declarado: «Hay muy buenas predicadoras en nuestra región y de todas recibimos edificación espiritual, pero usted lo explica de un modo tan claro, que cada sermón puede ser recordado desde el principio, y las historias las explica en colores tan vivos, que parece que lo estamos viendo y viviendo cuando las oímos de sus labios».

Los mensajes de este libro versan, de un modo especial, sobre figuras femeninas o motivos espirituales adecuados para señoras, pero muchos predicadores que los han visto declaran que lo mismo pueden ser usados por pastores y predicadores en general, ya que infinidad de veces los predicadores tratan estos mismos temas en reuniones de público heterogéneo, en cultos de edificación cristiana.

Hemos colocado los mensajes por orden bíblico para facilitar su hallazgo en el libro, el cual encomendamos al Señor para que por su bendición pueda ser de gran utilidad para quienes tienen a su cargo el privilegio de alimentar espiritualmente al pueblo cristiano, particularmente en el sector femenino.

Terrassa, septiembre de 1982.

Los Editores

12

1
LAS CINCO PREGUNTAS DE DIOS

Génesis 3:9; 4:9 - Exodo 4:2
1.° Reyes 19:9 - Isaías 6:8

No hay nada que asuste tanto a los estudiantes en los días de exámenes como las preguntas de los profesores. ¿Qué preguntará mi examinador y cómo le responderé? Es la incógnita de todos los alumnos al acercarse el final del curso. Pero las preguntas más importantes son las que proceden del Autor y Creador de todas las cosas y las tenemos consignadas en la Biblia, bajo un orden histórico que es de gran significado para nosotros.

I. ¿DONDE ESTAS TU? (Gén. 3:9)

Nosotros desconocemos muchas cosas acerca de Dios, a pesar de los cuatro mil años de experiencia humana acumulada y de la ciencia desplegada por el hombre en los últimos tiempos, tal como está profetizado en Daniel 12:4. Naturalmente, Adán desconocía todavía mucho más que nosotros, ya que era en el inicio de sus relaciones con Dios, y pensó como cualquiera de muchos niños traviesos, que escondiéndose en algún rincón del Jardín del Edén, el Omnisciente no le encontraría.

Todavía los hombres padecen la misma equivocación, pues a pesar de todas las disquisiciones de la filosofía, no han alcanzado a tener un verdadero conocimiento de Dios. El salmo 139 nos revela algo de la personalidad divina y ello lo tenemos ratificado por Jesús en Juan 4:23-24 y por san Pablo en Hechos 17:28. Esta es una pregunta, no solamente para los escépticos, sino también para los creyentes, y particularmente para nosotras, mujeres, que muchas veces estamos distraídas, como Marta, en muchas cosas. Muchas arguyen que no podemos estar siempre como María, pero el ejemplo conjunto de ambas hermanas es digno de imitación. Un corazón para Dios y unas manos para su servicio.

¿Dónde estás, hermana? ¿A los pies del Señor, o sólo en la cocina?

II. ¿DONDE ESTA TU HERMANO? (Gn. 4:9)

Esta es otra pregunta a la que no paramos debida atención. Cuidamos mucho de nosotras mismas, y es justo que lo hagamos, como exhorta el autor de Proverbios 31:10-31, ratificado por san Pablo en 1.ª Timoteo 5:8 en un mensaje dirigido a las mujeres de edad que en vez de ocuparse de las cosas del Señor se entregaban a los placeres (v. 8), pero aparte de los deberes propios y de la familia, están los deberes del Reino de Dios y, por tanto, debemos tener en cuenta los mandatos de Jesucristo en Mateo 6:33 y 28:19-20.

Nuestro tiempo tiene que estar dividido equilibradamente entre lo nuestro y lo de Dios. ¿Estamos atentas a que no falte nada en la casa de Dios, o dejamos que lo hagan otros? ¿Estamos dispuestas a atender los llamamientos de la obra misionera en nuestro país, o en otros países?

El apóstol Pablo no estimaba su propio cuerpo por amor de sus hermanos. Muchas mujeres están prontas para quejarse, si otros no les atienden, si no las visitan cuando están enfermas, pero cuando ellas están sanas no se acuerdan de sus hermanas que necesitan su cariño y ayuda.

«¿Soy yo guarda de mi hermano?», respondió Caín. En Ezequiel 3:20-21 Dios nos dice que sí, que somos guardas de nuestros hermanos, somos responsables de sus almas; de los que están perdidos por su indiferencia y también de los creyentes enfriados o que pueden enfriarse. Si cada miembro de la iglesia procurara velar por los demás, atendiendo a su edificación espiritual, sin críticas, sino con la Palabra de Dios en la mano, hablando más de sí mismas, en sentido de experiencia edificante, que de los demás, ¡cuán diferente sería la tarea del pastor!

Hay miembros de iglesia que dicen: «Si ve algo en mí que no hago bien, avíseme, porque todos podemos caer en faltas; usted es el pastor y tiene más experiencia»; pero si por ventura nos atrevemos a insinuar la más leve represión, ¡lo que sale de aquella boca en cuanto a defensa propia y exposición de las faltas de los demás!

Todos los seres humanos son en un sentido amplio hermanos nuestros como hijos naturales del gran Padre Celestial y tenemos el gran deber de darles la luz del Evangelio para que puedan venir a ser hijos espirituales nacidos de nuevo por la fe en Jesucristo.

III. ¿QUE TIENES EN TU MANO? (Ex. 4:2)

Esta pregunta fue dirigida a Moisés (explicar las circunstancias). Sólo tenía una vara seca, ¡pero cuántas cosas fueron hechas con aquella vara! según vemos a través de los cuatro últimos libros del Pentateuco. Dios ha hecho grandes cosas con aquello que los hombres tienen simplemente en sus manos. El niño de Juan 5:6-9 que entregó su merienda era todo lo que tenía en su mano, pero Jesús lo usó para un gran beneficio material y también espiritual por el gran discurso que provocó aquel milagro.

¿Qué tienes en tu casa?, dijo el profeta Eliseo a cierta viuda (2.º R. 4:2). ¿Qué tenemos en nuestras casas? Siempre es algo más lo que tenemos allí que lo que tenemos en la mano, y aunque sea escaso y de poco valor, como lo que tenía la viuda de Sarepta, Dios lo puede usar para gran bendición si lo ponemos a su servicio. Pero si hemos gastado nuestro dinero en artículos inútiles de lujo, quizá sería mejor desprendernos de ellos y usar su valor en el servicio de Dios. ¿Qué tienes en tu casa y en tu persona? ¿Sabes leer, escribir, lavar pisos, coser? Todo puede ser útil cuando lo ponemos en manos del Señor. Oigamos en nuestra conciencia la voz del Señor que nos dice: ¿Qué puedes hacer por mí, qué hay en tu mano o en tu casa? En cierta ocasión una joven, oyendo un sermón sobre este texto, se levantó y dijo: «Yo tengo una máquina de escribir», y el pastor le respondió: «Tú copiarás las lecciones de la escuela dominical y las poesías de Navidad para los niños». Otra dijo: «Yo tengo un piano y puedo aprender nuevos himnos». «Pues tú enseñarás los coros a los niños»; y así todos los jóvenes de la clase entendieron que podían hacer algo para el Señor.

Un gran pintor, Mr. Saint, hermano de uno de los cinco misioneros muertos por los aucas, quien visitó nuestra iglesia en Terrassa, nos contó que su padre le dijo: «¿Qué podrías hacer, Jorge, para el Señor? ¿Qué tienes en tu mano?», y él respondió: «Yo tengo un yeso de color y muchos otros de varios colores, padre»; y dedicó su talento a pintar escenas bíblicas fluorescentes que han servido para la conversión de docenas de almas.

IV. ¿QUE HACES AQUI, ELIAS? (1.º Reyes 19:9)

Esta pregunta fue dirigida a Elías en un momento de profundo desaliento porque las cosas no habían ocurrido como él pensaba y deseaba, y ello le trajo incluso el deseo de morirse.

¿No habéis tenido, hermanas, momentos bajos en vuestras vidas? ¿Pero tiene Dios la culpa de que vuestros nervios se hallen en tal estado depresivo? Nuestras almas (que son las secretarias que usan esta maravillosa computadora de carne que se llama cerebro), deben ser dueñas de la computadora, no esclavas, y obligar a este instrumento a obedecer, haciéndole sobreponerse a la tendencia neurótica que nos invita a verlo todo negro, como le ocurrió a Elías. ¡Cuán grandes misiones a cumplir desde aquel día de parte de Dios! «Gran camino te resta», le dijo Dios. Nosotros también las tenemos, si sabemos levantarnos de nuestro estado de depresión pensando en lo importante que es el servicio para el Señor, y esto nos lleva a la quinta pregunta.

V. ¿A QUIEN ENVIARE Y A QUIEN NOS IRA?
   (Isaías 6:8)

Ya conocéis la ocasión de esta pregunta dirigida al joven Isaías en una visión, y su respuesta: «Heme aquí, envíame a mí». Esta respuesta ha dado a Dios muchos hombres y mujeres jóvenes que han salido para el campo de misión, pero la pregunta y la respuesta es para cada una de nosotras. Una joven que trabajaba mucho para la obra del Señor me contó que había rehusado las propuestas de matrimonio de varios jóvenes, a fin de ser libre para el Señor.

Yo le dije que nadie la podía forzar a casarse, pero ella tenía que ver cuál era el propósito del Señor en su vida... Las que ya no podemos escoger sobre este asunto porque somos madres, lo mejor que podemos hacer es empezar la obra con nuestros pequeños. Tener hijos es una responsabilidad, porque de cada uno de ellos el Señor nos pedirá cuentas, y es una tarea difícil, en nuestros días, hacer que cada hijo sea un hombre o una mujer de provecho y útil para Dios.

¿A quién enviaré? Yo, Señor, iré, puede responder cada una. Yo me doy a Ti, en el lugar que me has puesto, en el hogar si eres casada, en el taller si eres soltera, o al campo misionero si Dios te muestra ese camino.

Que estas cinco preguntas de Dios queden presentes en nuestras mentes y corazones para responderlas del modo debido y que más honra dé a nuestro Señor.

2

LA MUJER QUE NO SUPO APROVECHAR SUS PRIVILEGIOS

Génesis 19:15-26 - Lucas 17:28-33

La mujer de Lot fue una de las pocas que merecieron el honor, triste honor en su caso, de ser mencionada por Jesús, ya que el Señor tuvo que hacerlo no como elogio como fue el caso de la sirofenicia, sino como una triste advertencia, de peligro de condenación.

La mujer de Lot tuvo muchos privilegios que no le sirvieron para nada, a saber:

I. EL PRIVILEGIO DE TENER UN MARIDO CREYENTE

Puesto que Lot era muy joven y soltero, cuando Abraham salió de Ur, se supone que era hija por nacimiento de Sodoma o de Gomorra.

En la casa del patriarca no se practicaba ningún vicio ni idolatría, ni borracheras ni peleas, pues sabemos que Abraham dejó escoger a Lot antes que permitir que hubiera peleas, aunque fuesen de sirvientes, en su clan.

En el hogar de Abraham se oraba y adoraba a Dios junto al altar.

Si Lot había contraído matrimonio antes de apartarse de su tío, como es muy posible, su esposa habría asistido a estas reuniones familiares. ¡Cómo notaría ella la diferencia con las gentes de su tierra en cuanto al modo de comunicar con Dios! Hermanas, ¡cuántas de las que están aquí hemos disfrutado del privilegio de ser criadas en un hogar cristiano donde se da el primer lugar a Cristo, donde se ora! ¡Dad gracias a Dios por tal privilegio de vuestra juventud! ¡Cuán hermosa es la práctica del culto familiar! Allí se borran los malos entendidos entre esposos, entre padres e hijos y entre los hermanos, cuando todos oyen hablar con confianza al Señor o ellos mismos tienen que hacerlo, frente a su Santa Palabra. Siempre recordaré aquellos años formativos de mi infancia, cuando mi padre, después de la cena, nos reunía alrededor de la mesa y abría la Palabra de Dios, dando gracias por todos los detalles domésticos del día transcurrido.

II. SER TESTIGO DE LA GENEROSA CONDUCTA DE SU TIO POLITICO

Lot su esposo era creyente, pero un creyente débil. Se supone que su esposa contribuyó a su debilidad espiritual, incitándole a acercar cada vez más sus tiendas a la malvada urbe de Sodoma; pero con todo, era un hombre justo. Como quiera que lo que faltaba a Lot sobreabundaba en su tío Abraham, la esposa de Lot fue testigo de muchos detalles de aquel santo varón de Dios que la dejarían admirada.

20

En primer lugar, la generosidad del patriarca dejando a su sobrino escoger la parte del territorio que convenía más a sus ganados. Pero la cumbre del creyente Abraham, fue cuando, con su fe puesta en Dios, se atrevió a lanzarse contra el ejército de cinco reyes cananeos, muy bien equipados y adiestrados, sobre todo el jefe conocido en la historia como Hamurrabi, a quien la Biblia designa como rey de naciones. Sólo la fe en el Dios Todopoderoso a quien Abraham servía, podía haberle dado ánimo para tal hazaña. Pero a su valor y fe se unió el testimonio de su altruismo, cuando rehusó tomar el botín y devolvió todos los bienes a los reyes de aquella tierra. Esto fue una gran lección de moral para todos los prisioneros de Sodoma y Gomorra, y quizá Dios lo puso en el corazón de Abraham para que fuese la última oportunidad dada a aquellas ciudades tan malvadas para que se pusieran al lado de Abraham y de Melquisedec abandonando sus pecados y buscando al Dios verdadero. De nada aprovechó a aquellas gentes entregadas a sus vicios; pero a la persona a quien debía causar mayor impresión era a la esposa de Lot. ¿Qué pensarían Lot y su familia cuando se vieron prisioneros? ¿No verían en aquella situación un aviso de Dios por haberse apartado de su piadoso tío Abraham, ambicionando los pastos del sur del Jordán, mezclándose con aquella gente viciosa y malvada?

Si este fue el caso, de poco le sirvió a Lot y a su familia, ya que volvieron a Sodoma y continuaron su vida como antes.

III. EL PRIVILEGIO DE HOSPEDAR ANGELES

El buen corazón de Lot no pudo permitir que aquellos dos hermosos ángeles que encontró en la plaza quedaran a merced de aquellos pervertidos sexuales. Ha sorprendido en gran manera a todos los exegetas bíblicos la actitud enérgica de Lot, siendo un hombre tan débil de carácter como era, el negarse a entregar a los forasteros, hasta el punto de ofrecer sus propias hijas a aquellos malvados. Posiblemente lo hizo sin consultar con su esposa, pues en aquellos tiempos los jefes de familia tenían mucha mayor autoridad que hoy día, y quizá fue motivado porque aquellos hermosos jóvenes le habían descubierto el secreto de que no eran seres de este mundo, sino que venían de un mundo de santidad, y Lot consideró como deber sagrado el preservar la integridad moral de aquellos santos jóvenes, según pensaba.

Esta firme actitud de Lot motivó el milagro por parte de Dios de herir con ceguera a aquellos malvados. ¿No sería este un nuevo testimonio para la mundana mujer de Lot?

Sin duda muchos dirán: ¡Qué privilegio era poder hospedar a tales seres santos en su hogar y escuchar sus advertencias! Ciertamente todos quisiéramos poder tener tal privilegio en esta edad de prueba en que Dios ha dejado este mundo, pero el texto de Hebreos 1:14 nos ofrece una revelación superior, que tenemos, además, confirmada por Jesucristo en Mateo 18:10, y es la de que estamos rodeados de estos seres, en este tiempo invisibles para nosotros, porque estamos en la era de la fe. ¿De dónde nos vienen los buenos pensamientos, sino del Espíritu de Dios o de sus ángeles, cuyos consejos podemos aceptar o rechazar? Pero si los rechazamos, debemos tener presente que esta nuestra casa terrestre se está deshaciendo a través de los años, y cuando la tengamos que dejar, nuestro yo espiritual y moral tendrá que confiarse a tales servidores, hoy invisibles, que nos han de llevar a la Casa del Padre, como leemos en Lucas 16:22.

En el sentido espiritual, podemos tener la seguridad de que también a nosotros nos es dado el privilegio de hospedar ángeles visibles en nuestro hogar cuando lo hacemos con servidores de Dios (Hebreos 13:2). No desperdiciemos sus consejos, así como los de los invisibles cuando nos hablan en la conciencia, sin voz audible, pues la Palabra de Dios nos dice que son servidores enviados a favor nuestro Hebreos 1:6).

IV. TUVO EL PRIVILEGIO DE OIR EL MENSAJE DE LA SALVACION

Aquellos seres celestiales dieron el aviso a Lot y su familia: «Salid de Sodoma porque Dios la va a castigar... huid de ella, por vuestra vida, y no miréis atrás».

Leemos que aquellos huéspedes celestiales daban prisa a Lot y a su mujer cuando ésta se entretenía, seguramente buscando joyas y cosas de valor por la casa, hasta que al fin les cogieron por la mano y les arrastraron fuera de la ciudad.

Muchas veces los ángeles de Dios, para ti invisibles, te han indicado, querida amiga, que todavía no tienes a Cristo como Salvador, advirtiéndote de que estás en peligro si mueres en el momento más inesperado sin haber sido salva por Cristo; y para las que ya nos hemos decidido para el Señor y estamos andando hacia la Canaán celestial, hay también el aviso de parte del Señor:

Acordaos de la mujer de Lot.

Ella se había decidido ya, y estaba andando por el camino que la llevaría al hogar seguro, pero las dudas, quizás el miedo de que aquellos jóvenes hermosos la hubieran engañado y hubiese perdido toda su fortuna, ganados, ropas, joyas y demás cosas y después de todo no ocurriese nada, mientras ella

23

salía corriendo, le puso en la tentación de comprobarlo. Desobedeció la orden de no volver la vista atrás, y recibió el castigo.

Hoy existe un montículo, como una estalagmita en la orilla del Mar Muerto al que se da el nombre de «Mujer de Lot». Las sustancias de sodio y nitratos que se extraen hoy día de las aguas del Mar Muerto son un testimonio vivo del hecho histórico que tuvo lugar en las llanuras del sur del Jordán.

Aunque ya somos del Señor, el aviso para nosotras es: «El que perseverare hasta el fin, éste será salvo». ¿Amas al Señor, querida amiga o hermana? Trata de asegurarte de la respuesta, y si reconoces que no le amas bastante, que tu corazón todavía aspira a las cosas que dejaste, confiésale tu pecado y pídele que te perdone y aumente tu fe y amor a El. Sobre todo las que hemos tenido la influencia cristiana desde nuestra infancia, no menospreciemos nuestros privilegios; acordémonos de la mujer de Lot.

3

LA ESCALA DE LA PERFECCION

Salmo 24 - Génesis 17:1

Abraham era un hombre de Dios, obediente y fiel «amigo de Dios», y había recibido la orden de salir de su tierra y de su pueblo para ir a la tierra que Dios quería dar a su descendencia. Con tal motivo, le dio el Señor muchas promesas, como leemos en Génesis 15; sin embargo, no era perfecto, se equivocó en su viaje a Egipto, en el asunto de Agar, etc., y necesitaba mucho la dirección del Señor en su vida.

Entre las comunicaciones de parte de Dios que recibió Abraham, hay un pequeño texto que es como una joya engastada en el relato histórico. Dios había dicho a Abraham: «Sal de tu tierra y de tu parentela», y el patriarca había obedecido. En este pasaje Dios repite su llamamiento, pero pone ante él dos condiciones subsecuentes, a las que yo llamaría «la escala de la perfección».

En primer lugar le dijo:

25

I. ANDA

Esto es, progresa en tu camino, dirígete a una meta. En el terreno físico encontramos que todo lo que Dios ha creado tiene movimiento, demuestra vida, por su crecimiento, las plantas, las aves y nosotros mismos somos el mejor ejemplo de que el ser viviente ha de desarrollarse y crecer. ¡Cuánto gozo nos da ver a nuestros hijitos aumentar en estatura y fortaleza, y cuando empiezan a andar nos llenamos de gozo!

Eso es lo que el Señor espera de nosotros sus hijos, en el terreno espiritual: que no nos quedemos enanos, sino que crezcamos fuertes y ágiles para escalar alturas de amor, de fe y de santidad, como las que llegaron a poseer aquellos fieles de Dios que se llamaron Abraham, Enoch, Moisés, Elías, etc. El Señor también nos dice hoy a nosotros: Anda, muévete, trabaja, progresa y lleva una vida provechosa, antes de que yo llame tu alma a mi presencia.

Pero el camino de la vida es largo y muchas veces el cansancio, los desengaños, los reproches y las contrariedades de diversas clases nos resultan pesadas y la tristeza y el dolor nos abaten, y nos quedamos dormidos como Elías, a quien Dios tuvo que despertarle y decirle: «Levántate, anda, que gran camino te resta»; o, como dijo a Israel por el profeta Miqueas (2:10): «Levantaos y andad, porque no es este el lugar de reposo, ya que está contaminado y condenado a destrucción irreparable».

Por esto el apóstol Pablo advierte a los creyentes de Efeso: «Despiértate tú que duermes, y levántate de los muertos, y te alumbrará Cristo (Ef. 5:14).

Las mismas contrariedades que el Señor permite, son un llamamiento a andar y progresar en los caminos del Señor, venciendo el sopor que podría causar nuestra ruina. Se cuenta de una señora que viajando

26

por unas estepas heladas cabeceaba sobre el niñito dormido que tenía en su regazo. El cochero, entendiendo el peligro que corría de quedarse helada antes de llegar a la próxima ciudad, la despertó, y quitándole el niño de sus brazos, la empujó fuera del carruaje. La madre, no comprendiendo el extraño proceder del cochero, corrió desesperada gritando que le devolviera su hijo, lo que el hombre hizo después que la mujer hubo calentado su sangre con la carrera. Así procede Dios, algunas veces, en nuestra vida cristiana.

II. DELANTE DE MI

No todo es andar, es decir, promover actividades en nuestra vida cristiana, sino que debemos hacerlo sintiéndonos en la presencia de Dios. El es el omnisciente y omnipresente, y no podemos escondernos de El. Si tuviéramos presente que el Señor nos ve a cada momento, no nos dejaríamos llevar por nuestros impulsos carnales, y meditaríamos más las palabras que salen de nuestra boca; y antes de obrar precipitadamente, buscaríamos si es o no la voluntad de Dios. David exclama en el Salmo 37:23: «Por Jehová son afianzados los pasos del hombre, y él aprueba su camino».

Cuando nosotros enseñamos a andar a nuestros pequeños les forzamos a que hagan una parte muy difícil para ellos, andar solitos, pero al exigirles esta experiencia les prometemos con toda clase de gestos y palabras que nuestros brazos están a punto para recogerles a la más pequeña inclinación, de modo que no lleguen a caer. Si el Señor ve verdaderos deseos en nosotros de andar en sus caminos, El nos ayudará. Pero nosotros, como el niño del ejemplo, debemos hacer el esfuerzo de nuestra parte, de mostrarle la voluntad que tenemos de andar en sus caminos.

III. SE PERFECTO

Este es el paso más difícil. Parece que es mucho pedir, de parte del Señor, de una naturaleza caída como la nuestra; pero Jesús ratificó esta demanda de Dios a Abraham en Mateo 5:48, y san Pablo dijo: «Sed imitadores de mí como yo de Cristo».

Cuando Dios lo dice es que hay tal posibilidad aunque a nosotros nos parezca difícil. Los cristianos somos como los escaladores de montañas que van ascendiendo poco a poco, y cuando se detienen en su escalada es para clavar un clavo en la roca y continuar subiendo.

También nosotros debemos detenernos de vez en cuando para meditar la Palabra de Dios y buscar en ella promesas como las siguientes: Génesis 26:24; Isaías 43:1; Hebreos 13:6; Salmos 27:1; Filipenses 4:13; Isaías 40:31 y muchas otras que podríamos citar. Necesitamos, de cuando en cuando, salir del ambiente asfixiante de las cosas terrenas a las que nos hallamos sujetos para subsistir, pero que debemos procurar no nos absorban: Jesús dijo en su oración: «No ruego que los quites del mundo, sino que los guardes del mal» (Jn. 17:15).

Cuando nos hallamos, como en estos momentos, reunidos en la Casa del Señor, meditando su Palabra y gozando de un ambiente celestial, somos como los discípulos en el Monte de la Transfiguración, pues aquí nuestra alma respira sin dificultad, absortos en las cosas de Dios; pero como en aquellos discípulos, esto dura poco, y tenemos que volver abajo a afrontar dificultades, como aquellos tres discípulos con el muchacho endemoniado.

Quizás a veces las dificultades y tribulaciones son tan agudas que no podemos comprender por qué el Señor las permite, como la madre de la ilustración no podía entender el proceder del cochero.

Estemos seguros que hay un timonel excelente en la travesía de esta vida y no tengamos temor.

Quiera el Señor que andemos confiadamente, como el niño que empieza a andar.

Que lo hagamos delante de El, seguros de su presencia espiritual.

Y así lleguemos a ser perfectos, evitando caídas, que padecieron aun los más grandes hombres de Dios.

Y si alguna vez tocamos el suelo de bruces, que podamos levantarnos, y sólo sea para nosotros, como ocurre con nuestros pequeños, una experiencia que nos aleccione y fortalezca, hasta el día que «seremos semejantes a El, porque le veremos como El es» (1.ª Jn. 3:3).

4

OCHO CASAS EN LA BIBLIA

La palabra hebrea Beth significa «casa» y los israelitas la usaron como nombre de determinados lugares, añadiéndole un sustantivo para indicar la característica sobresaliente de cada uno de aquellos parajes donde era aplicada.

I. BETHEL (Casa de Dios) (Génesis 28:16)

Es el lugar donde Jacob soñó de una escalera que se extendía hasta el cielo y por la cual circulaban ángeles. Sin embargo, llegó a convertirse en un centro de idolatría bajo el reinado de Jeroboam (1.º R. 12:28-33). ¡Cuántos lugares que llevan el nombre de «Casa de Dios y puerta del cielo» no son casi otra cosa que casa de ídolos mudos o de enseñanzas totalmente contrarias a la Palabra del Señor. Según san Pablo (1.ª Tim. 3:15), la casa de Dios es la iglesia, compuesta de piedras vivas, es decir, de seres humanos redimidos por Cristo, pero por extensión suele darse este nombre a los lugares donde los hijos de Dios se reúnen.

Sabemos que Dios no habita en templos hechos de mano (Hch. 17:24), porque «los cielos de los cielos no le pueden contener», como dice Salomón, y Dios puede ser «adorado en Espíritu» en cualquier lugar (Jn. 4:24); sin embargo, Jesús prometió estar de un modo especial, por su Espíritu, donde dos o tres por lo menos estén reunidos en su nombre; por tal motivo debemos tener especial interés en asistir a la casa del Señor donde los hijos de Dios se reúnen (Heb. 10:25).

II. BETHABARA (Casa de paso) (Juan 1:28)

Es la ribera del Jordán donde Juan el Bautista manifestó que él no era el Cristo, y señaló a Jesús como «el Cordero de Dios que quita el pecado del mundo».

Su nombre era debido a haber sido el lugar donde los israelitas pasaron el Jordán al entrar en la tierra prometida, y siglos después, donde muchos creyeron en Cristo y fueron bautizados (Jn. 10:40-42). ¡Quiera Dios que este lugar donde estamos hablando de El y de sus cosas, sea para muchos casa del paso; para muchos que aquí vengan a conocer la verdad de Cristo y de este modo *pasen* de muerte a vida por la fe en El!

III. BETHLEEM (Casa de pan) (Rut 1:6-22)

Este es el lugar más famoso de la tierra porque allí nació Jesús. Fue también el sitio donde tuvo lugar el idilio de Rut con Booz. Se llamaba «Casa de

Pan» porque en sus campos se recogía doble cosecha de trigo al año (véase Rut 1:6 y 22). No obstante, de allí tuvo que emigrar Elimelech, con Noemí y sus hijos, en una temporada de inusitada escasez.

Cada templo cristiano debería merecer este nombre porque los que allá concurran encuentren bien servido y en abundancia el pan de la Palabra de Dios. Cristo, que es el Pan de Vida, debe ser el tema de toda predicación y estudio. ¡Ay del predicador que pretenda alimentar las almas sirviéndoles las piedras de una vana filosofía, o entreteniéndoles con temas culturales por muy buenos que sean, pero omitiendo hablarles de la obra redentora de Cristo, que es el Pan del alma!

IV. BETHESDA (Casa de misericordia) (Juan 5:2)

Era el nombre del estanque al cual acudían los enfermos esperando el movimiento de las aguas, y donde el Señor curó a un paralítico. No sólo nuestros templos sino también nuestros corazones deben ser casas de misericordia. Del Señor se dice que anduvo haciendo bienes, y la Iglesia de Cristo debe encarnar los sentimientos de misericordia que caracterizaron la vida del Salvador.

Es poco eficaz hablar del cielo y sus glorias a los que sufren, si aquellos que les llevan el mensaje no tratan de proveer primero a sus necesidades corporales; pero es una buena preparación para el mensaje de vida eterna lo que hace el Ejército de Salvación y las misiones para enfermos o leprosos, que mediante la misericordia que el Señor pone en los corazones de sus hijos, pueden llevar a los que sufren el alivio corporal y, a la vez, el mensaje de misericordia de parte de Dios para sus almas.

V. BETHANIA (Casa de dátiles) (Mateo 21:17)

En este hermoso pueblecito situado en la falda oriental del Monte Olivete, a poco más de tres millas de Jerusalén, es donde vivían Marta, María y Lázaro. Este pueblo, donde había abundancia de palmeras que producían sabrosos dátiles, era lugar de refrigerio y descanso para el Salvador.

Más dulce que los dátiles eran para éstos, y, sobre todo para María, las palabras de vida eterna que salían de los benditos labios del Maestro (Lc. 10: 38-42). Pero a su vez fue dulce para el corazón del Señor la noble acción de aquella hermana menor de Lázaro que le ungió con el nardo líquido de elevado precio.

Hay mucha amargura en este mundo y a nuestro alrededor. Que las personas que acudan a nuestras casas de oración o tengan contacto con nosotros en nuestras casas particulares, hallen siempre refrigerio espiritual en los frutos del Espíritu que broten de nuestros labios y de nuestras almas (Gál. 5:22-23), pues así nos lo mandó el Señor en Juan 15:8.

BETHSAN (Casa de descanso (Josué 17:9-11)

Estaba situada en el camino de Jerusalén a Damasco. Por allí cerca corre un arroyo que sale de la fuente de Jezreel. Era un lugar de paso y descanso a causa del referido arroyo para los viajeros; y de ahí su nombre.

Algunos hogares de ancianos han escogido este nombre para las tales residencias de ancianos fatigados por la lucha de la vida. Cada uno de nosotros deberíamos ser un motivo de satisfacción y descanso para los viajeros de la vida, sobre todo para los ancianos que Dios haya puesto cerca de nosotros.

VII. BETHFAGE (Casa de higos) (Mateo 21:1)

Seguramente fue debido a la abundancia de higueras que había el que la comarca recibiera tal nombre.

Pero parece que no eran ya muy abundantes en los días en que Jesús y sus discípulos entraron en Jerusalén (Mt. 21:1 y 18:19), pues el mismo Señor no pudo saciar su hambre con la única higuera que de lejos parecía prometedora por su lozanía, pero carente de fruto y maldecida por el Señor, quedó condenada a esterilidad perpetua.

En ocasiones Dios nos pone en circunstancias tan bendecidas que lo más propio es que le correspondiéramos con fidelidad y frutos espirituales abundantes, como El reclama en Juan 15:8. Si no correspondemos a nuestros privilegios, éstos pueden sernos retirados como ocurrió con Faraón cuando endureció su corazón y Dios tuvo, a la postre, que endurecérselo de un modo irrevocable.

Que nuestra vida no sea de mera apariencia que sólo contenga hojas, sino que el Señor pueda hallar en ella verdadero fruto para su gloria y el bien de las almas.

BETSAIDA (Casa de pesca) (Juan 1:44)

Esta ciudad al norte de Cafarnaún, fue el lugar de nacimiento de los apóstoles Felipe, Andrés y Pedro (Jn. 1:44 y 12:21) y fue visitada con frecuencia por el Señor Jesús.

Existe otra ciudad del mismo nombre al otro lado del lago que contiene una llanura de tres millas de ancho. Cerca de allí Jesús dio de comer a cinco mil personas (Jn. 6:3-12).

34

Procuremos que nuestra vida sea de tal modo consagrada al Señor, que merezca el nombre de Casa de Pesca, pudiendo cumplir lo que dijo el Señor en aquellos tres discípulos: «Venid en pos de Mi y os haré pescadores de hombres».

Resumiendo: que sea nuestra vida de veras:

Una *Bethel*, después de haber encontrado a Dios y empezado a ser cristianos; una *Bethabara*, por medio de la cual del desierto de este mundo muchos pasen a la tierra prometida; una *Bethleem* donde las almas hallen el pan espiritual; una *Bethesda* porque nuestros corazones les prodiguen amor y compasión; una *Bethania* abundante en dulces frutos; una *Bethsan* lugar de descanso para los que nos rodean, no una *Bethfagé* de hermosa apariencia pero sin fruto; antes bien, que el Señor la haga una *Bethsaida;* que seamos auténticos pescadores de hombres y no tenga que reprocharnos como a la Bethsaida de los días de su carne que no hemos sabido aprovechar el privilegio de haberle conocido, sin aceptarle como Salvador, y que no tengamos por ello que sufrir, como los habitantes de aquella ciudad tan privilegiada, un castigo menos tolerable que el de Sodoma y Gomorra.

5

VIRTUDES Y DEFECTOS DE REBECA

Génesis 27:45 y 47

La historia bíblica nos presenta tres etapas en la vida de la esposa del patriarca Isaac.

— Su juventud.
— Su matrimonio, y
— Su maternidad.

I. SU JUVENTUD

Hija de una familia acomodada de la parentela de Abraham, donde había criados, pastores a sueldo y una nodriza para el cuidado de la niña, ella vino a ser:

1.º *Hermosa de aspecto.* Esta cualidad no la podemos imitar; es un don innato de Dios, pero más que la belleza corporal es valiosa la belleza del espíritu (1.ª Pd. 3:1-6). Esta es una belleza alcanzable para todas, a la que deben aspirar sobre todos los otros dones las mujeres cristianas, más que la belleza física, que desaparece y marchita con los años.

2.º *Era hacendosa y trabajadora.* Tenía la costumbre de salir al campo cada tarde para ir a buscar agua. No ordenaban este trabajo a una criada; era mejor acostumbrar a la hija al trabajo. Los padres consideraban que el hacer trabajar a la hija era un beneficio para ella y una preparación para cuando fuera un ama de casa.

3.º *Servicial y generosa.* Muchas personas pueden ser hacendosas sin generosidad, trabajan sólo para lo suyo y les molesta que les pidan favores. Aquella tarde al ir a la fuente tuvo la sorpresa de encontrar a un grupo de camelleros, cuyo jefe le pidió agua. No sabemos si la petición del criado de Abraham no fue más que una excusa para entrar en conversación con la muchacha, o bien los viajeros carecían de una cuerda para sacar el agua del pozo.

Rebeca tenía el hábito de ser servicial y generosa con los que amaba, y no le era difícil serlo con los forasteros. Poco pensaba que aquel acto sería la clave que haría cambiar el rumbo de su vida. Nunca sabemos cuándo un acto o una palabra puede tener trascendencia esencial. Por esto es muy sabia la recomendación del apóstol en Colosenses 4:6. Hoy se da mucha importancia a la educación intelectual, pero es tanto más importante la educación moral de los buenos sentimientos y los buenos modos.

El carácter de Rebeca honraba y acreditaba a sus progenitores. «¿De quién eres hija?», le preguntó el forastero. Es de desear que todas las jovencitas oyentes actúen de tal manera que honren a sus padres. El premio que obtuvo Rebeca fue mucho mayor que el servicio, pues al saber Eliezer que se trataba de una pariente de su amo Abraham, le dio un regalo generoso porque vio en ello una respuesta a su oración (Gn. 24:12-14).

4.º *Valiente y decidida.* Cuando sus padres le preguntaron si quería correr el riesgo de un largo viaje por el desierto desde Mesopotamia a Canaán, acompañada de un criado forastero, abandonando el hogar para unirse a un hombre desconocido, respondió: «Sí, iré». Probablemente dentro de los rudimentarios conocimientos espirituales de su época, había orado a Dios y sentía que El la llamaba para alguna misión especial.

Nuestra vida es un conjunto de elecciones y decisiones de alcance mayor o menor y la oración es el mejor modo para que sepamos escoger lo mejor.

Un día hicimos una decisión que cambió el rumbo de nuestra vida, no solamente por los pocos años de estar en este suelo, sino por la etenidad. Cuando dijimos «sí» a Jesucristo. ¿Hay alguien aquí que no haya hecho tal decisión?

II. SU MATRIMONIO

Se mostró respetuosa desde el primer momento con el joven hombre que tenía que ser su marido, cumpliendo una costumbre de su época que aún persiste entre las gentes de su raza: cubrió su rostro. No trató de seducir con su belleza, pero se mostró obediente y sumisa desde el primer momento. Las costumbres de nuestra cultura han cambiado absolutamente, pero el espíritu de obediencia y sumisión al marido es el mismo hoy que en la época del cristianismo, que en la de los patriarcas (véase 1.ª Pd. 3:5-6). Esta sujeción no significa servilismo, pues es bien cierto que Cristo emancipó a la mujer, es decir, la libró de la posición discriminada a que la habían sometido las costumbres ancestrales, pero no del debido respeto, con amor.

Rebeca llenó el corazón vacío y afligido de su esposo por la muerte de su madre Sara (Gn. 24:67). Todas las mujeres tenemos el deber de llenar el corazón de los maridos, y cumplir el halagüeño juicio de Salomón en Proverbios 12:4 y 19:14.

Desgraciadamente no todos los esposos pueden decir esto de sus compañeras. En la Biblia tenemos los ejemplos de Moisés, cuya esposa, Séphora, no le supo comprender; de Job (2:9); Sansón (Jc. 16); pero en el Nuevo Testamento hallamos ejemplos como el de Priscila y Aquila que eran dos en uno en las cosas del Señor (Hch. 18). Rebeca fue una buena esposa para Isaac. En nuestros días hay casos de uno y de otro signo. Leí de una joven que se casó con un pastor al que no ayudaba, sino todo lo contrario y cuando la amonestaban, respondía: «¡Yo me casé con el hombre, no con su profesión!». ¡Qué gran error! Mejor que le hubiese dejado libre de semejante yugo. Salomón dice: «La casa y las riquezas herencia son de los padres, mas de Jehová la mujer prudente» (Prov. 19:14). ¡Que ello pueda ser dicho de cada una de nosotras!

Llegamos a una parte no tan encomiable del carácter de Rebeca, pero no menos aleccionadora, para evitarnos sus equivocaciones.

III. SU MATERNIDAD

Rebeca era estéril. Podemos creer que Dios permitió esta prueba en el matrimonio para que ambos sintieran que sus hijos eran un don más directo de Dios. Rebeca se mostró en este punto:

1.º *Impaciente.* Dios había dicho a Abraham que su hijo Isaac era de quien había de darle una simiente que debía ser bendición a todos los pueblos de la tierra; por esto Rebeca sólo concibió, después que Isaac hubo orado por este problema. Pero cuando Rebeca notó una lucha en su seno, perdió el temple y se llenó de pesimismo y quiso morirse. ¿No ocurre muchas veces así en nuestras vidas cuando nos vemos sorprendidas por circunstancias que no comprendemos?

La respuesta de Dios abarcaba siglos y todavía se está cumpliendo hoy en el Líbano, en una lucha racial entre hermanos.

2.º *Discriminatoria.* Toda madre debe amar a sus hijos por un igual.

El que fueran diferentes de aspecto físico y de carácter no era motivo para querer al uno más que al otro. Esto puede ocurrir en muchos hogares, pero los padres deben tratar a todos los hijos por un igual, evitando así todo peligro de celos entre ellos, pero no lo hizo así Rebeca, mostrando una predilección culpable para Jacob. El niño del hogar, sobre el niño del campo. Si hubiese sido una madre prudente habría elogiado todos los hallazgos de Esaú para compensar el hecho de que pasaba menos tiempo en el hogar.

3.º *Poco escrupulosa en sus propósitos.* Isaac tenía posiblemente veinte años más que ella (véase Gn. 25:20). La diferencia era apenas perceptible cuando ambos eran jóvenes, pero se notó más al final, cuando Isaac rebasó los cien años, ya que murió a los 180, y era necesario cuidar a un anciano ciego, pero Rebeca debía recordar los privilegios que de su marido había recibido, entre los que sobresalía el ser una heredera de la bendición prometida a Abraham (véase Mateo 1:2 y Lc. 3:34). Hay que contar con que si Dios no los lleva antes, vuestros maridos, hoy jóvenes, serán un día ancianos. ¿Continuaréis amándoles más que nunca a causa de lo que nos han dado a través de los años? Hijos, posesiones materiales, sabiduría, si ellos la han poseído antes que nosotras. Pero Rebeca no pensó así, sino trató de aprovecharse de los achaques de Isaac en favor de su hijo predilecto.

4.º *Trató de adelantarse a los planes de Dios.* El amor de madre la cegó (véase Gn. 27:6-11). Nunca nos dejemos llevar por la impaciencia para hacer cosas que Dios reprueba. Dios no podía ver con buenos ojos que lo que era ya su propósito, fuera objeto de engaños, por una impaciencia que significaba falta de fe, pues sus caminos no son nuestros caminos (Is. 55:9-11).

5.º *El castigo de los errores de esta tercera parte de la vida de Rebeca* son patentes en la historia bíblica:

a) En vez del hijo predilecto que alegraba su vida, tuvo que soportar a sus nueras paganas, que se adueñaron de su hogar cuando ella era una anciana (Gn. 27:46).

b) Tuvo que sufrir la ausencia de su hijo preferido, al que ya no pudo ver nunca más.

c) La misericordia de Dios no permitió lo que ella temía: verse privada de ambos hijos por el asesinato que Esaú planeaba en la persona de su hermano cuando descubrió el engaño (Gn. 27:45). Esto no estaba en el plan de Dios (Gn. 26:24); pero aunque este temor no se cumplió, le causó sufrimiento el resto de su vida.

Como Salomón, Rebeca tuvo en su vida una parte elogiable y otra censurable. Procuremos que nuestra vida transcurra siempre de un modo elogiable; que no tenga que terminar con amargura, como fue el caso de estas vidas cuyas historias han quedado escritas en la Biblia para nuestro ejemplo (1.ª Corintios 10:11).

6

JOCABEB

La madre de Moisés

Exodo 2:1-10

La Biblia está llena de historias auténticas que han sido demostradas por la misma arqueología, puesto que se han hallado restos de ciudades antiguas que demuestran que los detalles que nos da la Biblia coincide exactamente con el modo de vivir de aquellos pueblos antiguos.

Hay historias bíblicas que parecen una verdadera novela, como es el caso de la historia de José, pero la novela no es sino una imitación de la vida real. En las novelas la mente inteligente del autor traza el camino, junta los detalles y los hace venir bien. En la historia verdadera se descubre a veces de un modo muy claro la sabia mente del Autor. ¿No hemos visto la providencia del Señor en muchos detalles de nuestra vida? El nos conduce a veces por caminos que nosotros jamás hubiésemos ideado, pero cuando miramos nuestra propia historia con mirada retrospectiva, nos damos cuenta de que Dios ha obrado maravillosamente, cumpliendo aquella promesa que hizo a su pueblo en Jeremías 29:11.

En sus planes Dios usa instrumentos humanos. ¡Y cuán bueno es serlo! Que El pueda hallar en nosotros instrumentos dóciles a cumplir su voluntad!

La madre de Moisés fue uno de tales instrumentos. Dios la usó para los planes que tenía para con el caudillo de Israel y para con el pueblo escogido en general. Fue un instrumento adecuado, porque:

I. TUVO UNA GRAN FE

El autor de la Carta a los Hebreos la puso entre los héroes de la fe (Heb. 11:23). ¿Fue sólo el afán de salvar la vida de su hijito lo que la movió a obrar como lo hizo? En Génesis 15:14 hallamos una profecía acerca de la esclavitud de los hebreos en «tierra ajena». ¿Circulaba esta profecía como una tradición entre el pueblo esclavo y les daba esperanza de libertad? Es muy probable, puesto que el inspirado autor de Hebreos dice que obró «por fe».

II. HIZO LO MEJOR QUE PODIA Y DEJO EL RESTO A DIOS

Era muy arriesgado el desobedecer la orden de Faraón, que era echar el niño a los cocodrilos. Ella aparentó cumplirla, pero manteniendo el niño a salvo hasta donde le era posible. Podía, ciertamente, ocurrir que un cocodrilo tumbara la arquilla y devorara al niño, pero ella hizo lo que pudo y dejó el resto a la providencia del Todopoderoso. Ella no podía preservar al niño de las fuertes fauces de algún cocodrilo, ni tocar el corazón de la princesa, pero obró del modo más sagaz, dejando al niño en el lugar en donde había observado que solía bajar a bañarse la princesa. Allí habría menos cocodrilos si es que alguna vez llegaba a acercarse alguno. Quizás había guardias que lo impedían, no lo sabemos, pero puso al niño en el sitio mejor y confió el resto a Dios. También podía ocurrir que la princesa mandara dar muerte al niño, esto ya no dependía de Jocabed, pero dependía de Dios. Es una gran lección para nosotras en situaciones comprometidas.

III. MOSTRO, POR FE, UN DESPRENDIMIENTO MATERNAL

Dejar a su hijo en el río era como perderlo, pero podía perderlo con más seguridad dejándolo en el hogar y que el lloro del niño lo hubiese descubierto, pero ella confiaba en que Dios podía salvar al niño, si ella hacía de su parte lo que debía hacer.

IV. OBRO CON ASTUCIA

Esto muestra el hecho de mandar a su hijita María vigilar escondida en un cañizal para que la informara de los acontecimientos. Estos podían ser muchos y muy diversos. Podía ser hallado por un criado de Faraón o por otro israelita, pero su esperanza puesta en Dios era que ocurriría lo mejor. Supuso que el niño sería hallado por el grupo de esclavas que acompañaban a la princesa. Quizá supuso que pudiera ser recogido por alguna de ellas, que naturalmente necesitaría una nodriza, si su buen corazón les llevaba a procurar la vida del niño. Pero Dios muchas veces nos da más de lo que pedimos o entendemos (Ef. 3:20) al hacer que fuera la misma princesa la que se apiadara del pequeñito. María desempeñó bien su cometido, posiblemente instruida por su propia madre.

V. EL PREMIO DE SU FE

La madre de Moisés fue premiada con diversos privilegios.

1.º *Pudo retener a su hijo y educarle ella misma.* Moisés tenía un carácter muy duro y fogoso.

a) Lo mostró matando al capataz egipcio (Exodo 2:14).

b) En su querella con su propia esposa (Exodo 4:25).

c) Rompiendo las tablas de la ley al bajar del Sinaí (Ex. 32:19).

d) Golpeando la roca en vez de hablarle, como Dios le había mandado (Ex. 20:10-12).

Ciertamente todos tenemos nuestros caracteres personales. Sin embargo, leemos que una vez humillado y aleccionado por Dios, Moisés vino a ser manso. ¿De qué dependía tal contraste? Sin duda fue de la educación de la madre. Quizás alguno de sus rasgos de carácter habían sido estimulados por la educación militar que recibió en Egipto, pero otras características espirituales fueron sembradas en el alma del niño en los primeros años de su infancia (véase Prov. 22:6). Sin duda Jocabed le enseñó a amar y perdonar a sus hermanitos María y Aarón, y esta semilla que quedó en el subconsciente del niño produjo su fruto en el incidente que encontramos en Números 12. Ana, la madre de Samuel, y Eunice, la de Timoteo, son ejemplos de lo que puede hacer la educación moral en el tierno corazón de un niño.

2.º *Recibió salario de la princesa para criar al niño*, lo que ella estaba ansiosa para hacer. Si educamos sabiamente a nuestros hijos, Dios nos lo recompensará con creces, pero es necesario que entendamos que nuestros hijos no son nuestros, sino del Señor. «Críamelo, y yo te lo pagaré» significaba un privilegio, pero también un deber, un penoso deber. El niño Moisés, legalmente, ya no era suyo, pertenecía a la princesa y Jocabed tuvo el disgusto de ver al niño arrebatado del hogar y llevado a un colegio egipcio donde le enseñarían muchas cosas contrarias a lo que ella le había enseñado; sin embargo, es curioso observar que por la virtud del Espíritu Santo, guardó Moisés muy bien en su memoria y en su corazón las historias que más tarde escribió en el libro del Génesis; y que no hizo ningún caso de las mitologías de la religión egipcia, que no aparecen en el Pentateuco, sino todo lo contrario.

¿Viviría Jocabed todavía cuando Moisés sacó al pueblo de la esclavitud de Egipto? No parece probable, dado el número de años que habían transcurrido; pero ¿quién sabe si no conoció desde el mismo Hades a donde fue su espíritu, en el paraíso llamado por los judíos «el seno de Abraham»? De otro modo estamos seguros de que lo conoce ahora, o lo conocerá un día en el cielo, y verá la enorme trascendencia que tuvo su fe y su cuidado en inculcar en su hijito una sana educación.

Muchas otras madres de grandes hombres de Dios han procedido de un modo semejante como podemos adivinar por los hechos que leemos en la Biblia, y en la Historia, de los bebés que una vez estuvieron en sus brazos. ¿Cómo procedemos hoy nosotras, mujeres cristianas, en nuestros deberes maternales? ¿Cómo educamos y qué serán nuestros hijos el día de mañana?

7

LAS DONCELLAS QUE DIERON SUS ESPEJOS

Exodo 38:8 y Salmo 68:11

Durante la peregrinación de los hijos de Israel por el desierto, Dios ordenó a Moisés la construcción del Tabernáculo del Testimonio, circundado por una valla de tela blanca que formaba un atrio de 30 por 15 metros. A la puerta se hallaba el altar de los sacrificios y en el centro, entre el altar y el tabernáculo propiamente dicho, había un depósito de agua limpia que era renovado cada mañana. Ningún sacerdote podía entrar en el lugar santo del tabernáculo sin antes haberse lavado allí. De este modo era conservada, de un modo gráfico, la idea de la santidad de Dios.

I. DANDO A DIOS LO MEJOR

Todo el pueblo fue invitado a contribuir con ofrendas para la construcción de la casa de Dios; las mujeres traían trozos de lino, joyas, pieles de ovejas y de cabras, etc., pero algunas de ellas, las más jóvenes que generalmente son las más coquetas, trajeron una ofrenda muy especial: sus propios espejos. Estos no eran de cristal, sino de metal finísimo bien bruñido para que reflejase su rostro. Era muy difícil encontrar tales espejos en aquel tiempo, y mucho más desprenderse de ellos, ya que no se hallaban en poder de todas. Muchas jóvenes desearían tener uno de tales instrumentos, pero tenía que contentarse con mirar su rostro en el espejo que poseía alguna compañera más privilegiada, o más rica; pero cuando Moisés pasó el pregón por el campamento solicitando lo mejor que cada uno tuviera para el Señor, que tanto bien les había hecho librándoles de la esclavitud en Egipto, las más fervorosas y agradecidas no titubearon en dar sus preciosos espejos para semejante obra.

II. UN ESPEJO FORMADO DE ESPEJOS

En el centro del atrio sagrado era necesario que hubiese una gran vasija de metal cuyo exterior servía al mismo tiempo de espejo para que los sacerdotes pudieran mirarse en él para lavarse con el agua que contenía aquel gran recipiente, y así entrar limpios en el lugar santo, y, una vez al año, al lugar santísimo.

III. UN EJERCITO DE EVANGELIZANTES

El pueblo de Israel, acampado alrededor del tabernáculo, se componía de dos o tres millones de personas, según se ha calculado, que habitaban en miles de tiendas de campaña. En aquellos tiempos no había altavoces ni emisoras de radio, pero era necesario transmitir al pueblo las órdenes que se iban recibiendo de Dios. Para este objeto parece que Moisés reclutó un grupo de mensajeras. Podemos figurarnos que serían, de acuerdo con los principios de aquellos tiempos:

a) Muchachas solteras, libres de deberes familiares.

b) Inteligentes y con facilidad de palabra.

c) Probablemente irían vestidas con túnicas blancas, pues éste era el símbolo de santidad, como vemos en el color del lino que se empleó para la construcción del tabernáculo alrededor del campamento.

d) Eran veladoras o guardadoras del recinto sagrado, y ello nos hace suponer que era por las noches cuando recibían las instrucciones de parte de Moisés o de sus ayudantes, levitas, acerca de lo que debían comunicar al pueblo, lo que seguramente hacían de día, ya que permanecer en el atrio del tabernáculo, habría sido estorbo para los sacerdotes sacrificadores.

IV. UNA PRUEBA DISCRIMINATORIA

¿A quiénes escogería Moisés para ejercer este honroso ministerio de entre las miles de muchachas solteras que había en Israel?

Una idea, seguramente inspirada por Dios, le sirvió de método de elección. Las muchachas que habían dado para la construcción del tabernáculo, algo para ellas más importante que oro o plata; las que que se habían desprendido voluntariamente de sus espejos. Estas mostraron tener un corazón para Dios enteramente consagrado y agradecido, y éstas tuvieron sin duda una sorpresa cuando se les dijo que aquel santo objeto que se hallaba en el centro del recinto del santuario había sido construido con el material de sus propios espejos, dados con sacrificio para la obra de Dios.

V. UN TEXTO ILUMINADOR

Esto lo descubrimos comparando Exodo 38:8 con el Salmo 68:11. Este último texto es como una flor exótica en el jardín de los salmos. Nada sabríamos de las mujeres de Israel; parecería que todo lo habían hecho los hombres; pero aquí se nos habla de un ejército de mujeres a las que se les llama «evangelizadoras», es decir, portadoras de buenas nuevas.

La Sagrada Escritura nada indica acerca del número de estas jóvenes, posiblemente eran doce, una para cada tribu de Israel, ya que éste era un número significativo para Moisés, y no se requerían menos para una labor tan extensa en aquel vasto campamento. Posiblemente se turnaban de mes en mes, como los sacerdotes. Pero estos detalles no son los más interesantes, sino las lecciones que podemos aprender nosotros de este ejemplo.

VI. LECCIONES PRACTICAS

1.ª *Que debemos dar a Dios lo más precioso que tenemos.* ¿Estamos dispuestas a hacerlo?

a) Algunas mujeres cristianas han dado sus joyas para la obra de Dios o para suplir las necesidadesl de personas menesterosas. ¿Qué hacemos nosotras en tal sentido?

b) Otras han dado a sus hijos, que han tenido que alejarse del hogar para servir al Señor en tierras extrañas. ¿Qué haríamos nosotras si el Señor nos pidiera algún día un sacrificio de esta clase?

c) Otras se han dado a sí mismas. ¿Qué es lo que podemos hacer nosotras de una forma personal?

El Señor nunca nos pedirá responsabilidades, cuando lleguemos ante su trono, acerca de lo que no podíamos hacer, pero sí de lo que estaba en nuestra mano realizar. De María de Bethania dijo el Señor: «Esta ha hecho lo que podía».

2.ª *Que nuestro Cristo es merecedor de que lo hagamos porque ha hecho para nosotras mayores cosas que las que hizo en aquellos tiempos para Israel.*

a) Es nuestro gran Libertador (Jn. 8:32-35 y Romanos 6:18).

b) Es, también, nuestro gran Benefactor, como lo fue para Israel (Salm. 103:105 y 116:12).

c) Es nuestro amoroso Redentor. Las víctimas ofrecidas en el antiguo altar son sólo símbolo de su gran sacrificio por nosotros en la cruz (Jn. 1:29 y Heb. 9:11-15).

3.ª La Palabra de Dios, que es un espejo (Stg. 1:23), está formada por los ejemplos de servidores de Dios que fueron en su vida espejos vivos de la voluntad de Dios en el mundo, por sus virtudes heroicas. En la Biblia se refleja la inteligencia y firmeza de Débora, la humildad de Rut, el heroísmo de Ester, el espíritu de oración de Ana, la piedad y obediencia de la virgen María y las vidas de tantas y tantas mujeres que sirvieron al Señor, como Magdalena, Juana, Susana, Salomé, Marta y María, Dorcas, Priscila, etc. Y si leéis, además de la Biblia, buenos libros biográficos, os daréis cuenta que el ejército de portadoras de buenas nuevas no se ha limitado a los tiempos bíblicos.

4.ª Que la fidelidad al Señor no consiste en un acto sino en una vida. Si aquellas muchachas que dieron sus espejos en un acto de generosidad emotiva no hubiesen continuado sirviendo al Señor en un servicio activo, por meses o años, no merecerían la mención del Salmo 68:11. Desgraciadamente hubo algunas que cayeron en pecado (1.º S. 2:22); siempre puede haber alguien que cae, incluso entre los mejores, pero el Salmo 68:11 nos demuestra que la gran mayoría fueron fieles a Dios; y, más aún, que con su fervor y ejemplo, consiguieron que otras mujeres de Israel que no podían formar parte del grupo seleccionado, también vinieran a ser evangelizantes como ellas, transmitiendo a sus vecinas las noticias que de ellas recibían. Sólo así se puede comprender la expresión «un grande ejército», que no sería aplicable solamente a las privilegiadas veladoras del tabernáculo. Esto nos lleva a la conclusión de que, aun cuando no todas podamos ser predicadoras, todas podemos encender la fe y el amor a Dios en otras personas, y ello será tanto más fácil si pueden ver en nosotras espejos de piedad y de santidad.

Si así lo hacemos, tendremos algún día la grata sorpresa de encontrar nuestros hechos registrados en el supremo tabernáculo de los cielos (Heb. 3:23-24), como el mismo Jesús indica en Mateo 6:20-21 y en Lucas 16:10-12.

8

EL FUEGO QUE NO DEBE APAGARSE

Levítico 6:12-13

El pueblo de Israel, durante su estancia en el desierto recibía instrucciones de Dios por medio de Moisés a fin de que llegaran a ser no solamente escogidos entre los demás, sino un modelo de pueblo para los demás pueblos.

Aunque sus mandatos en cuanto al culto eran simbólicos, tienen importancia para nosotros, pues el apóstol Pablo dice en 2.ª Timoteo 3:16-17: «Toda Escritura es inspirada divinamente y útil para enseñar, para redargüir, para corregir, para instruir en justicia, para que el hombre de Dios sea perfecto, enteramente instruido para toda buena obra», y en 1.ª Corintios 10 dice: «Estas cosas están escritas para amonestarnos a nosotros, a quienes han alcanzado los fines de los siglos», o sea, el plan que Dios tenía para este mundo en el segundo y definitivo pacto con los hombres.

I. UN FUEGO QUE NO DEBIA APAGARSE (v. 13)

Este fuego era el del holocausto. Sabemos que se ofrecían diversos sacrificios sobre el altar, todos ellos de carácter simbólico.

a) *El sacrificio por el pecado.* Este representaba la ofrenda de Jesucristo en sustitución por nuestros pecados.

b) *El holocausto encendido.* Que simbolizaba la consagración del operante, del cual participaban los sacerdotes para su manutención, pero la parte que quedaba en el altar tenía que ser consumida completamente, y era un símbolo de que nuestras ofrendas a Dios, una parte ha de beneficiar su obra, pero lo que de ello significa alabanza y gratitud al Señor, debe ascender continuamente a la presencia de Dios, como dice el apóstol en Romanos 12:1: «Que presentéis vuestros cuerpos como sacrificio vivo, santo, agradable a Dios que es vuestro servicio de adoración espiritual».

c) *El sacrificio de paces.* Significaba la vida de gozo y comunión que goza el creyente ya perdonado y consagrado.

Así que el fuego que ardía en el altar de la puerta del tabernáculo por motivo de uno u otro de estas tres clases de sacrificios, debía estar continuamente ardiendo en el altar.

Cuando el pueblo que estaba alrededor del tabernáculo miraba de lejos, desde sus tiendas, la columna de humo, recordaba que allí había un símbolo de justificación del pecado de agradecimiento a Dios y de comunión con su santidad. La vida espiritual consiste en mantener sobre el altar del corazón continuamente el fuego de la devoción, amor y comunión con el Señor. No solamente el domingo, un ratito, sino cada día, cada hora ininterrumpidamente.

II. COMO SE ORIGINO

No fue un fuego encendido por las manos de ningún sacerdote sino que bajó del cielo Lev. 9:24), pero era deber de los hijos de Israel mantenerlo continuamente encendido. Habría sido un pecado de funestas consecuencias que hubiesen dejado apagar, por falta de combustible, un fuego que Dios mismo encendió.

De la misma manera, aunque de un modo invisible e imperceptible, bajó el fuego del Espíritu Santo a nuestros corazones, cuando recibimos a Jesucristo pidiéndole el perdón de nuestros pecados. Desde entonces este fuego santo cumple tres beneficiosas funciones en nosotros.

a) *Es luz a nuestra mente.* Nos hace comprender lo que antes no entendíamos.

b) *Es calor a nuestro corazón.* Lo inflama (amamos lo que antes no amábamos).

c) *Fortalece nuestra voluntad.* Somos capaces de hacer y afrontar lo que antes no podíamos.

III. COMO SE MANTIENE EL FUEGO

El fuego del altar, aunque de origen divino, debía ser continuado por medios humanos y naturales: El sacerdote debía:

1.º *Quitar las cenizas*, es decir el resto de la leña quemada el día anterior. Del mismo modo cada mañana debemos quitar de nuestras mentes y corazones las cenizas de nuestros pecados, las cosas malas que existen en nuestro subconsciente: odios, envidias, maledicencias, murmuraciones; porque si los dejáramos, estas cenizas apagarían el fuego. Por esto el Señor Jesucristo nos enseña: «Antes de ofrecer tu ofrenda sobre el altar, ve y reconcíliate con tu hermano, y luego ven y ofrece tu ofrenda», refiriéndose a la adoración y gratitud que debe ser nueva cada mañana (Mt. 5:23-26).

2.º *Añadir leña en el altar.* ¿Cómo ardería el fuego sin el combustible necesario? Dios mismo nos ha provisto de los elementos que deben arder sobre el altar de nuestro corazón en su Palabra, cuando la leemos con meditación y acción de gracias.

3.º *Poner alabanza y obras prácticas* (Heb. 13:15-16). «Así que ofrezcamos siempre a Dios por medio de Jesús sacrificio de alabanza, es decir, fruto de labios que confiesan su nombre, y no os olvidéis de hacer el bien y de ayudar al prójimo, porque de tales sacrificios se agrada Dios.»

Sólo por estos medios podremos mantener encendido el fuego de la devoción y lealtad al Señor.

El enemigo de nuestras almas no cesa en sus esfuerzos para apagar el fuego, y si no estamos siempre vigilantes podría conseguirlo, y lo ha conseguido en muchos creyentes; recordemos las palabras de Cristo a la iglesia de Efeso (Ap. 2:4). Pero no podrá hacerlo de un modo absoluto porque está con nosotros el Espíritu Santo.

En el libro de «El Peregrino», Juan Bunyan nos cuenta qué intérprete introdujo a Cristiano en una habitación donde había un fuego encendido, y a pesar de que un individuo estaba arrojando constantemente agua sobre él, nunca lograba apagarlo. Sorprendido Cristiano, preguntó qué significaba aquello y cómo era posible que el fuego no se apagara. Intérprete lo condujo luego a la habitación contigua donde vio a otra persona que no paraba de echar aceite en el fuego encendido por una abertura en la pared. Afortunadamente, sabemos que Cristo vive para interceder por nosotros, y mantiene el fuego de nuestro amor mediante el Espíritu Santo que habita en nuestros corazones, que es el óleo de su

Gracia manteniendo la obra que ha iniciado en nosotros. En Deuteronomio 4:9 hallamos esta exhortación de Dios al pueblo de Israel que es bien aplicable a nuestras vidas espirituales: «Por tanto, guarda tu alma con diligencia, que no te olvides de las cosas que tus ojos han visto ni se aparten de tu corazón todos los días de tu vida».

Que así sea, hasta el día que el Señor nos lleve a su presencia, y que, entretanto, podamos con nuestro ardor espiritual, alentar y ayudar a todos nuestros hermanos que se hallan débiles, necesitados y enfermos del alma.

9

LA BUENA ELECCION DE RUT

Rut 1

La historia de Rut es uno de los más bellos relatos románticos de la Biblia. Es una historia que parece una novela, pero es historia auténtica porque se nos dan todos los detalles de familia que corresponden a una historia y, además, el nombre de Rut aparece en la misma genealogía de Jesucristo (Mt. 1:5), lo que enaltece esta historia del Antiguo Testamento. Es una de las historias que empieza con pruebas y desastres, y acaba en bendiciones.

Así ocurre muchas veces en las experiencias de nuestra vida.

I. UN DESTIERRO PROVIDENCIAL

El piadoso matrimonio compuesto por Noemí y Elimelech no podrían entender por qué una comarca por lo general abundante en buenas cosechas de trigo

58

hasta el punto de haber sido denominada *Beth-leem* (Casa de Pan), pasaba por una época de malas cosechas y hambre, que les obligaba a tener que emigrar a tierras mejores en un país extranjero.

Es evidente por el relato histórico, que el matrimonio compuesto por Elimelech y Noemí, no se entregaron a la práctica de los cultos de Moab, olvidando al verdadero Dios, a causa de su diestierro, sino todo lo contrario, fueron una luz en medio de las tinieblas, como lo demuestran las palabras de Rut (1:16). Dios siempre bendice al que es fiel en circunstancias adversas, por ser mayor el mérito de la fidelidad.

II. DIOS ENMIENDA NUESTROS ERRORES

No obstante, debemos decir que el emigrar de Bethleem fue un error humano de Elimelech. Es evidente que el pueblo estaba orando para que Dios cambiara aquel período inusitado de malas cosechas y el deber de aquella familia de labradores de Bethleem era permanecer en la «Casa de Pan» y esperar que Dios cambiara las circunstancias. Su decisión equivocada tuvo una doble consecuencia: el matrimanio de los hijos con mujeres extranjeras, lo que era contrario al mandato de Dios, y la muerte prematura de estos muchachos, cuyos nombres (Malhion y Quelion) significaban raquíticos, lo que ha hecho suponer que eran dos hermanos mellizos que nacieron en esta condición.

III. LA ACERTADA DECISION DE RUT

Seguramente la piadosa Noemí se había encontrado forastera en Moab, a pesar de que su carácter prudente y piadoso hubiera ganado el corazón de sus nueras en favor del hogar israelita y sus componentes. Esto sería un gran consuelo para ella, pero no era lo mismo que vivir en Israel, cerca de sus familiares y conocidos desde su infancia. Todos ellos adoradores, por lo menos nominales, del verdadero Dios.

Las dos nueras se sienten tan ligadas a su amada suegra, que deciden partir con ella al pueblo para ellas extranjero; pero Noemí no está tranquila. ¿Qué ocurrirá con ellas cuando se sientan en el país extraño de Israel, rodeadas de gentes de otra lengua, otras costumbres y, sobre todo, otra religión? Por eso insiste en que las dos regresen a su patria. Orpha, en cuyo corazón las enseñanzas morales aprendidas en el hogar de Noemí, no han calado tan hondo, elige lo mejor en el tiempo inmediato, que a la postre resultó peor. ¡Cuántos hacen así en esta vida con respecto a la fe de Jesucristo! Pero Rut, a quien podemos considerar una convertida de veras a la fe de Israel, responde: *Tu pueblo será mi pueblo y tu Dios mi Dios*. Estas palabras nos revelan en Rut un nuevo nacimiento, mil años antes de que Jesús revelara a Nicodemo este secreto espiritual, que sólo puede obrar en los hombres y en las mujeres el Espíritu de Dios.

IV. PERMANECIENDO BAJO LAS ALAS DE DIOS

Siguiendo la caritativa legislación de Israel, superior a todas las leyes de su época (Deut. 24:18-22), Rut acierta a entrar a espigar en la propiedad de Booz, rico hacendado que se enamoró de la hermosa y prudente extranjera. Booz demuestra una piedad religiosa y una inteligencia singular desde el principio. He aquí sus grandes advertencias a la joven forastera:

a) «Tu remuneración sea cumplida de parte de Jehová Dios de Israel bajo cuyas alas has venido a refugiarte» (2:12).

b) «No vayas a espigar a otro campo» (2:8).

c) «Bendita seas de Jehová, que has hecho tu postrera bondad mayor que la primera no yendo detrás de los jóvenes, sean pobres o ricos» (3:10).

Todos estos consejos tienen un gran significado para nosotros que nos hemos refugiado a la sombra de las alas del Todopoderoso, guiados por los consejos de uno mucho mayor y más sabio que Booz: el Señor Jesucristo.

El vino precisamente por esto para llamar los corazones a Dios. El mismo quiere tenernos protegidos como la gallina junta sus polluelos debajo de sus alas (Mt. 13:34).

Pero es menester que nosotros nos mantengamos bien cerca de El y de sus cosas, como le dijo también Booz a Rut: «Que no te encuentren en otro campo, hija mía». Si somos de Cristo, mantengámonos en el terreno de la piedad, busquemos nuestra satisfacción y placer en las cosas que recrean no sólo nuestro cuerpo sino también nuestro espíritu, puesto que, alma, cuerpo y espíritu son de Dios. Incluso las diversiones lícitas debemos buscarlas en las cosas de Dios, más bien que en los campos de la literatura o el arte. No iba contra la ley el que Rut pudiera ir a espigar al campo de cualquier otro betheleemita, tenía perfecto derecho a hacerlo, pero Booz vio que había peligro en ello (3:10) y la recomendación de Booz es apoyada por su inteligente suegra (2:22).

Queridas hermanas, ¿permanecemos nosotras en el campo de nuestro Señor, en la viña de nuestro buen Maestro y Salvador? ¿No vamos a veces a buscar espigas en los campos del mundo? Pensad que nos exponemos al peligro de ser arrastrados «por las mozas y mancebos» que pueden llevarnos a hacer lo malo delante de nuestro sublime protector y Señor, quien pudiera rechazarnos si ve que nuestro corazón no es totalmente para El.

V. DEJANDOSE GUIAR POR LA RAZON MAS QUE POR EL CAPRICHO

«Hija mía, ¿no he de buscarte descanso que te sea bueno?», dijo Noemí a su nuera. La totalidad del relato de Rut demuestra que Booz era de bastante más edad que Rut, pero la prudente Noemí comprendía mejor lo que convenía a Rut. ¡Cuántos jóvenes bethleemitas podían hacer la corte a Rut para divertirse y burlarse de ella; Booz en cambio era un hombre serio, temeroso de Dios y mantenedor de su palabra. Comprometer a su joven nuera con ese rico hacendado de Belén significaba asegurar el porvenir de ambas. La estratagema que le aconsejó Noemí habría sido peligrosa de no estar bien convencida del carácter íntegro de Booz. Rut fue extraordinaria en su obediencia. Lo natural es que pusiera grandes reparos. Era un extranjera y fácilmente Booz hubiese podido abusar de ella y dejarla una vez satisfecho sus naturales instintos, pero ella había aprendido a confiar en aquel señor tan amable que le había dado tan buenos consejos, y que había demostrado ser un hombre temeroso de Jehová el santo Dios de Israel, autor de los diez mandamientos, a quien su suegra le había enseñado a amar, y no dudó en exponerse a un evidente peligro confiando en el sincero amor que Booz ya había empezado a demostrarle.

¡Cuántas veces nos pasa a nosotras que somos tentadas por la hermosura, la edad o el capricho, para dar nuestro corazón a quien no es digno. El corazón, la bondad, el amor, es lo esencial para tener un matrimonio feliz. Pidamos a Dios, las hermanas que estén libres, por virginidad o viudez, para que Dios las guíe como a Rut, pues ella supo apreciar más los valores espirituales que los materiales. Como dijo Jesús: «Buscad el reino de Dios primeramente...» (Mt. 5:33).

EPILOGO

Rut declaró a Booz su parentesco y ello fue motivo para que Booz tomara más en serio el asunto. La extranjera había entrado a formar parte del pueblo de Israel por su matrimonio con Mahlón. Ahora su pariente Booz tenía deberes patrióticos y morales para con ella. Nadie podía criticarle por haberse juntado con una moabita. Procedió conforme a las leyes de Israel, aunque podamos imaginarnos que estaba deseando y posiblemente orando para que el pariente más cercano le cediera el derecho legal de tomarla por esposa.

En vez de ser objeto de crítica lo fue de admiración y de alabanzas por parte de la gente de Belén. Las mujeres decían a Noemí la bendición que había recibido por haber hallado tan buen redentor para sus difuntos. Parece que el pueblo entero estaba alborozado por aquel matrimonio (4:13-22).

Mucho más alborozo habrían tenido si hubiesen conocido los planes de Dios y que de aquel matrimonio, por su hijo Obed e Isaí, vendría el rey David, el gran monarca de Israel, pero sobre todo el Redentor del mundo, el Mesías Cristo Jesús.

Bajo el amparo de este supremo Redentor estamos nosotros y debemos procurar complacerle y ser obedientes a sus instrucciones para que El pueda acogernos y honrarnos, como lo hizo Booz con Rut.

10

DEBORA

Jueces 4:4-10 y 13 a 16

Dios tiene personas adecuadas para cada época:

En tiempo de hambre   José
Para sacar a Israel de Egipto y dar la ley Moisés
Para tiempos de crisis religiosa   Elías y Eliseo
Para la época del destierro   Jeremías y Ezequiel
Para extender el cristianismo   el apóstol Pablo

Pero también tiene mujeres; son ejemplos de ello *Jocabet,* la madre de Moisés; *Ester;* la bendita virgen *María, Priscila, Febe,* etc.

Lo más extraordinario es cuando una mujer ocupa el oficio de un hombre. Pero Dios puede echar mano de una mujer cuando faltan hombres.

Así ocurría en Israel en tiempos de los jueces. El pueblo de Israel había faltado a todos los pactos con Dios y como justo castigo los pueblos derrotados por Josué, agrupados en el norte del país y en la costa se rehicieron y esclavizaron a los israelitas. Los carros de Jabin con cuchillos en las ruedas eran los tanques de entonces. Era imposible levantarse contra un poder semejante. ¡Qué vergüenza! Los israelitas conquistadores pagando tributo a los pueblos vencidos. Israel estaba sin un gobierno unido. Cada ciudad tenía ancianos que gobernaban localmente como un consistorio municipal, pero faltaba una persona de autoridad moral que los uniera a todos. Y ésta fue:

I. DEBORA LA PROFETISA

Su poder tenía un fundamento religioso. Profetizaba por inspiración del Espíritu de Dios y el cumplimiento de sus profecías le daban fama, La opinión pública estaba en contra del que no se sometiera al juicio de ella. Podemos suponer que sus canciones populares se cantaban por todo el país.

II. DEBORA COMO JUEZ NACIONAL

Cuando los israelitas tenían un pleito que eran incapaces de zanjar los ancianos que juzgaban en las puertas de cada ciudad, acudían como último recurso al juzgado nacional entre Ramá y Betel en el monte de Ephraim, y la idea de que aquella mujer era inspirada por Dios hacía que los querellantes se conformaran con el veredicto que ella establecía y terminaba el pleito.

III. DEBORA LA GENERALA

Parece que alguna vez el general Barac fue a consultarle y ella le ordenó en nombre de Jehová reunir diez mil hombres de las tribus de Neftalí y de

Zabulón y presentar batalla a Jabin. Pero esto era muy peligroso a causa del ejército adiestrado que poseía este rey al mando del general Sísara con su columna de carros herrados. ¿Qué podía él hacer con un ejército de voluntarios israelitas compuesto por labradores, pastores de rebaño y otros particulares con poco o ningún adiestramiento especial? Por tal razón cuando Barac fue a consultar a Débora quizá por algún otro asunto, ésta le recordó la orden que le había dado de parte de Dios de llevar su ejército a un lugar estratégico, el torrente de Cison en donde había un desfiladero a propósito para que el ejército campesino de Israel pudiera hacer frente al enemigo, incluso dejando rodar grandes piedras desde las alturas contra el ejército de Sísara, cuyos carros no podían ascender por las vertientes del desfiladero.

Sísara era bastante listo para no meterse en semejante trampa, pero Dios había prometido por boca de la profetisa atraer al ejército cananita hacia el estrecho valle. Barac no se atrevía a plantear semejante batalla y por fin le dijo:

«Si tú vienes con nosotros, iré; si no vienes, no iré.» Tal puede ser la influencia y estima que puede alcanzar una mujer sabia.

¿Cómo piensan y sienten las personas que nos conocen, acerca de nosotras? ¿Se sienten las gentes animadas de estar a nuestro lado? Si estamos cerca de Dios, la gente encontrará placer en nuestra compañía, si de nuestra boca no salen más que quejas la gente se alejará de nosotros.

IV. EL CANTICO DE DEBORA

Observemos que en el cántico de esta célebre mujer encontramos:

1.º Todo el mérito y alabanza es atribuido y dado a Dios. «Load a Jehová», dice, y da el ejemplo: «Yo cantaré a Jehová»(vv. 2-3).

2.º Hay un reconocimiento histórico de los desastres que seguían al apartarse de Dios (v. 8).

3.º Alaba las decisiones heroicas de miles que sin que nadie les obligase (pues en aquellos tiempos no existía en Israel ninguna organización estatal), los humildes labriegos patriotas se juntaron a la voz de las trompetas y emisarios de Balac dejando sus familias, porque hubo grandes resoluciones del corazón. Todavía pide Dios «grandes resoluciones del corazón» a quienes deciden seguirle como creyentes o trabajar por El.

4.º Una reprimenda para los temerosos que perdieron un tiempo de sin par oportunidad, quedándose perezosamente a escuchar los balidos de los ganados en vez de ir a la guerra. ¡Qué vergüenza para los tales! Dios nos llama a una heroica guerra espiritual que tiene por objetivo ganar almas para la eternidad, y cuántas veces nos quedamos a escuchar algo que para Dios tiene menos valor que los balidos de los ganados, es decir, lo que podríamos llamar berridos de la garganta de artistas mundanos que repiten cien veces cualquier insulsa frase en sus no menos insulsos cantares, a través de la televisión. ¿Para qué usamos este admirable invento, para instruirnos o para perder el tiempo?

5.º El fracaso de sus ambiciosos enemigos que esperaban llevar consigo no sólo los bienes de los israelitas, sino también a sus doncellas para repartírselas como esclavas (v. 30). Estaban tan seguros de su triunfo sobre el débilmente armado y desorganizado ejército de voluntarios de Israel, que es bien probable que ocurriera lo que supone Débora en los versículos 28 y 30. Pero Dios puede usar lo vil y débil de este mundo para darles la victoria en el sentido material y espiritual (1.ª Cor. 1:31).

6.º El elogio de Jael choca con nuestra moral cristiana y el mandato de amar a los enemigos, pero debemos tener en cuenta:

a) Que en aquellos tiempos Jesús no había venido a enseñar su «ética superior»; era el tiempo de «el ojo por el ojo».

b) Jael no tenía el deber de ayudar a Israel, pues era una cananea (Gn. 15:19) pero como Rahab, en vez de mantener odio a los invasores de su nación tenía fe en el Dios de ellos y se sublevaba contra las injusticias y robos de que eran objeto por el rey Jabin y su general Sísara (vv. 29-30).

c) Jael expuso su vida por una causa que nada le afectaba, pues más bien podía esperar que irrumpieran en su tienda los soldados del general que tenía acogido, en vez de los de Barac, y la asesinaran a ella.

7.º La fe de Débora alentada por la victoria de su pueblo le hace sentir lo que leemos en Proverbios 4:18. Probablemente ésta había sido su propia experiencia espiritual desde que empezó a interesarse por los problemas de Israel desde aquella palmera que ella hizo famosa en el monte de Efraim.

11

EL HOMBRE QUE PERDIO EL RUMBO DE SU VIDA POR UNA MUJER

Jueces 13 a 16
Texto: 16:16-17

La historia de Sansón es un relato triste porque acaba en derrota, pero es sumamente aleccionador, y vale la pena considerarla para aprender de ella importantes lecciones. Consideremos pues a este personaje bajo sus polifacéticos aspectos.

I. EL HOMBRE ELEGIDO

Si alguien puede ser considerado como una persona elegida por Dios, es Sansón, ya que lo fue antes de su nacimiento. Nosotros no podemos invalidar los propósitos de Dios, pero si no nos aprestamos a cumplir su voluntad, ésta se realizará al fin, pero posiblemente no por los caminos que El tenía asignados para nosotros, sino por los que nosotros mismos habremos escogido con nuestra insensatez. El capítulo 13 del libro de los Jueces es una apertura hermosa de una historia desgraciada. Nadie que lea este capítulo sin conocer el relato posterior adivinaría que pudiera terminar tan mal. Cuidémonos de no malograr los buenos propósitos de Dios para con nosotros, antes atendamos a las recomendaciones del apóstol san Pedro: «Por lo cual, hermanos, sed tanto más diligentes en hacer firme vuestro llamamiento y vuestra elección, porque haciendo estas cosas no caeréis jamás» (2.ª Pd. 1:10). Si Sansón hubiese atendido a este consejo habría seguido una ruta muy diferente en su vida. Nuestros privilegios iniciales son responsabilidades con respecto al resto.

II. EL HOMBRE ENCUMBRADO

El joven Sansón empezó bien su vida con su victoria sobre el león, que fue debida al espíritu de fortaleza que Dios le envió en el momento de su apuro y peligro. El debía haber pensado en el origen de esta fortaleza sobrehumana que le libró de ser despedazado y mostrarse agradecido al Señor, pero su corazón estaba más bien en la mujer de Timnat, que le había gustado, y es seguro que no se acordó de dar gracias a Dios. No dio importancia al suceso, pues ni siquiera lo comunicó a su padre y a su madre. Su único objetivo era hablar a ellos de la mujer que le había gustado (4:7).

III. EL HOMBRE TENTADO

La fiesta de boda de Sansón era una oportunidad para glorificar a Dios, si cuando los invitados le preguntaron en qué consistía su fuerza, él les hubiese

70

declarado simple y llanamente que procedía del Dios de Israel, el Dios verdadero, superior a los de todas las naciones, por ser el único Dios verdadero, pero en lugar de esto quiso ser tenido, no solamente como el hombre más fuerte, sino también como el más listo, proponiéndoles el enigma de la fortaleza y la dulzura, el cual fue descubierto por engaño de parte de su esposa. Esto fue un aviso de Dios para que se diese cuenta de no fiarse de las mujeres de un pueblo enemigo, por hermosas que fuesen. Muchas veces Dios quiere enseñarnos por medio de desengaños y contrariedades de parte de los hombres, para que confiemos más en El. Pero Sansón no entendió la lección de parte de Dios. Quiso arreglar las cosas por sí mismo, valiéndose de su fuerza en su ataque por sorpresa sobre Ascalón (14:19).

IV. EL HOMBRE DESENGAÑADO

El golpe de mano sobre Ascalón con la muerte de treinta filisteos, produjo mayor encono en sus familiares paganos, que se vengaron entregando su esposa a un compañero filisteo, lo que significaba: «no eres digno de emparentar con nuestro pueblo». Esto era una segunda lección de Dios para que rompiera todo trato con sus enemigos y buscara una esposa de su propia nación. La reacción de Sansón fue un mayor encono, renunciando a la hermana de su antigua esposa y dedicándose sólo a tomar venganza, incendiando las mieses. Pero la violencia atrae violencia. Y los filisteos se vengaron con su propio suegro y la hija, esposa de Sansón. En toda guerra sabemos cómo empieza, pero no cómo terminará. Es extraordinario que los filisteos se vengaran en estas personas de su propia raza, pero lo hicieron pensando que ellas eran los culpables del encono levantado en el gigante de Israel.

V. EL HOMBRE PROBADO

Con bendiciones de parte de Dios. En la primera parte de su vida Sansón fue aleccionado con desengaños. A pesar de que no lo merecía por su actitud vengativa, todavía Dios le mantuvo el privilegio de su fuerza sobrenatural, al poder romper las cuerdas nuevas con que le ataron sus propios compatriotas por los que Sansón se dejó atar. Ahí tenemos una lección de que nunca debemos combatir a nuestros propios hermanos, pero cuando los filisteos le creían vencido, vino de nuevo sobre él la fortaleza sobrenatural y el milagro.

El segundo milagro nada tenía que ver con sus enemigos, sino con su propia necesidad. Al quedar solo después de su esfuerzo tuvo sed y milagrosamente se abrió la fuente artesiana de Lehi, cuyo nombre es una gran lección para nosotros, ya que significa «la fuente del que clamó». Al dar este nombre a dicho manantial que brotó de la tierra Sansón reconoció la intervención divina. No sabemos hasta qué punto reconoció sus errores pasados, pero es bien posible que tuvo un arrepentimiento y una rectificación en su vida, pues cesaron sus actos vengativos y juzgó a Israel veinte años. ¿No nos ocurre también a nosotros que pasamos épocas de más bendición que otras en nuestra vida? Parece que cuando él entendió que la venganza y la violencia no llevan a ninguna parte, Dios pudo hacer de él lo que era su plan, que fuera gobernante de su pueblo gracias a su fortaleza física que imponía respeto a todos.

No sabemos cómo Dios le bendijo e inspiró, a pesar de haber procedido tan neciamente en su juventud.

VI. LA MADURA TENTACION

Pero pasados aquellos veinte años pacíficos, tuvo lugar el incidente de Gaza, en el cual Sansón se abstuvo de asesinar a más personas, y se limitó a retar a sus enemigos con un acto ostensible de fuerza. Buen camino, que confirma lo dicho, de su mejora de carácter.

Pero Sansón era un tipo de hombre sexual y el enemigo volvió a tentarle con lo que había sido su flaco en los días de su juventud, y entró en relaciones íntimas con una mujer de la que no leemos que se casara, la fatídica Dalila, que le fingió amor y le engañó.

Dios le advirtió acerca de las malas intenciones de semejante ramera, al incitarle ella, varias veces, a que le dijera el secreto de su fuerza. El recurso de engañarla una y otra vez no era el camino de Dios, sino que se hubiera separado de ella, pero la pasión sexual le cegó. Este es un pecado que ha hecho caer a muchos hombres grandes, incluyendo a servidores de Dios, y es uno de los defectos que más atentamente debemos vigilar, tanto los varones como las mujeres, pues también grandes mujeres han caído en este pecado, por más que sea característico más bien de los hombres. El instinto sexual es un don y privilegio de Dios, de ahí la declaración de Hebreos 13:4 y 1.ª Pedro 3:7, pero dentro de límites establecidos.

VII. EL HOMBRE DERROTADO

La declaración del secreto de su nazareato muestra una inclinación a atribuir su privilegio a un detalle ceremonial más que al poder de Dios. Hubo un caso en el que se dio cuenta de que necesitaba a Dios, cuando dio a la fuente el nombre de En-Hacoré, y era necesario que aprendiera otra vez que lo que vale no son los símbolos exteriores, sino el poder de la oración. Pero tuvo que aprenderlo a un precio muy duro durante su encarcelamiento, cuando se vio reducido a la condición de animal de tiro. Pero separado del poder de Dios no le quedaba nada más que el recurso de sus músculos y éstos no eran suficientes para librarse de sus enemigos y de su prisión. Muchas veces Dios nos reduce a la impotencia para que dejemos de confiar en nosotros mismos y acudamos a El. Esto le ocurrió a Sansón, pero fue al precio de su propia muerte.

Quiera Dios que nosotros aprendamos las lecciones de Dios en nuestra vida como hubiera podido ocurrir con Sansón si ésta hubiese terminado en el capítulo 15 y no se hubiese tenido que escribir el más lamentable de todos, el capítulo 16.

Que Dios nos ayude a comprender los caminos de Dios a tiempo, en nuestras vidas.

12

ANA, LA MADRE DE SAMUEL

1.º Samuel 1

I. UN PROBLEMA RESUELTO POR LA ORACION

Ana, la madre de Samuel, tenía un problema de celos con Peninna, la segunda mujer de Elcana, ya que la poligamia era permitida en aquellos tiempos como un mal menor, según explicó Jesús en Mateo 19:1-12. El plan de Dios era una sola mujer (Mal. 2:15); la consecuencia eran los celos, y lo propio hallamos en génesis 30. La compensación que Dios dio a la mujer aparentemente desfavorecida fue el intenso amor de su marido. Siempre Dios nos da alguna compensación en nuestros problemas, pero ella deseaba la resolución del problema en otro sentido, y para ello llevó su caso a Dios, lo mejor que podía hacer.

II. CUATRO VIRTUDES DE ANA

1.ª *Su fe.* Ana aprovechó la ocasión de subir al tabernáculo de Silo para el sacrificio anual a fin de derramar su corazón a Dios. No tenían en aquellos tiempos el conocimiento completo del carácter de Dios como ser omnipresente como Jesús lo reveló a la samaritana en Juan 4:22-24. Oró largamente como vaciando su corazón ante Dios. Puede haber oraciones cortas y eficaces, como vemos en Nehemías 2, pero cuando el corazón se derrama ante Dios, el tiempo apenas cuenta.

Su actitud llamó la atención del sacerdote Elí y esto dio lugar a Ana para explicar su apuro, y ello nos lleva a la segunda de sus hermosas virtudes.

2.ª *Sabía disimular la injuria.* Tenía toda la razón para sentirse ofendida por lo precipitado del juicio de Elí (v. 14). Este no le preguntó lo que estaba haciendo, dio por sentado su pensamiento calumnioso. Este es generalmente el origen de las calumnias, la precipitación y la falta de información.

Era natural una reacción airada de Ana, pero esta piadosa mujer acababa de levantarse de estar en contacto con Dios y estaba inmunizada de los ataques del enemigo espiritual de las almas y respondió con la amabilidad que encontramos en el v. 15.

Elí comprendió su error y rectificó (v. 17). Otra lección para nosotros. Eli era un servidor de Dios, pero tenía sus flaquezas; una de ellas se evidencia aquí, otra aparece en el cap. 2. Es bueno estar prevenidos sabiendo que incluso los mejores servidores de Dios pueden tener sus flaquezas, pero los hombres y mujeres verdaderamente piadosos están prestos a rectificar.

3.ª *Ana sabía descansar en Dios* (v. 18). Creyó que Dios había escuchado su oración y no quiso llevar de nuevo la carga. Consiguió dejarla al Señor y esperar en El (Salm. 55:22) (Anec). Cítese el caso de la viejecita a quien un carretero la subió al carro y continuaba llevando el fajo de leña sobre el hombro, y cuando éste le indicó que podía descargar la leña sobre el carro ella contestó con infantil ingenuidad: «¡Ya estoy bastante agradecida de haberme invitado a subir, pero la carga la puedo llevar yo!». Ana comió y no estuvo más triste (v. 18). Esto era una demostración de su profunda fe y confianza en Dios. ¿Sabemos nosotros descansar en Dios después que hemos orado, o continuamos con la misma preocupación?

4.ª *Sabía cumplir sus promesas* (vv. 19-28). ¡Cuánto debía dolerle apartar de su lado al niño a la edad de tres años y dejarlo en Silo, donde sólo podía verlo una vez al año! Pero lo había prometido y lo cumplió. ¡Qué difícil es esta lección! ¡Cuántas veces el egoísmo nos ciega y dejamos para el Señor lo último, lo que sobra y no lo primero, lo más preciado. El nos da una semana de vida, y todavía le regateamos el domingo.

El dueño de cierto jardín regaló a un pobre hambriento seis de las peras que había producido su peral por primera vez, y dejó una para poder probar el sabor de aquel fruto, pero cuando volvió la espalda el pobre mendigo saltó la verja del jardín y le robó la última pera que le quedaba. Cuando el dueño al oír ruido se dio cuenta y se volvió, le reprendió severamente y como castigo le hizo devolver las seis que le había regalado.

Así obra el mundo con Dios, dedicando a sus placeres el día de la semana que Dios quiere que le sea dedicado.

III. LO QUE APRENDEMOS DE ANA

Que sepamos nosotros, imitando a Ana:

1.º Tener FE en Dios para confiarle todos nuestros problemas (Mt. 7:7; Lc. 11:9 y Jn. 16:24).

2.º Disimular las INJURIAS y devolver bien por mal (Rom. 12:17-21).

3.º Saber DESCANSAR en Dios (Mt. 6:25-34).

4.º Cumplir nuestras PROMESAS sin regatear al Señor ni siquiera lo que más amamos.

Cierta madre inglesa, en el tiempo del gran despertamiento para la obra misionera que tuvo lugar a principios del siglo pasado en tiempo en que la malaria reinaba en los países africanos recién descubiertos, fue dando a Dios uno a uno los siete hijos que tenía, todos los cuales, llenos de ardor misionero, se trasladaron a Africa, cuando moría de malaria el hermano antecesor, y cuando todos hubieron muerto la misma madre ya anciana se trasladó al Africa costeándose ella misma el viaje, porque la misión rehusaba admitirla a su edad, para tener el gozo de continuar la obra de sus hijos y dar su vida para la causa del Señor en el mismo lugar donde ellos la habían dado.

Que el Señor nos ayude a poner en práctica cada una de las virtudes de esta heroína de la fe del Antiguo Testamento.

13

¡FUERA DISFRACES!

1.º Reyes 14:1-18

Refiérase la historia de Jeroboam y el incidente del texto, es decir, cómo la esposa del rey de Israel fue con atuendo de campesina a preguntar al profeta Ahías por la salud de su hijo gravemente enfermo y la respuesta negativa y reprensiva que recibió.

¿Qué aprendemos de esta historia?

I. EL ERROR QUE SIGNIFICA DEJARNOS LLEVAR POR LOS TEMORES O CONVENIENCIAS MATERIALES

Jeroboam cayó en la idolatría e hizo pecar con ella a su pueblo por temores infundados. Bueno es ser previsor en asuntos materiales, pero en cuanto se trate de la fidelidad a Dios, las previsiones más sagaces pueden resultar totalmente erradas y contra-producentes. Jeroboam ignoraba:

a) Que su rival caería también en idolatría y que a la mitad de su reinado Sísac, rey de Egipto, saquearía los tesoros del templo de Jerusalén, pues las riquezas que acumuló Salomón en el templo de Dios atrayeron la codicia del poderoso rey de Egipto.

Ignoraba también que la descendencia de Salomón sería de reyes que aun poseyendo el templo de Jerusalén, seguirían el ejemplo de su padre dando culto a otros dioses (1.º Reyes 15:3).

b) Si el pueblo de Israel dirigido por Jeroboam hubiese mantenido la fidelidad a Dios, habrían sido un ejemplo a las dos tribus rivales, que posiblemente se habrían unido a las diez sobre las que reinaron Jeroboam y sus descendientes. Posiblemente Sísac hubiera tenido temor de invadir un reino unido ante el peligro, con el apogeo en que lo dejó Salomón; pero en vez de esto hicieron todo al revés, como expresa el capítulo 15:6, manteniendo una guerra continua Israel contra Judá, y viceversa. ¡Cuán equivocados son a veces los temores y previsiones de los hombres! Sobre todo cuando se apartan del camino de Dios.

II. QUE NO HAY QUE BUSCAR A DIOS COMO RECURSO DE EMERGENCIA

Es necesario poner a Dios y a sus cosas en primer lugar, como dice Jesús en Mateo 6:33; y nuestras peticiones deben ser un complemento de la vida de fe, como decían los mismos fariseos en el caso del ciego: «Dios no oye a los pecadores, sino que si alguno hace su voluntad, de él se agrada». Jesús hacía la voluntad de Dios como dice en Juan 5:30, y por esto podía decir lo que leemos en Juan 11:41.

Si nosotros sabemos imitarle, tendremos respuestas de Dios.

Jeroboam adoraba por conveniencia, que no por convicción, a otros dioses; pero cuando hubo un problema serio en su familia, comprendió que el mejor recurso era dirigirse al verdadero Dios de Israel, en vez de suplicar a los dioses falsos con los cuales había hecho pecar al pueblo. ¿Cómo iba Dios a escucharle ni atender tal súplica de emergencia? No obstante esta es la conducta de muchas personas que sólo se dirigen a Dios cuando tienen algún apuro.

III. QUE NO PODEMOS COMPRAR NI SOBORNAR A DIOS

Jeroboam pensó que trayendo panes y tortas y una vasija de miel al profeta le induciría a pronunciar una buena profecía en favor de su hijo, la cual se cumpliría, como sin duda tenía noticia de muchas otras respuestas favorables de Dios por intercesión de Ahías. Posiblemente lo habría conseguido si Ahías hubiese sido un mago cualquiera de oficio, pero se equivocó grandemente, por ser Ahías un gran profeta del Dios verdadero. Esto era tener un concepto muy mezquino del Dios Jehová. En lugar de poner a Dios primero, ponía al profeta, como si éste pudiera disponer de Dios. Los católicos romanos cometen la misma equivocación. El razonamiento de muchos es: El Papa es una gran persona y sus bendiciones pueden serme de provecho. Los santos fueron personajes del pasado que dieron incluso su vida por la fe cristiana. Dios debe estarles tan agradecido, que si se lo pido al santo, Dios no se lo podrá negar.

Jeroboam tenía la garantía de que Ahías era un verdadero profeta porque fue quien le profetizó que él sería rey sobre las diez tribus de Israel y se cumplió. ¿Pero no era aquello mayor motivo para que, agradecido a Dios, le sirviera de todo corazón?

IV. QUE DIOS NOS CONOCE Y NO PODEMOS ANDAR CERCA DE EL CON DISFRACES

La mujer de Jeroboam obedeció a su marido cumpliendo las reglas y costumbres sociales de aquel tiempo, pero podía muy bien hacer lo que hizo la prudente Abigail esposa de Nabal: ir a casa del profeta, quitarse el disfraz y abrir su corazón al servidor de Dios, diciéndole: «Mi marido me ha ordenado esto, pero yo entiendo que él está en un camino equivocado sirviendo a los dioses falsos y apartando al pueblo del verdadero Dios». Quizá, de haber procedido con esta integridad de corazón, el profeta hubiera pronunciado maldiciones en cuanto al rey culpable e hipócrita, pero bendiciones para ella y para su hijito. El caso de Abigail nos sirve de gran ejemplo. Ninguna lealtad humana debe anteponerse a la sinceridad ante Dios: pero la mujer de Jeroboam fue débil y tan ciega como su marido.

Ella vistió un disfraz del cuerpo, pero hay disfraces del alma que han de ser descubiertos (véase Heb. 4:13). ¿Cuáles son estos disfraces?

1.º *El de la piedad* (véase Mt. 7:22).

2.º *El de la generosidad* (Mt. 5:2 y Mr. 12:42-44).

3.º *El de la humildad, con que se cubre el orgullo* (Rom. 12:).

4.º *El del amor* (Rom. 12:9). El capítulo 13 de 1.ª Corintios es el test del verdadero amor; es el amor sin fingimiento a que se refiere el apóstol en Romanos 12:9.

5.º *El del perdón.* Esta es la forma más refinada del disfraz del amor, y muchos lo practican a causa de los mandatos conminatorios del Señor Jesucristo sobre este tema: «Si no perdonareis a los hombres sus ofensas, tampoco vuestra Padre Celestial os perdonará», y aparentan un perdón que es solamente delante de los hombres.

Una señora, estando gravemente enferma, mandó llamar a su vecina con la que estaba desde hacía mucho tiempo furiosamente enemistada y se reconcilió con ella, hasta el punto de besarse mutuamente, después de pedirle perdón con gran humildad. Pero en el momento en que la vecina se disponía a dejar la habitación, añadió la enferma: «Esto es tan sólo para el caso que me ponga peor y me muera; pero si vivo y me pongo bien, acuérdate de que todo queda igual que antes, y no trates de hablarme, ni yo te hablaré, si nos encontramos por la calle».

¿Cuáles son nuestros disfraces? ¿Tratamos de aparentar ante los hombres algunas de estas virtudes? Recordemos que los hombres miran lo que tienen delante de sus ojos, pero Dios mira el corazón (1.º S. 16:7), y no tratemos de engañar a Dios como intentó hacer la mujer de Jeroboam.

14

EL ACEITE DE LA VIUDA

2.º Reyes 4:1-7

Los primeros capítulos de 2.º Reyes son un relato de milagros en tiempos de crisis religiosa en Israel, que han servido de gran lección a los cristianos afligidos y probados en todos los tiempos. Y es un semillero de enseñanzas espirituales. Busquémolas en este caso.

I. DIOS PUEDE PERMITIR PRUEBAS SOBRE UN HOGAR PIADOSO

Los cristianos no estamos exentos de dificultades. El marido de esta casa era un hijo de profeta (eso es un estudiante, probablemente de los tiempos de Elías que había estado en compañía de aquel santo varón de Dios para aprender y luego ser profeta). La mujer, al faltar su marido, se halló sin pan, llena de deudas y con la amenaza de que sus hijos fueran tomados como esclavos por el acreedor.

a) ¿Por qué Dios permite tales situaciones en hogares piadosos? Cristo nos da la única contestación que, como cristianos, debemos aceptar: «Lo que yo hago tú no lo entiendes ahora, mas lo entenderás después» (véase Jn. 11:4). Dios actúa a veces en forma contradictoria como dice el poeta:

Dios obra por senderos misteriosos
Las maravillas que el mortal contempla
Mas las oscuras nubes que os aterran
Derramarán bendición al alma vuestra.

No juzguéis al Señor por los sentidos
Confiad en su gracia que es inmensa,
Ciega incredulidad yerra el camino
Y su obra en vano adivinar intenta.

Dios es su propio intérprete y al cabo
ha de dar luz perfecta al que en El cree.

Esto ocurrió en el hogar de esta viuda, y ha ocurrido muchas veces, no sólo en la historia bíblica, sino también en las vidas de muchos hijos suyos.

II. EL CREYENTE FIEL LLEVA SUS PROBLEMAS A DIOS EN ORACION

Los hombres sin fe llevan sus problemas a los amigos, muchas veces con poco éxito o se entregan a la desesperación (cítense ejemplos), pero el cristiano tiene un Padre en los cielos rico en misericordia, como dice aquel hermoso cántico:

¿Estás débil y cargado de cuidados y temor?
Esto es porque no llevamos todo a Dios en oración.

85

El salmista David exclama: «A Jehová clamé estando en angustia y El me respondió» (Salm. 77:2). Esta fue una experiencia frecuente en el rey David y en otros personajes bíblicos, y será la nuestra también.

III. DIOS NOS AYUDA CONTANDO CON LO POCO QUE TENEMOS

Hay cierto refrán que dice: «A Dios rogando y con el mazo dando». Dios cuenta con lo poco nuestro para multiplicarlo (véase el ejemplo de Jn. 6:1-13). «¿Qué tienes en tu casa?», le dijo Eliseo (v. 2). Dios quiere que seamos colaboradores con El.

IV. DIOS QUIERE AMPLIAR NUESTRA FE

Recordemos el dicho del misionero Guillermo Carey: «Pidamos grandes cosas a Dios y emprendamos grandes cosas para Dios».

La mujer se habría contentado en que se llenaran los cacharros que tenía en su casa, pero el profeta le mandó emprestar vasos. Varias personas colaboraban con ella, la mujer echando el aceite, los hijos que le traían los vasos y hasta los vecinos que se los prestaron, sin saber para qué, y después pudieron comprar del aceite multiplicado, lo que no dejaba de ser un gran favor en aquel tiempo de hambre.

De la siembra, aprendemos cómo Dios multiplica las cosas en la naturaleza, pero si nosotros no cumplimos antes la tarea de sembrar la semilla (aparentemente arrojarla y quedarnos sin ella), no tendremos cosecha. Los vasos fueron todos llenos de la botija de aceite casi vacía, y de la escasa merienda del niño galileo, sobraron doce cestas llenas.

V. EL PODER DE DIOS SIEMPRE ES MAYOR QUE NUESTRA FE

Primero se terminaron los vasos que el aceite (v. 5). En el salmo 81 leemos: «Ensancha tu boca y henchirla he». Dios nos da siempre mucho más abundantemente de lo que pedimos o entendemos (Ef. 3:20). Por esto es que los apóstoles pedían: «Auméntanos la fe». Esta ha de ser, también, nuestra petición. Pero tenemos aquí otras.

LECCIONES PRACTICAS INCIDENTALES

1.º *Para poder pedir prestados los vasos a los vecinos necesitaba estar en buenas relaciones con ellos.* La lección espiritual aquí es que Dios nos bendice a base de que nos hagamos dignos de tal bendición. Debemos tener un corazón sin odio, sin querellas, un corazón que respire amor y simpatía para todos los que nos rodean.

2.ª *La fe de la mujer tuvo que ejercerse en secreto, sin ostentación.* El profeta no fue a su casa a llenar los vasos, tuvo que hacerlo ella sola con sus hijos después que ellos hubieron reunido un número considerable de vasos prestados. Cierra la puerta, le dijo el profeta. Necesitaba fe para reunir tantos vasos y para empezar a echar aceite, creyendo que el poco aceite de su vasija no se terminaría. Fe en la palabra del profeta como Palabra de Dios, pero el profeta no quiso que hiciera ostentación de su fe, lo que habría traído un revuelo en la vecindad, pues todos habrían querido que les llenaran los vasos, propios, que habrían traído sin cesar, tanto si eran dignos de ello como si no.

Hay servidores de Dios que por ostentación o con el buen propósito de evangelizar, se han excedido en su propaganda, como si ellos pudieran mandar a Dios, pero el Señor es soberano y hace milagros cuando El quiere, no cuando lo queremos nosotros, y el fracaso ha sido muchas veces perjudicial a la fe. Dios puede obrar milagros y los obra aún en el día de hoy, pero no podemos olvidar los textos del Nuevo Testamento que nos dicen que si pedimos alguna cosa, *según su voluntad*, El nos oye, y el mismo Señor tuvo que decir al Padre: «Sea hecha tu voluntad y no la mía».

3.ª *El testimonio tras el milagro.* La mujer tuvo que vender el aceite milagrosamente producido, y ello fue sin duda una ocasión de testimonio, ya que los vecinos sabían la pobreza en que ella vivía. ¿De dónde había sacado el aceite? Sin duda ella tuvo ocasión de glorificar a Dios contando lo sucedido. Nosotros no debemos dejar de contar las bendiciones que Dios nos envía, aun en los casos milagrosos. Es mejor dar testimonio del milagro una vez éste se ha realizado que dar la promesa de que se realizará y que está por ser producto de tu entusiasmo humano, no se realice. Jesús siempre hacía presentar los leprosos curados ante el sacerdote cuando el milagro *ya se había realizado*.

Aprendamos de esta breve historia:

1.º A buscar a Dios en nuestras pruebas (Salm. 50:15).

2.º A poner lo que tenemos, sea poco o mucho, al servicio del Señor (2.ª Cor. 9:10-11).

3.º A ser dignos de las bendiciones que El quiere darnos por nuestra conducta con nuestros prójimos (Rom. 12:18).

4.º A estar prestos a comunicar a otros las cosas que Dios ha hecho con nosotros (Lc. 8:39).

15

EL MILAGRO DE SAREPTA

1.° Reyes 17:8-24

Fue uno de los pocos sucesos del Antiguo Testamento citado por Jesucristo lo que acrecienta su importancia. ¿Qué aprendemos de él?

I. LOS PELDAÑOS DE LA FE

1. *Dios permite que se cumplan las leyes naturales.* El torrente se secó. ¿Por qué? A causa de la sequía. ¿No podía hacer Dios que no se secase, como cuando hizo brotar agua de una roca en el desierto, el que antes había provisto para él comida por medio de los cuervos? Era necesario que fuera puesta a prueba la fe del profeta. No importa el torrente (o sea el medio) para el alma que tiene su vista fija en Dios.

2. *Los medios de Dios son extraños.* Dios permite que el torrente se seque y el recurso es mandarle

a casa de una viuda pobre. Observemos que Dios mismo le había prometido sostenimiento por medio de ella.

3. *La escala de la prueba muchas veces es ascendente.* Cuando Dios ordenó al profeta ir a la casa de una viuda no le reveló si era rica o pobre, pero ¿cómo quedaría el profeta cuando vio a una pobre mujer cogiendo hierbas secas en el campo, y Dios le dijo: «Esta es la persona que yo he elegido para sustentarte»? El próximo paso de prueba es la declaración de la mujer: «Lo comeremos y nos moriremos», pues no tenemos nada más.

4. *Dios quiere que la fe supere las circunstancias.* «Hazme a mí primero.» Era una petición muy atrevida, que podía parecer muy egoísta a la pobre viuda. Pero por su promesa (v. 13), la fe del profeta, tenía que contagiarse a la mujer. Así ha sido siempre con el testimonio del Evangelio. La fe se propaga por contacto. «Jehová ha dicho.» La mujer podía pedir antes el milagro. Se le pedía lo práctico, lo tangible con una promesa que parecía del todo inverosímil. «A mí primero» es la expresión de Cristo: «Buscad primeramente el Reino de Dios» (Mt. 6:33). Muchos se han jugado la vida ante la declaración de Jesús: «Yo soy la resurrección y la vida; el que cree en Mí aunque muera vivirá».

Es lo que Dios pide en todas las esferas, de orden espiritual o material. «El primer día de la semana cada uno aparte para Dios...», recomienda el apóstol. El niño que sólo tenía unos panecillos y dos peces para su merienda tuvo que entregarlos al Señor, antes de que se multiplicasen para dar de comer a cinco mil. La viuda que fue hospitalaria por fe y dio a un extranjero lo que necesitaba para sí y para su hijo, no sólo obtuvo abundancia para toda su vida, sino que fue un ejemplo de fe citado por Jesús. Es una figura de toda la economía cristiana. Usaré la poca vida que me queda para disfrutarla, dice el corazón humano. Dios viene diciendo: Dame una parte de esta vida, cree en mí y sírveme. Seis para ti y uno para mí. Y la multiplica hasta lo infinito, convirtiéndola en eterna.

II. NO JUZGUEMOS A DIOS POR LAS APARIENCIAS

Todo fue bien por el milagro de la multiplicación del aceite y la harina, pero el Señor quiere que no sólo la fe del profeta sea contagiada a la mujer, sino acrecentar la fe de ésta y la del mismo profeta por medio de una renovada prueba; el fallecimiento del hijito. Ello trae a la mente de la mujer un pensamiento razonable, pero totalmente equivocado. El ejemplo, y probablemente las palabras del profeta llenas de sabiduría y reverencia espiritual, manifiestan una santidad que contrastaban con su ignorancia de las cosas espirituales. Antes no pensaba que existiese en ella pecado. Esto es lo que hace la gracia de Dios. La santidad de Dios que se acerca a nosotros por su Palabra nos revela que somos pecadores. A veces ocurre también en la relación personal con los grandes hombres de Dios, pero el juicio que hizo de sí misma la pobre mujer era muy pesimista. «No juzguemos a Dios por los sentidos», dice cierto himno, y es una gran verdad, porque, como dice en Isaías 55:9, «Sus pensamientos son más altos que los nuestros».

1.º La prueba no tenía por motivo ningún pecado de la pobre mujer sino llevarla a ella y al profeta a un peldaño más alto. Sin secarse el torrente no habría habido milagro de multiplicación; sin la muerte del niño no habría habido milagro de resurrección, y mayor gratitud, por parte de la viuda, del niño y del mismo profeta.

2.º La viuda de Sarepta, al igual que Nahamán, fueron ejemplos para el pueblo judío de los planes de Dios para los gentiles. Así lo expresó Jesús en Lucas 4:25. Elías, despreciado y perseguido entre su propio pueblo a causa de ser el reformador y promotor de la fe olvidada por Israel, halló un hogar gentil que le recibió por fe. Fue ejemplo de lo que ocurriría quinientos años después con el principal y primero de los profetas, el mismo Hijo de Dios enviado al mundo (véase Hch. 13:39 y 46).

3.º Y ello nos lleva a Jn. 1:12. Al final de la época de los gentiles, ya no es tan sólo el pueblo judío, sino el mundo entero secular, que desprecia a Cristo burlándose de la esperanza cristiana. Pero es grande la dicha del que sabe creer y no solamente en una escasa medida para disfrutar de las promesas de Dios y los beneficios de la fe. El que de todo corazón sabe decir: A pesar de todo lo que diga la sabiduría del mundo, mi Señor reina, y El es primero; pues su poder y su reino se manifestarán sin tardar ya mucho.

Sé fiel hasta la muerte.

16

ESTER, LA REINA VALIENTE

Lectura: Salmo 37
Texto: Ester 4:14

Conocida es de todos la historia de Ester, la huérfana adoptada por su tío Mardoqueo, que llegó a ser reina y salvó de una inminente catástrofe a todo su pueblo.

Dios tiene dos métodos para utilizar a sus hijos, el positivo y el negativo. El de colmarnos de bendiciones o favores, y el de ponernos a prueba por adversidades. A veces el primero precede al segundo, y viceversa. En el caso de José en Egipto, las pruebas fueron antes; en el caso de Ester fue todo lo contrario.

I. EL METODO POSITIVO

Una querella del gran rey Artajerjes (en la Biblia conocido como Asuero) con su primera esposa Wasti, trajo a la huérfana Ester al trono. Dios obra por senderos misteriosos en favor de sus hijos, abriendo las puertas que para nosotros estarían totalmente cerradas. Jamás la pobre huérfana podía imaginarse la oportunidad que la reyerta conyugal del monarca más poderoso de su época le reportaría.

Cuando el Señor nos concede bendiciones especiales debemos preguntarnos inmediatamente, cuál es el buen propósito espiritual que se propone con ello (Rom. 8:28).

En cambio, en el caso de José, fue totalmente al revés; al principio todo fueron contrariedades y pruebas para terminar en su alto cargo de gobierno. Tanto lo uno como lo otro sucedían para cumplir los propósitos de Dios.

Si en lugar de bendiciones Dios nos permite particulares pruebas, debemos igualmente preguntarnos: ¿Qué bendición estará oculta detrás de todas estas pruebas y tribulaciones?

II. EL METODO NEGATIVO

De pronto la malvada astucia de Amán, el privado del rey, trajo sobre la vida de Ester negros nubarrones, y las galas y festejos de los primeros días fueron cambiados en vestidos de saco, ayuno, llanto y oración. ¿Qué haría Ester ante aquella amenaza que se cernía sobre su pueblo? ¿Se escondería en su palacio y olvidaría la tragedia que amenazaba a sus hermanos de raza? ¿Por qué había hecho Dios que ella, siendo judía, fuera la preferida del rey y ahora permitía el exterminio de su pueblo? ¿Descubriría el rey que ella también era judía y, conforme a las leyes de Media y Persia, que no podían ser revocadas, perecería ella misma en la tragedia?

III. COMO HACER INTERVENIR A DIOS EN LOS PROBLEMAS

Mardoqueo comunicó a su sobrina el terrible peligro de muerte a que estaban expuestos todos los judíos, pidiéndole que ella intercediera cerca del rey.

—Es que yo no he sido llamada en todos estos treinta días —respondió Ester.

Aquellos terribles déspotas orientales solían tener un harén con centenares de mujeres, que eran llamadas con anticipación para satisfacer las necesidades sexuales del monarca. Aunque Ester era la primera en el harén, no habiendo sido llamada, era un tremendo peligro tratar de ver al monarca, pues para aquel soberano, que rodeaba su persona de misterio para ser temido, el acto de hacer dar muerte a su esposa favorita le habría sido una magnífica ocasión para aumentar el respeto y terror que su persona inspiraba. Presentarse, pues, la reina Ester ante el monarca sin ser llamada, significaba poner el cuchillo en su mano para llevar a cabo el acto de autoensalzamiento que aquellos tiranos precisamente deseaban. ¿Cómo arriesgarse, pues? El recurso para la piadosa Ester, de acuerdo con las enseñanzas que había recibido de su tío, era la oración.

Ha sido notado que el nombre de Dios no aparece en todo el libro de Ester; sin embargo, se hace sentir en todas sus páginas. Ester conminó a su tío y a todo el pueblo judío que habitaba en Susan a apoyarla en oración (4:16).

IV. ENTENDIENDO LOS PROPOSITOS DE DIOS

La resistencia de Ester a jugarse la vida a cara o cruz por amor a su pueblo, fue vencida por las sabias palabras de Mardoqueo expresadas en los versículos 13-14 del capítulo 4: Dios tiene un hombre o una mujer elegidos para cada circunstancia prominente de la historia. Aquella era una, muy especial, para todo el pueblo judío. Mardoqueo no dudaba de que Dios intervendría, pues no podía ser que los propósitos del Dios eterno en cuanto a aquel pueblo, expresados reiteradamente a Abraham y por los profetas, desde el llamamiento del patriarca, quedaran truncados por el decreto de uno de los reyes de la tierra, todos mortales y pasajeros. Dios mismo haría intervenir a alguien para salvar a su pueblo, y el entendía que la persona elegida para esta tarea era Ester. Nadie estaba tan cerca del rey como ella, y el piadoso Mardoqueo entendía que una cosa tan extraordinaria como la elección de su sobrina para tan elevada posición en el reino, no era casual.

Muchas veces los creyentes nos hallamos en circunstancias críticas en la vida en las que tratamos de adivinar la voluntad de Dios. Si notamos en nuestra vida un encadenamiento de circunstancias que nos llevan en una dirección determinada, que no es contraria a la voluntad de Dios, ni antagónica a las enseñanzas de su Palabra, podemos deducir fácilmente cuál sea aquella voluntad divina y ello se daba de un modo muy claro y evidente en la vida de Ester. Negarse a actuar sería arrojar al rostro de Dios los beneficios que su providencia le había otorgado. ¿Qué otro recurso usaría Dios para responder a las oraciones de Mardoqueo y de su pueblo si ella se negaba a actuar? Nadie podía saberlo, pero la fe de Mardoqueo veía esta alternativa en el caso de que Ester se retrajera (4:13-14). ¡Que Dios nos ayude a entender en cada circunstancia de nuestra vida con qué propósito Dios nos ha dado alguna bendición determinada, a fin de cumplir nosotros la parte que nos corresponde en este propósito!

V. USANDO LOS MEDIOS ADECUADOS

En ninguna parte de la Escritura se encuentra el refrán popular de «Ayúdate y te ayudaré», pero sí se encuentra en las múltiples exhortaciones que tenemos acerca de nuestra conducta.

El libro de los Proverbios es un tratado de sabiduría y prudencia y Ester manejó el asunto (después de haber orado) con una estrategia muy sagaz, de acuerdo con el conocimiento que tenía de los gustos y costumbres del rey.

a) Vistiose de su ropa real.

b) No se precipitó en su petición, sino que esperó el momento adecuado.

c) Invitó al mismo Amán, el gran enemigo y causante de la trágica situación de su pueblo, al banquete real.

Todos estos puntos pueden enseñarnos alguna lección espiritual.

1.º *Que nuestras oraciones deben ir acompañadas de una vida santa.* Los vestidos reales de la reina Ester pueden ser tomados como un símbolo del atavío que san Pedro recomienda a las mujeres casadas (1.ª Pd. 3:3-4). Ester procuró ser agradable al rey con su hermoso vestido, y el apóstol Pedro nos enseña a vestir un atavío que no solamente resulta siempre agradable a nuestros maridos, sino que «es de grande estima delante de Dios».

2.º Cuando oramos, no debemos hacer como el niño que plantó una semilla y a la mañana siguiente ya iba a escarbar para ver si había nacido. Debemos dejar tiempo a Dios para que obre en nuestra vida según su voluntad (Salm. 37:7 y 34). La experiencia de este salmo se cumplió plenamente en el caso de Ester.

3.º *No mostró Ester una aversión personal hacia Amán,* sino que se presentó como defensora de su pueblo y de la justicia. Nuestros motivos siempre han de ser más grandes que nuestras personas. Dios mismo proveyó de un acusador especial contra Amán en la persona de Harbona, eunuco del rey (7:9).

EPILOGO

Nosotros tenemos que presentarnos ante el Rey de reyes vestidos de las virtudes del Señor Jesucristo, como escogidos de Dios, intercediendo por nuestro pueblo, en cada nación donde el Señor nos ha colocado, y que el gran enemigo de la raza humana desea llevar a la ruina, no sólo económica, sino espiritual y eterna.

Dios necesita hoy, también, mujeres como Ester, valientes, abnegadas, dispuestas a interceder y luchar por todos los medios puestos a nuestro alcance, sacrificando nuestras comodidades, si es necesario, incluso a veces nuestra salud o nuestra vida para la obra de Dios, como la heroína que dijo: *Si perezco, que perezca...*

Ciertamente, el Señor nos ha elevado de nuestra humilde condición de pecadores ignorantes de su gracia a la de herederas de su Reino, miembros de la esposa mística del Cordero, para que intercedamos por nuestro pueblo y empleemos todos los medios a nuestro alcance para obtener su salvación eterna, que es mucho más importante que la liberación de la muerte física por la cual luchó y triunfó la valerosa Ester.

Aún hoy día, los judíos celebran los días 14 y 15

del mes de Adar la fiesta de Purim, en cuyo ritual se dan gracias a Dios y se lanzan maldiciones contra Amán y alabanzas a Mardoqueo.

¡Ojalá que sean muchos los que en el reino venidero puedan agradecernos nuestra intervención por haberles salvado de la ruina eterna, con nuestra oportuna intervención.

17

LA ORACION DE UN ANCIANO

Salmo 71 - Proverbios 16:31
Isaías 46:4

El salmo 71 lleva como título en todas las Biblias
«La oración de un anciano». Es un canto en siete
estrofas, cada una de ellas de gran significado.

I. UNA INVOCACION

La primera estrofa es una invocación y la expresión de una experiencia. Es característica de la ancianidad la debilitación del cuerpo y las fuerzas, pero
el salmista siente que su Dios es la base de su firmeza como una roca y el secreto de su fortaleza espiritual.

Es curiosa la expresión del v. 3: «Tú has dado
mandamiento para salvarme». El salmista ve en Dios
su refugio, su castillo fuerte, pero de nada le servi-

ría si el dueño del castillo no hubiese dado orden de amparar al débil y salvarle. Si el salmista David podía tener esta confianza, sin las promesas del Nuevo Testamento, ¡cuánto más nosotros!

II. SEGUNDA ESTROFA

En la segunda estrofa recuerda el anciano el tiempo de su niñez y su juventud. Ha atravesado grandes dificultades, según los primeros versículos, ¿pero no es cierto que en el tiempo de nuestra juventud, antes de sufrir los desengaños y decepciones de la vida, teníamos una piedad más acendrada, estábamos llenos de ilusiones y buenos deseos de servir al Señor? Es un gran privilegio poder decir como este anciano: «En Ti me he apoyado desde el seno materno», es decir haber conocido las preciosas enseñanzas del Evangelio antes de entrar en la adolescencia, y si algunas hermanas no tienen este privilegio deben sentirse tanto más agradecidas al Señor por haberlas librado de los peligros del mundo y recogido en la fortaleza de su gracia cuando era aún más difícil. ¿Decimos, como él, «En Ti se inspira siempre mi alabanza»? Esto, ciertamente, podemos decirlo tanto las que nacimos en hogares cristianos como aquellas que no tuvieron tal privilegio.

III. ESTROFA TERCERA

Esta estrofa recuerda las ocasiones en que de un modo destacado se manifestó la providencia de Dios a su favor, de modo que tales sucesos dejaron admirados a muchos. Por tales motivos desea llenar su boca de alabanza a Dios todo el día.

Pero recuerda a Dios que, puesto que le ha ayudado tanto en años pasados, no le abandone en el tiempo de la vejez. ¡Qué declaración tan oportuna para todos, «cuando mis fuerzas se acaben, no me desampares!». Ha de venir para nosotras todas, el tiempo en que nuestras fuerzas disminuyan, pero si nuestra boca está llena de alabanza, tendremos más razón para reclamar y esperar la fortaleza y el auxilio de Dios. ¿Pero será esto así? La tendencia de los ancianos es hacia el pesimismo, que se traduce en quejas y malhumor. ¿Por qué no probar de mostrarnos alegres y satisfechos ante quienes nos rodean? Si nuestro corazón está lleno de gratitud a Dios, debería ser así.

Recuerdo el caso de mi propio hogar donde éramos siete hermanos y no era fácil, en aquellos tiempos, preparar siete platos tres veces al día a gusto de todos, por lo cual siempre había en labios de mi madre la frase: «Comedlo con alegría y lo encontraréis mejor».

¡Qué hermosa es la visión o el recuerdo de un anciano alegre, cuya compañía se hace agradable por su buen humor!

Había un venerable siervo del Señor en Barcelona, don Pedro Rubio, que solía decir: «Debemos evitar el quejarnos, y ser agradables a los que nos rodean y nos cuidan, a fin de que cuando muramos no tengan que decir: ¡Gracias a Dios ya descansamos!». Además, hay otra razón que destaca el salmista en el versículo 11: que los enemigos de la fe cristiana no digan de nosotros: «Dios lo ha desamparado, o bien, ¿Dónde está ese Dios de quien él se gloriaba?».

Cuando el salmista David escribió estas palabras, su hijo Absalón le había usurpado el trono y él tuvo que salir llorando por el torrente de Cedrón.

Nosotros no hemos pasado por una prueba semejante, pero también el enemigo Satanás nos acecha para ver si puede hacernos resbalar, presentándonos situaciones difíciles y pensamientos tristes. No demos lugar a que el enemigo piense de nosotros: «Ahora que es viejo/a, le haré dudar: Antes, cuando era joven, era un gran cristiano/a y era difícil, porque era fuerte y me desafiaba, pero ahora que es débil y enfermo, le haré estar triste y quejoso/a».

La expresión «Perseguidle, prendedle», no tendrá ninguna realización literal en nosotros que vivimos en tierras de libertad, pero puede tener una realización espiritual con respecto a las malicias espirituales en los aires (Ef. 6:12).

IV. CUARTA ESTROFA

Parece que en esta estrofa el salmista reacciona y encuentra la solución mediante una petición y una resolución; la petición es:

a) «No te alejes de mí.» Nosotros podemos decirlo también, sabiendo que el Señor está cerca de todos aquellos que le invocan de veras (Salm. 145: 18), y la doble resolución es: Yo esperaré siempre, y te alabaré más y más»; y la ampliación de este buen propósito es expresado con las palabras: «Mi boca publicará tu justicia y tus hechos todo el día».

¿Es también esta nuestra resolución? ¿Aprovechar todas las oportunidades para hablar de la salvación a las personas que vengan a visitarnos y no conocen al Señor? Y si todavía tenemos fuerzas para salir y decirlo a otros ancianos que encontremos, démosles testimonio de lo que ha hecho Dios con nosotros, y los motivos de gratitud que tenemos para amarle y confiar en El.

Esta es la manera de ser feliz incluso en la ancianidad, cuando la vida parece perder su encanto. Por esto dice el poeta en aquel precioso himno:

Feliz cantando alegre
Yo vivo siempre aquí.
Si El cuida de las aves,
Cuidará también de mí.

V. QUINTA ESTROFA

En la quinta estrofa el salmista ratifica lo dicho con otras palabras: «Hasta la vejez y las canas no me desampares, para que anuncie tu poder a la posteridad». Esto significa: ¡Ayúdame, dame inteligencia, conserva clara mi mente para que pueda ser un testimonio vivo de tu fidelidad a mis hijos, a mis nietos, a los que vendrán después de mí, para que ellos sepan y confíen también en este Dios fiel, y me recuerden con admiración y respeto, no olvidando lo que fue Dios para su padres y abuelos, y ello les sea un ejemplo y acicate para seguir firmes en los caminos del Señor!

VI. SEXTA ESTROFA

Esta estrofa expresa la seguridad y la esperanza de que lo que Dios ha hecho en el pasado lo hará en el futuro; y mucho más que esto, es una esperanza de resurrección. Aun en aquellos tiempos en que Cristo aún no había venido «a sacar a luz la vida y la inmortalidad por el Evangelio», los judíos creían que sus espíritus al morir iban al centro de la tierra: «Volverás a darme vida, y de nuevo me levantarás de los abismos de la tierra» era una esperanza de resurrección basada quizás en la declaración de Job 19:25, y añade: «Tú aumentarás mi grandeza». En el sentido literal y en las circunstancias en que David escribió, quizá significaba: Me volverás al palacio de Jerusalén, y me harás un rey más grande y próspero que antes, lo que ciertamente el Señor le concedió; pero significa una esperanza superior para nosotras, ya que él no tenía una esperanza tan clara y segura como tenemos los cristianos de aquella hermosa morada que el Señor nos ha prometido, cuando dijo al Padre Celestial lo que leemos en Juan 17:24.

VII. SEPTIMA ESTROFA

Es una ratificación y recapitulación de todo lo que ha dicho en el salmo acerca de su propósito de cantar y alabar a Dios con aquella fe que hace presente lo que se espera; y esta es la esperanza que ha de iluminar las vidas de todos los ancianos, como lo ha hecho ya en millones que han pasado por esta experiencia y gozan ya de la presencia del Señor.

18

FORTALEZA Y HERMOSURA

Salmo 96:5 - Tito 2:10

Pablo escribe a Tito, pastor de la iglesia de Creta. Una congregación formada en su mayoría por esclavos. Una posición bastante difícil para la fe, pues los amos en aquellos tiempos eran poco comprensivos para con sus esclavos, pero el apóstol exhorta a aquellos creyentes que por la fe habían llegado a ser muy superiores a aquellos que les mandaban para que mostraran su superioridad moral con hechos, y les exhorta, no sólo a creer, sino a hermosear la doctrina. En otro lugar les pide que obedezcan sin discutir las órdenes recibidas, y esto debían hacerlo no sólo por obligación sino para demostrar un espíritu agradable y pacífico. Eran esclavos pero espiritualmente hijos de un Rey y les incumbía proceder como tales para que sus amos fuesen atraídos al Evangelio por su nuevo comportamiento.

Si aquellos esclavos eran llamados por Pablo a adornar la doctrina en circunstancias tan adversas, ¡cuánto más debemos procurarlo nosotros!

¡Cuántos cristianos son fuertes en la fe, pero débiles en cuanto a carácter y testimonio!

I. UN TEXTO ILUSTRATIVO

Una ilustración de esta doble verdad la hallamos en las palabras del Salmo 96:6: «Firmeza, fortaleza y gloria hay en tu santuario». Ciertamente era así en el templo de Salomón (1.º R. 7:22). Y es un magnífico ejemplo de lo que debe ser el cristiano.

Nosotros somos en el mundo el templo visible de Dios (2.ª Cor. 6:16). El templo de Salomón tenía dos columnas majestuosas en el pórtico, elevadas y fuertes, y muy adornadas. Probablemente esto inspiró a David las palabras de este salmo. Cualquier grande edificio ha de poseer estas dos cualidades. Las columnas y adornos de nuestro templo son simplemente de yeso, pero su interior es de hierro revestido de cemento.

La hermosura necesita fortaleza para sustentarla.

La fortaleza necesita la hermosura para suavizar su fría y adusta visión, embelleciéndola.

Es más esencial que la columna sea fuerte y bien cimentada que bien adornada, pero una vez construida, ¡cuánto nos agrada verla adornada con capiteles y frisos estéticos.

Así es nuestra vida cristiana. Si sólo la adornamos con palabras dulces y zalameras y no hay dentro el armazón de la fe y el amor a Cristo, a la primera prueba caerá, pero si primero edificamos con firmeza y luego la adornamos, ¡qué gozo y satisfacción!

Hermanas, junto a la fe firme y las convicciones

fuertes, se necesitan las acciones benignas y las palabras dulces para hermosear nuestro carácter cristiano.

II. IMITANDO A JESUCRISTO

Tal era el carácter del Señor Jesús, nuestro modelo. El fue la columna fuerte inconmovible, que afirmó su rostro —leemos— para ir a Jerusalén a la muerte, y muerte de cruz. El que con severidad sacó a los mercaderes del templo, el que reprendía a los espíritus inmundos, y hablaba con autoridad a los elementos y éstos le obedecían, sin embargo, tenía palabras cariñosas para los afligidos, tomaba a los niños en sus brazos y los bendecía; el que era tan fuerte como un pedernal para cumplir la misión redentora yendo a la muerte sin abrir la boca, era dulce y benigno, hasta poder decir: «Aprended de mí que soy manso y humilde de corazón».

III. VIVIENDO EN JESUCRISTO

¿Cómo lograremos poseer estas dos cualidades que parecen antagónicas, un carácter fuerte, y a la vez un sentir humilde?

La respuesta la tenemos en las cartas y ejemplo del apóstol Pablo. Era tan fuerte de carácter que podía decir: «Todo lo puedo en Cristo que me fortalece» y tan tierno y humilde que podía decir a los gálatas que había sido para ellos como una nodriza que acaricia y cría sus hijuelos.

Si dejamos que Cristo more del todo en nuestro corazón y domine nuestro espíritu, si antes de hacer cualquier cosa o pronunciar cualquier palabra preguntamos si Cristo lo haría, o si estará complacido que nosotros lo hagamos, no nos será difícil pare-

108

cernos a El. El puede hacernos firmes como una roca y fragantes como una flor.

De esta manera adornaremos la doctrina de nuestro Señor, y Dios verá en nosotros la imagen de su amado Hijo y podrá decir de nosotros, como dijo de nuestro Maestro y modelo: «Estos son mis hijos (o hijas) amados en los cuales tengo contentamiento».

El quiere vernos como las columnas del templo de Salomón, firmes y hermosos a la vez, como dice en Apocalipsis 3:12. Cristo adquirió un nombre nuevo muy glorioso después que se entregó por nosotros, y El quiere impartir su carácter y su nombre en nosotros (22:4). Pero la promesa es para el que venciere. Si salimos con un aprobado alto en esta vida, El nos hará columnas de su gracia en el Reino de los cielos; no seremos servidores vulgares, sino embajadores y sacerdotes reales en su Reino (Ap. 1:6 y Ef. 3:10).

19

LAS SIETE MARIAS DE LA BIBLIA

Proverbios 31:10-31
Exodo 2:4-10 y 15:1-21
Números 12

Conocido es que los nombres propios en las lenguas primitivas suelen tener un significado, y el hebreo, por ser un idioma primitivo (posiblemente el primero que se habló en la humanidad), posee esta característica.

María significa fuerte, entera, capaz, completa, eficaz. De modo que cuando el autor de Proverbios dice «Mujer fuerte, ¿quién la hallará?», incluye todas estas virtudes, que aparecen en el resto del capítulo. En el escueto original es simplemente «Mujer *María* ¿quién la hallará?».

Aun sin ser mariólatras, los cristianos evangélicos que amamos a María la escogida por el Señor para traer al mundo al Redentor de los hombres, creemos que era una verdadera *María* en el más amplio sentido de la palabra.

Pero encontramos en la Biblia siete mujeres que llevan este nombre y de las cuales se cuentan rasgos y virtudes bien propios del nombre que llevaban pero que también tenían defectos. No podemos estudiar cada una de ellas en un solo mensaje, sino que las estudiaremos por el orden que aparecen en la Biblia, en siete reuniones consecutivas.

I. MARIA, LA HERMANA DE MOISES

Es un ejemplo de obediencia, valor y sagacidad.

a) *Su obediencia* a las instrucciones de su madre Jocabed salvaron la vida de su hermanito Moisés, que tan gran papel tenía que jugar en la libertad y la historia de Israel. Si hubiese desobedecido un ápice las instrucciones de su madre, si se hubiera apartado en algún momento de su escondite cansada de esperar, posiblemente el niño habría perecido. Es un ejemplo para las niñas e incluso para las personas mayores en circunstancias de responsabilidad.

b) *Su valor.* Su cargo era arriesgado y llevaba implícito el velar por la seguridad del niño. Supongamos que algún cocodrilo se acercara. Debería defender al niño de tan peligroso intruso aun cuando ella corriera un gran riesgo. Además desconocía lo que podría ocurrir de haber sido la arquilla descubierta por alguna otra persona que no fuera la que Dios mismo tenía designada. ¿Qué habría hecho la niña en tal caso?

c) *De sagacidad.* La recomendación de una nodriza, que era su madre, era un recurso muy astuto, quizá sugerido por la propia madre, pero que comportaba riesgos de haber sido descubierto por la prin-

111

cesa. Con todo, se unieron ahí sus dotes de sagacidad y valor.

¡Con qué gracia y valentía supo salir en el momento oportuno a ofrecer una nodriza logrando de tal modo devolverlo al hogar!

II. MARIA EN EL MAR ROJO (Exodo 15:1-21)

María ya no era una niña, ni siquiera una joven cuando tuvo lugar la milagrosa liberación de Israel. Por los datos que se nos dan acerca de Moisés, sabemos que debería tener alrededor de noventa años. Naturalmente debemos tener en cuenta que en aquellos antiguos tiempos la vida solía ser más prolongada, pues Moisés vivió 120 años. No obstante, María tenía que ser una anciana muy animosa cuando agradecida por el milagro que Dios acababa de obrar en el Mar Rojo, salió con un pandero saltando de gozo y alabando a Dios. Si así podía proceder a esta edad, ¿cómo sería en los días de su juventud? Pero sin duda que habría sufrido mucho en la esclavitud de Egipto y la gratitud a Dios siempre tiene como resultado la alabanza, como lo vemos en los salmos.

El entusiasmo siempre es contagioso, y el ejemplo de María fue seguido por una multitud de mujeres del pueblo.

Las expresiones «este es mi Dios y lo alabaré, Dios de mi padre y lo enalteceré», demuestra la piedad que había reinado en la familia de Moisés, a pesar de su condición de esclavos.

La pregunta «¿Quién como Tú, oh Jehová entre los dioses?» contrastaba el poder evidenciado por Dios con la religión de los egipcios. Aunque la primera parte del cántico (1:18) es original de Moisés, manifiesta que el espíritu de gratitud y piedad animaba el pueblo entero en aquel día triunfal y entre ellos en la propia familia de Leví y Jocabed. El «solo» con que María respondía al coro general era una especial ratificación de gratitud al Señor.

Cuanto más motivos de gratitud tenemos todas las mujeres cristianas por la salvación, que es en Cristo.

III. MARIA EN EL DESIERTO

¿Puede de una misma fuente salir agua dulce y amarga?, pregunta el apóstol Santiago. Sí, aquella María que danzaba alabando a Dios, la encontramos aquí murmurando contra su hermano a causa de su cuñada.

Dios tuvo que intervenir castigándola con una lepra repentina que la hizo descender en un momento de las alturas de su orgullo a un destierro muy penoso, del que le libró el espíritu perdonador del ofendido.

Si Dios no hubiese castigado a María enviándole aquella lepra repentina, su murmuración habría podido causar mucho daño al pueblo. Su hermano era el guiador, el caudillo de Israel, Dios le hablaba, el pueblo le temía y respetaba por tal motivo, y si aquella murmuración hubiese prevalecido e ido de boca en boca, habría cundido una desmoralización general; las palabras de Moisés habrían perdido autoridad y eficacia y la obra que Dios estaba realizando en la preparación del pueblo escogido habría quedado interrumpida. ¡Cuánta responsabilidad hay en la murmuración, sobre todo si se trata de un servidor de Dios!

Jesús dijo: «¡Ay de aquel por el cual vienen los escándalos!». Si el Señor castigara hoy a los murmuradores de la misma forma, ¡cuántos leprosos habría en las iglesias!

Que el Señor nos guarde de caer en el pecado de María y su ejemplo nos sirva de lección. Que El nos haga obedientes, listas y eficaces, como fue María en la primera parte de su historia, pero evitándonos caer en la debilidad de los celos y envidias en que ella cayó.

NOTA: Para seguir el orden de las cinco Marías de la Biblia, véanse los temas 32, 34, 35 y 39.

20

AMOR MAS SUBLIME
QUE EL DE MADRE

Isaías 49:12-16 - 1.ª Juan 4:6-21

Por todo el mundo evangélico se ha extendido la costumbre de celebrar, un día al año, la fiesta en honor de las madres. Se han compuesto himnos para tal propósito, los niños recitan poesías alusivas al tema y se termina con el hermoso acto de entrega a cada una de las presentes de una flor por parte de los hijos. También se practica la costumbre de entregar a la madre más anciana de la congregación, así como a la más joven, sendos ramos de flores.

Dicha fiesta tiene como gran objetivo enseñar a los niños a amar y venerar a sus madres, cumpliendo el quinto mandamiento de la ley de Dios (Exodo 20:12).

Dicho mandato no es sino un justo reconocimiento del maravilloso instinto que Dios ha puesto en la Naturaleza: el amor materno, el cual se observa:

I. EN EL ORDEN NATURAL

¿Quién no se ha maravillado del amor y atención que todas las especies animales tienen para sus crías? Las mismas fieras se abstienen del alimento que necesitan, por hambrientas que estén, si tienen en su guarida cachorros que alimentar.

Los conejos arrancan con sus dientes bocados de su propio pelo para hacer un blando y suave jergón para sus crías.

Los pájaros pasan horas y horas inmóviles incubando sus huevos, en la primavera, cuando más agradable es moverse y saltar de rama en rama; y con qué solicitud los alimentan una vez nacidos sus polluelos.

La gallina clueca cumple el mismo deber, como todas las aves, y con qué cariño extiende sus alas y cobija a toda su nidada de polluelos.

Pero esto no es sino un amor instintivo, dado por el Creador a todos los seres vivos para la conservación de la especie.

II. EL AMOR INSTINTIVO Y EL MORAL

En el ser humano el amor instintivo común a todas las especies animales es enaltecido por el amor moral. El amor instintivo tiene un límite bastante breve, dura solamente el tiempo que el Creador ha juzgado necesario para los fines de conservación de la especie. Podéis sacrificar el conejito o el cordero que ha sido objeto de tanto cariño maternal en los tiempos de su cría, delante de su madre, sin que ella se inmute ni muestre ninguna señal de dolor o de protesta; pero los padres humanos tienen un amor que no olvida y permanece hasta la muerte. Se refieren numerosas historias, particularmente de madres que se han sacrificado por sus hijos hasta el último momento, aun en el caso de malhechores y criminales. La madre todo lo perdona, todo lo excusa, todo lo olvida. Pero en esta escala de valores del amor, descuella, según las palabras inspiradas por Dios mismo que pronunció el profeta Isaías: *el amor divino* (49:15).

Dios conocía el amor de madre que El mismo ha creado y condesciende a compararse con lo que El había hecho y que los oyentes o lectores conocían bien, para dar a conocer lo que ellos desconocían. ¡Cuántas veces el hombre se ha dicho: «Es cierto que debe haber una inteligencia suprema, superior a la humana que ha creado este mundo y todas las cosas buenas que nos rodean con gran previsión y acierto. ¿Pero este gran poder desconocido continúa preocupándose de su creación? Accidentes y catástrofes de orden natural parecen decirnos que no, ¿pero es que por ventura Dios tendría que alterar las leyes fijas de la naturaleza a la conveniencia de cada cual de sus millones de criaturas? ¿Cómo hacerlo para que unas no se sintieran perjudicadas y otras favorecidas? Además la intervención directa del poder divino alterando las leyes naturales, habría sido invalidar el proceso de prueba a que Dios tiene sometida la humanidad entera y, por otra parte, la muerte tiene otro significado muy diferente mirada desde las alturas que mirada desde la tierra.

De ahí que el hombre se siente inclinado a dudar del amor y providencia de Dios, y a esta gran incógnita responde la revelación divina con un ejemplo tan patético como el que estamos considerando: ¿Olvidárase la mujer...?

Puede haber, sin embargo, algunos casos excepcionales dentro de la ley instintiva natural. Todos conocemos, aunque sea como excepción, el caso de madres y padres desnaturalizados. ¡Y qué hermosa es la afirmación «Aunque esto pueda ocurrir en el orden natural, yo no me olvidaré de ti»...!

III. LA PRUEBA DE ESTE AMOR SUPERIOR

Es un ejemplo de singular y sublime autenticidad e inspiración del texto de la Sagrada Escritura, la declaración que sigue: «En mis manos te tengo esculpida» (v. 16). El profeta no podía imaginarse el tremendo significado de estas palabras, pues escribe como judío acerca del amor de Dios para con Israel, pero otros textos de la Sagrada Escritura, como el Salmo 22:16 y Zacarías 12:10, muestran el propósito divino acerca del Mesías, Hijo del Altísimo, que tenía que sufrir una muerte espectacular para mostrar el amor de Dios a los hombres y a los ángeles. Recordemos Juan 3:16. A Dios nadie le vio jamás, pero aquel ser que es Dios desde la eternidad, se hizo hombre y habitó entre nosotros y se dejó clavar en una cruz, la muerte más cruel que se daba en sus tiempos, para cumplimiento de estas profecías, con dos objetivos:

a) Cumplir la ley inexorable de Dios: «La paga del pecado es la muerte» (Rom. 6:23). (Ejemplo sobre el juez que pagó la multa del ofensor.)

b) Ganar nuestro corazón. Juan dice: «Nosotros le amamos a El porque él nos amó primero» (1.ª Jn. 4:19).

Buena es la fiesta de la madre para fomentar en los niños e incluso en los mayores el amor que debemos a nuestras madres, pero en este texto Dios mismo se sirve de una ilustración, del hecho conocido y conspicuo del amor de la madre, para mostrarnos su propio amor, que El mismo declara es muy superior al más alto de los amores terrenos. ¿No corresponderemos al mismo con una respuesta leal de nuestros corazones tal como es nuestro deber hacerlo también con nuestras madres humanas?

Que Dios nos ayude a comprender ambas lecciones mediante la hermosa fiesta de este día.

21

COMO BUSCAR A DIOS

Isaías 55:1

I. COMO

Con sed. «A todos los sedientos venid a las aguas» (Is. 55:6).

La recomendación de Jesús (Mt. 5:6).

Por necesidad. «Todos los que estáis trabajados y cargados» (Mt. 11:28).

Con sinceridad. «Bienaventurados los que de corazón te buscan» (Salm. 119:7).

«Clamé con todo mi corazón a Jehová» (Salmo 119:145).

II. DONDE

En su Libro. «No con sólo pan vivirá el hombre...» (Mt. 4:4).

En su Hijo. «El Verbo era con Dios y el Verbo era Dios (Jn. 1:1-3).

«El que me ha visto ha visto al Padre» (Jn. 14:10-11).

«El que a Mí viene, no le echaré fuera» (Jn. 6:37).

«El que cree en el Hijo tiene vida eterna, mas el que rehúsa creer en el Hijo no verá la vida mas la ira de Dios permanece sobre él» (Jn. 3:36).

En su Espíritu. «Todos los que son guiados por el espíritu de Dios éstos son hijos de Dios» (Romanos 8:9).

«El Espíritu es el que da vida; la carne de nada aprovecha» (Jn. 6:33).

En todo lugar y circunstancia. «¿A dónde me iré de tu Espíritu?» (Salmo 139:7-12).

Pero particularmente entre su pueblo. «Donde están dos o tres congregados en mi nombre» (Mateo 18:20).

«Yo me alegré con los que me decían a la Casa del Señor iremos» (Salm. 122:11).

«No dejando vuestra congregación» (Heb. 10:25).

«Mirad cuán bueno y delicioso es estar los hermanos» (Salm. 133:1).

III. CUANDO

En las tribulaciones. «Invoqué en mi angustia a Jehová y El me oyó» (Jonás 2:2).

«Salvación en tiempo de apretura» (Is. 33:2).

«Dios es nuestro amparo y fortaleza» (Salm. 46:1).

Mientras pueda ser hallado (Is. 55:1).

«Ahora es el tiempo aceptable» (2.ª Cor. 6:2).
«Si oyereis hoy su voz» (Heb. 3:7-8).

RESUMEN

El hombre pecador, necesita un Salvador. Dios ha hecho su parte.

Debes hacer la tuya.

22

JESUS DEMANDA SINCERIDAD

Mateo 6:1-8

Exordio: Significado etimológico de la palabra. Los escultores griegos solían cubrir con cera los fallos de sus figuras de mármol, por lo que los que se abstenían de hacerlo solían anunciarlo con el letrerito «Sin cera», palabra que vino a ser sinónimo de lealtad moral.

I. SINCERIDAD EN EL VIVIR DIARIO

Nada más repugnante que la hipocresía, pero nada más común. El mundo vive de la hipocresía. «Hipócrates» era un dios de la mitología que tenía dos caras. Por eso llamaban hipócratas a los actores de teatro, porque saben fingir lo que no es cierto. Medio mundo finge al otro medio, la hipocresía parece ser el único recurso para poder vivir en sociedad.

El espíritu humano, empero, por haber sido hecho para la justicia se cansa del fingimiento y desea sinceridad. De ahí el encanto del hogar, donde podemos manifestarnos tal como somos... Además, nos gusta tener amigos con los cuales podamos decir todo lo que pensamos. Esto es bueno siempre que pensamos el bien, pero es peligroso cuando pensamos mal, pues los amigos de hoy pueden no serlo mañana y divulgar nuestras expresiones de confianza. Hay un recurso para no tener que fingir y es ser buenos de corazón. Puesto que hay que aparentarlo, seámoslo de verdad y evitaremos la molestia del fingimiento. No podemos pedir que Dios transforme milagrosamente nuestro carácter, a pesar de que somos injertados, como los árboles silvestres, cuando aceptamos a Cristo; pero además de justificarnos y cambiarnos en lo más profundo, podemos pedir que El nos ayude a cambiar un poco más cada día en lo externo; lo ha hecho con muchas persones peores que nosotros.

II. SINCERIDAD EN EL HABLAR

Esta es la más importante, ya que Dios ve el corazón.

En la vida social a veces es indispensable la diplomacia o la cautela, no decir todo lo que pensamos, con tal que no bajemos al terreno de la hipocresía, y es un poco difícil trazar la línea entre ambas cosas.

David pedía sabiduría para no decir todo lo que pensaba (Salm. 141:3) y su hijo Salomón lo recomienda cien veces en el libro de los Proverbios, inspirado por la sabiduría de Dios.

Jesús mismo usó de diplomacia cuando esperó reprender a sus discípulos en casa, y no por el camino

(Mr. 9:33-37). El tenía una autoridad especial que le permitía decir todo lo que pensaba; no obstante, ante los hombres quiso usar de cautela para no escandalizarles. ¡Cuánto más nosotros!

Pero ante Dios no hay cautela ni diplomacia que valga, porque conoce nuestros corazones. Por esto ser hipócrita en religión es la mayor de las necedades. ¿De qué aprovechará que los hombres nos tengan por piadosos si Dios no? Sin embargo, es en religión en lo que más hipocresía existe. ¿Por qué? A causa del régimen de prueba y silencio que Dios mismo se ha impuesto (Salm. 50:21). Pero que calle no significa que no conozca. Engañar a las personas parece más peligroso porque pueden darse cuenta y reaccionar de un modo poco agradable, pero Dios parece no darse cuenta, siempre calla, pero es mucho más peligroso, como vemos en el citado Salmo y en las enseñanzas de Jesucristo.

Jesús detalla varias prácticas religiosas en las cuales pide sinceridad.

a) *En la limosna.* Era costumbre judía tocar trompeta para juntar a los pobres. Daban una miseria y hacían gran ostentación. Mejor era buscar casos dignos de ayuda y ayudar más; se enterarán menos personas o quizá nadie, pero Dios lo verá. Es lamentable tener que apelar a la opinión pública de los hombres para que la gente dé para la obra de Dios (usando platos en vez de bolsas en las colectas). El mejor sistema es el de sobres para practicar el secreto recomendado por Cristo.

b) *En la oración.* Era también costumbre judía y lo es hoy entre los mahometanos, orar a Dios de manera ostensible donde se encuentren a la hora de la oración. Así como hacer oraciones muy largas. «Ya tienen su pago», dice Jesús. Si ser bien vistos es lo que buscan, no necesitan recibir nada de parte de Dios.

125

Jesús enseñó la oración en secreto (Mt. 5:6-8) para contrastarla con la de los judíos, pero recomienda también la oración unida (Mt. 18-18-20), y fue a una reunión de 120 en la que oraban «unánimes juntos», que vino el Espíritu Santo. La oración pública, sin la secreta, sería ostentación. Es más fácil la pública para quien practica la secreta con Dios.

Aunque Jesús condena las oraciones largas en público, en secreto El pasó noches enteras orando al Padre. En estos casos la oración es meditación y comunión con Dios, no repetición de rezos de memoria. El rosario y el manubrio de los chinos son iguales. ¿Para qué pedir, en el rosario, que Dios salve a María mil veces, si María ya está en la gloria celestial?

III. EL PREMIO A LA SINCERIDAD

El resumen de estas enseñanzas dadas en el Sermón del Monte es la referencia a tesoros en el cielo. Es siendo sinceros en nuestra vida y en nuestras prácticas religiosas, en dar, en orar y en trabajar abnegadamente por el Señor, que nos hacemos tesoros en el cielo. Toda la tendencia humana es de acumular tesoros que hay que dejar; pero es más importante tener un haber alto en el Banco del cielo. ¿Cuántos tenemos allí? ¿Cuántos podríamos tener y no lo tenemos? Cierto cristiano a quien se le quemó el negocio se le oyó decir: «¡Gracias a Dios que tengo medio millón de dólares en un banco muy seguro!». Era lo que había dado a la obra misionera. Y Dios le bendijo de nuevo en sus negocios materiales.

Una señora japonesa avara halló en su sueño que en el cielo tenía nada más que una cabaña, mientras que sus sirvientas cristianas tenían palacios. ¡Que Dios nos ayude a ser sinceros y fieles en todo!

23

NUESTRO PADRE

Es una gran dificultad para la mente humana concebir y definir a Dios, un ser inteligente, creador de todo. La mente del hombre se ha extraviado por dos extremos:

a) Concebirlo demasiado pequeño, parecido a sí mismo. Este es el concepto de las mitologías.

b) Demasiado grande. El Dios de los filósofos. Fuerza inteligente inmanente en la naturaleza, moralmente lejos de nosotros y desinteresado de sus creaturas.

c) Jesús nos presenta el término medio: no es ni hombre como nosotros, ni fuerza impersonal; es, sí, el Espíritu Infinito (Jn. 4:24), pero que conoce todo acerca de nosotros. «Vuestro Padre sabe de qué cosas tenéis necesidad», decía Jesús. Esto es inconcebible para la mente humana, pero es a causa de nuestra limitación. Lógicamente, entendemos que ha de ser así.

Si es la Inteligencia Suprema, es natural que nos conozca.

Si ha hecho tantas cosas buenas en la naturaleza, es natural que nos ame.

Por eso entendemos que Cristo nos dio la mejor definición de Dios al decir: «Vuestro Padre». Nosotros no podíamos llegar, por nosotros mismos, a tal conclusión, respecto a un Ser tan grande y diferente de nosotros; pero Cristo lo repite insistentemente, porque conocía como nadie a Dios, y quiere poner en nuestra alma esta convicción. 150 veces menciona a Dios con el nombre de Padre en los cuatro evangelios y diez veces en la pequeña porción leída.

Pero lo hace en dos acepciones. Dice: a) *Mi Padre*, porque El era un hijo de Dios en un concepto diferente del nuestro, como Verbo eterno. La comunión con el Padre era la única dulzura de su voluntario destierro y humillación.

b) Pero nos habla también de Dios como *vuestro Padre* porque todos estamos familiarizados con el concepto humano de la paternidad, y podemos entender el significado de esta figura: nada de explicaciones difíciles al alcance sólo de los sabios; una palabra lo dice todo. Con ella Jesús lo ilustra de un modo admirable.

I. NUESTROS PRIVILEGIOS

a) *Nuestro origen*. Venimos de Dios (Hch. 17: 28-29). Es más honorable que de las bestias. Parece evidente que la vida vegetal fue creada para servicio de lo animal, y la animal para servicio del hombre. Y el hombre, ¿para quién? Un filósofo decía:

«Debemos imaginarnos al Creador como un niño que se entretiene en hacer burbujas que se deshacen, o como un padre que está educando una vasta familia para la eternidad».

b) *Nos asegura protección.* «Como el padre se compadece de sus hijos» (Salm. 103:13 y Mt. 18:14). Alguna vez sabremos los milagros que Dios ha obrado para sus hijos en crisis como de guerras, terremotos, inundaciones u otras calamidades, y si algunos perecen sabemos que no es para ellos un mal, sino un bien. La dificultad es que nosotros sólo podemos ver este lado de la muerte.

c) *Nos asegura comprensión.* «¿El que plantó el oído no oirá?...» (Salm. 94:9); por tanto se cumplirá el v. 15 del mismo salmo. Hasta los supiros inarticulados son comprendidos por El. (Anécdota de la niña en el hospital que hizo un garabato y declaró: «¡Mamá comprenderá!»)

d) *Nos asegura bendición.* «Si vosotros siendo malos sabéis dar...» (Lc. 11:13 y Salm. 109:28).

e) *Nos asegura consuelo.* «Como aquel a quien consuela su madre» (Is. 66:13). En las dificultades, no es lo mismo tener a Dios que no tenerlo.

f) *Nos asegura herencia.* «Para una herencia incorruptible...» (1.ª Pd. 1:24 y Rom. 8:15-17). Es una realidad aunque no se manifieste al presente (Gál. 4:1-2 y 1.ª Jn. 1:3). De ciertos millonarios se dice que no saben lo que tienen, pero es una hipérbole, todos lo saben; pero el hombre que puede decir a Dios «Abba, Padre» (expresión cariñosa) es el que realmente no sabe lo que tiene (1.ª Cor. 3:22-23).

II. NUESTROS DEBERES

a) *Santidad* (Mt. 5:38). «Sed perfectos como vuestro Padre...».

129

b) *Respeto* (1.ª Pd. 1:17). «Y si invocáis por Padre...».

c) *Sinceridad de verdad* (Fil. 2:15). ¡No es poca cosa llamarse hijo de Dios sabiendo que la divinidad se refleja en la conciencia humana, aun de los incrédulos. Un ateo sabe perfectamente cómo debe ser un cristiano, y nota la diferencia si no lo es. El mundo está cansado de gente que ponen cara larga y se golpean el pecho. ¡Que seamos capaces de hacer, porque somos cristianos, lo que de ningún otro modo haríamos. Si es perdonar, perdonar; si es soportar, soportar; si se trata de perder, perder (Mt. 5:48). Nótese que el punto básico de toda esta exhortación de Cristo es: «Para que seáis hijos de vuestro Padre»...

d) *Fraternidad.* «Uno es vuestro Padre y todos vosotros hermanos» (Mt. 23:9). Es una idea iluminadora de Jesús para la humanidad entera. Fue el golpe de muerte para la esclavitud, y ha de serlo sobre las diferencias sociales y sobre los defectos de nuestra naturaleza caída.

RESUMEN

Esta idea es iluminadora en todas las circunstancias.

a) Ante lo desconocido. «Mi Padre sabe.»

b) Ante la prueba. «No mi voluntad, sino la tuya», pues la voluntad del Padre es siempre agradable y perfecta (Rom. 12:2).

c) Ante la muerte. «Padre, en tus manos encomiendo mi espíritu.» Lo dijo Jesús, pero también podemos decirlo todos los que poniendo nuestra fe en Cristo, somos hijos adoptivos de Dios (Jn. 1:12).

130

24

LO QUE ES EL CRISTIANO

Mateo 5:13-16 y 13:33

El creyente no es salvo para vivir egoístamente en el mundo. «Ninguno vive para sí», decía el apóstol Pablo, sino para el Señor y para nuestros prójimos.

Jesús usa significativas figuras para ilustrar lo que debe ser el cristiano.

I. LUZ QUE ILUMINA

a) La luz es útil para saber a dónde vamos. ¿No es así el Evangelio para una humanidad que desconoce su porvenir?

b) Nos ayuda a ver lo que tenemos que hacer. El mundo da más importancia a los placeres que a los deberes; sin embargo, el cumplimiento de éstos es lo que importará en la otra vida.

c) La luz nos alegra. Esto es lo que hace el Evangelio en los corazones que lo reciben.

d) El creyente no debe ocultar su luz. Jesús lo expresa en el ejemplo del almud, que puede aplicarse muy bien a monjes de clausura y a ermitaños. Parece como si el Señor previera ya este error en que cayeron almas muy piadosas en los primeros siglos del cristianismo. Debemos reflejar la luz del Señor como la luna la del sol. En el llamado Siglo de las Luces, la luz de los cristianos es más necesaria que nunca, ya que la luz moral determina el uso de la luz intelectual. Los grandes descubrimientos pueden traer la ruina de nuestra civilización, si la luz moral de los cristianos no lo detiene.

II. SAL QUE PURIFICA

En los países no civilizados los nativos suelen pedir sal, porque se han dado cuenta de su utilidad. La palabra «Sal-ario» procede del hecho de que una parte de su paga, los soldados romanos la recibían en forma de sal.

La segunda cualidad de la sal es que da buen sabor. Foguet, presidente de la Academia francesa, llamaba a los hugonotes «la sal de Francia». Efectivamente, a los cristianos se les debe la instauración de la Cruz Roja, la abolición de la esclavitud, los hospitales, etc., etc.

III. LEVADURA QUE TRANSFORMA

¿Cómo ejerce la levadura su acción? Una célula transforma la otra, de modo que por pequeña que sea la cantidad que se esconde en la masa de harina, con tiempo, lo leuda todo; así es en la influencia del Evangelio. La podredumbre es, del mismo modo, el contagio es una multiplicación de células estropeadas; el crecimiento de los seres vivos es la multiplicación de células vivas y sanas.

El cristiano ilumina, purifica y transforma la sociedad por su firmeza en obedecer a Dios.

IV. FRUTO QUE ALIMENTA Y RECREA

Esta es la figura que emplea el Señor en Juan 15: el mundo necesita santos que glorifiquen a Dios, a la vez que renuncien y combatan el mal. Se quiso impedir a los apóstoles ser luz y sal, pero no fue posible. Pedro dijo: «Es menester obedecer a Dios antes que a los hombres» (Hch. 4:19-20). Nunca lo han conseguido los enemigos de la verdad; continuaron brillando, purificando la sociedad pagana y multiplicándose. Nos llaman protestantes, pero no tenemos derecho a protestar si no tenemos nada que ofrecer. Nuestra actuación sería como luz apagada y sal sin sabor. La protesta negativa no conduce a nada, hay elementos ateos y escépticos que saben protestar mejor que nosotros de los errores de la Iglesia Católica Romana, pero no ofrecen ninguna esperanza a las almas.

Hay pastores modernistas que combaten los males de la sociedad con duras palabras, pero no pueden ofrecer ni frutos materiales porque sus recursos no son abundantes y no están dispuestos a sacrificarlos, ni se atreven a proclamar la esperanza de la vida eterna. Sus palabras «son como bronce que resuena o címbalo que retiñe»...; de nada aprovecha, sino para hacer ruido. En cambio la vida santa ejerce siempre poder a su alrededor por medio de buenas obras, aún con sacrificio e ilumina y ofrece consuelo a las almas para la eternidad.

25

LA MUJER SIROFENICIA

Mateo 15:21-29 y Marcos 7:24-31

El milagro de la curación de la hija de cierta mujer sirofenicia quedó de tal modo en la mente de los discípulos que dos evangelios se ocupan del caso. Probablemente fue porque recordaron la alabanza de que Jesús la hizo objeto. Para los primeros cristianos hebreos era una cosa extraordinaria que Jesús extendiera su ministerio a un pueblo gentil, y, sobre todo, que pusiera en parangón las virtudes de una extranjera con el pueblo elegido de Israel, que para ellos era lo único que podía importar al Mesías de Dios.

Sirofenicia era un pueblo rico, situado al norte de Israel, desde las faldas del Líbano al Mediterráneo. Su religión era el culto a Baal y Astarot, y había un mal recuerdo en Israel por la reina Jezabel, procedente de dicho pueblo.

Sin embargo, Hiram, rey de Tiro hizo alianza con Salomón y le proveyó de materiales y obreros para la construcción de la casa real y el templo y llegó incluso a cooperar con Salomón en sus empresas marítimas, proveyéndole de marineros y buques para formar la flota que fue a Ophir en busca de oro (1.º Reyes 9:26-28).

Jesús salió de Israel a aquella nación extranjera para descansar y tener oportunidad de instruir a la vez a sus discípulos, pensando que en tierra gentil las multitudes no les seguirían como ocurría en Galilea. Recordemos que no pudo sustraerse a las masas que le seguían ni siquiera al otro lado del mar de Galilea.

Quería pasar desapercibido (Mr. 7:24), pero una mujer necesitada le descubrió. No sabemos cómo había oído de Jesús y le conocía. Según Marcos 3:8, había sirofenicios que fueron a escuchar el Sermón del Monte (Mt. 4:24). Posiblemente eran escondidos prosélitos judíos que se habían inclinado por la religión de Jehová, habiendo oído por tradición familiar las cosas que Dios había hecho con Israel por conducto de aquellos siervos de Hiram que habían estado en contacto con los israelitas en la construcción del templo o en las empresas marítimas de Salomón. ¿Habría estado la propia mujer sirofenicia en el Monte de las Bienaventuranzas, o conocía casos de milagros entre los sirios y fenicios que habían visitado Israel? No lo sabemos, pero el caso es que ella poseía:

I. UNA GRAN FE

En el Dios de Israel y en Jesús como Mesías. Sin embargo, era una fe oculta en un país de mayoría pagana; y de ahí el superior valor de aquella fe.

II. UNA GRAN HUMILDAD

El texto dice que cayó a los pies de Jesús arrodillada en actitud suplicante; Jesús, sin embargo, queriendo poner a prueba su fe, pasó de largo sin decirle nada.

III. UNA INQUEBRANTABLE TENACIDAD

A pesar de la actitud aparentemente fría del Señor, sigue detrás del supremo Maestro suplicando, hasta que los discípulos, molestos, rogaron al Señor diciendo: «Dile que se vaya, pues da voces tras de nosotros».

El Señor parece atender la petición de sus discípulos al decir: «No he sido enviado sino a las ovejas perdidas de la casa de Israel». Con esto parece darles la razón, y era suficiente para que la mujer se sintiera desanimada y se alejara. Pero en vez de esto se esfuerza más en abrirse paso y llegar hasta los mismos pies de Jesús y, de rodillas, exclamar: «¡Señor, socórreme!».

En vez de atenderla, Jesús da un tornillazo más a la prueba de su fe, diciéndole: «No está bien tomar el pan de los hijos y echarlo a los perrillos».

Si aquella mujer hubiese sido una pagana orgullosa se habría ofendido terriblemente; pero poseía

IV. UNA SUPERABUNDANTE HUMILDAD

¿A quién se le hubiera ocurrido admitir el despreciativo título de perro sin mostrarse, no sólo ofendida sino airada? Pero había dos motivos por los cuales ella podía humillarse tanto:

a)   Creía en el Dios de los hebreos y no discutía, ni se sentía celosa por no pertenecer al pueblo de Israel.

b)   Tenía una gran fe, como ya indicamos al principio, no sólo en el Dios de la nación vecina, sino en su Mesías, Jesús, a quien reconocía lleno del poder de Dios por los milagros que había oído contar había hecho en Galilea, y particularmente en la doctrina del Reino, si es que ella había estado con los sirofenicios escuchando el Sermón del Monte, o bien lo había oído referir y repetir por los vecinos que allí habían estado.

c)   Su gran necesidad. La visión de su hija enferma la movía a aceptar el aparente reproche del Señor. ¡Cuántas veces el Señor nos prueba, nos humilla, nos envía tribulación y parece no responder a nuestras súplicas, pero esto es sólo por un tiempo, como ocurrió en el caso de Marta, María y Lázaro (Jn. 11:6), pero si somos constantes, nuestra fe será recompensada, como lo fue con Marta y María y también con esta mujer.

V. LA RECOMPENSA

Abarca dos aspectos:

1.º La respuesta favorable a su petición. «Por esta palabra, ve, tu hija está sana».

2.º El elogio ante el pueblo. «¡Oh mujer, grande es tu fe!».

Notemos un cambio en el tratamiento que ella da a Jesús. Primero le llama «Hijo de David» (Mt. 15: 22). Es decir, le trata como a simple Mesías de Israel; de ahí que la primera respuesta de Jesús estuviera justificada; pero finalmente apeló a otro nombre: «¡Señor, socórreme!», y respondiendo al aparente denuesto de Jesús, repite de nuevo: «Sí, Señor, pero también los perrillos comen de las migajas...». Jesús era el Mesías de Israel, pero Señor del mundo.

Jesús es Señor y porque lo es, hay que decir sí a todo lo que El dice: Si nos llama pecadores perdidos y malvados debemos reconocerlo y humillados responderle: Sí, Señor, lo soy; pero perdóname, socórreme, ayúdame y líbrame de Satanás, pues Tú has prometido salvar a los pecadores.

Pidamos, mostrando las mismas características de la cananea y no dudemos que aunque tarde más o menos, según sus planes soberanos y sabios, al fin nos escuchará y dará bendición.

26

LA ORACION MODELO DE JESUS EN GETSEMANI

Mateo 26:36-46 · Marcos 14:32-49

Jesús oró muchas veces durante su vida terrenal, ya que se hizo hombre perfecto, siendo Dios. Se vació (*kenosen*) asimismo, tomando forma de siervo —dice Pablo— y por tal motivo tenía que estar como hombre constantemente en comunión con su Padre Celestial. La más importante de sus oraciones fue, empero, la del Getsemaní. Es muy importante también la de Juan 17 llamada «intercesora o pontifical». Aquella fue pronunciada probablemente en el cenáculo en presencia de sus discípulos, pero esta segunda fue en el huerto acompañado sólo de tres. Seguramente era su propósito que fuera una reunión de oración, pero los discípulos que él consideraba mejor preparados no le ayudaron; por lo tanto, en lugar de ser una reunión de oración, fue una oración privada, tal como El las recomienda en Mateo 6:5. Fue, por tanto:

I. UNA ORACION NECESARIA

a) Para que todos sus redimidos conociesen la realidad y profundidad de su dolor. Los docetistas no aceptaban que Jesús pudiera sufrir siendo Dios.

b) En Mt. 18:18 se nos recomienda la oración unida, pero cuando fallan nuestros hermanos y sentimos la necesidad de orar, tenemos que dirigirnos a Dios a solas. Jesús escogió a los discípulos que creía mejor preparados para estar con El en oración en el huerto, pero le fallaron, vencidos por el sueño, sin darse cuenta de la importancia de aquellos momentos para el Salvador. ¡Qué vergüenza sentirían después cuando le vieron sufrir en la cruz y recordaran que en una noche tan terrible ellos, los discípulos de más confianza, le habían dejado solo en su lucha en oración!

II. UNA ORACION HUMILDE

«De rodillas», dicen los evangelistas, y Mateo añade: «Postrado sobre su rostro». La actitud de su cuerpo indicaba la postura de su espíritu. Si Jesús siendo Dios se sentía humillado ante el Padre, ¡cuánto más nosotros! Pero en aquellos momentos El estaba representando a todos los pecadores cuya necesidad El había asumido; estaba ya como separado de Dios a causa de nuestros pecados. De ahí su agonía y humillación.

III. UNA ORACION FILIAL

No obstante, Jesús tenía la seguridad de que Dios era su Padre de un modo muy especial. «Abba, Padre»

—dice—. Es el mayor aliento para la oración, pensar en el carácter paternal de Dios, en el caso de Jesús por filiación ingénita, en el nuestro por adopción, pero cuán alentador es pensar que El quiso adoptarnos. En Juan 16:27 hay una exhortación muy alentadora para dirigirnos al Padre en confianza; y que nos incluye a nosotros tanto como a los doce a quienes fue dirigida:

IV. UNA ORACION ARDIENTE

«Y estando en agonía, oraba más intensamente.» No siempre tenemos necesidad de orar de tal forma gracias a Dios, pero, sí, sabemos, que las mejores oraciones suelen hacerse cuando las circunstancias de la vida nos ponen en agonía, y en todos los casos debe ser la oración si no agónica, por lo menos sincera y fervorosa.

Es un misterio la agonía de Cristo siendo como era el Hijo de Dios, pero no podemos olvidar que fue también hombre perfecto. El autor de Hebreos nos aclara un poco el misterio con los textos 14 al 18 del capítulo 2, que nos descubren cómo su agonía fue a causa de nosotros. Fue su sublime *kenosis* lo que le redujo a tal situación a pesar de ser el Hijo Unigénito, pues quiso tomar nuestra naturaleza. Completa esta descripción de Hebreos 2 el pasaje que hallamos en el capítulo 5, vv. 7 a 9. Cristo sabía que su Padre celestial podía librarle de la muerte, pero en perjuicio nuestro.

V. UNA ORACION PERSEVERANTE

«Oró tres veces», leemos en Mateo 26:44 diciendo las mismas palabras. No se cansó, como nos ocurre a nosotros muchas veces cuando la respuesta no viene pronto.

VI. UNA ORACION RESIGNADA

«No sea hecha mi voluntad, sino la tuya.»

Mi voluntad, no la tuya, fue la decisión que cambió el Paraíso de este mundo en un infierno moral.

Tu voluntad, no la mía, cambió el desierto en un paraíso.

¿Qué habría sido de nosotros si Dios hubiese escuchado la voluntad de la naturaleza humana de Jesús? Si El pudo decirlo en un asunto tan trascendental y que representaba para él tanto sufrimiento, ¿no lo podremos decir nosotros en situaciones mil veces más livianas?

VII. UNA ORACION RESPONDIDA

«Un ángel bajó para confortarle.» ¿De qué manera lo hizo? Algunos se han preguntado si era el propósito de Satanás causar la muerte de Cristo antes de ir a la cruz por rotura de corazón. Otros han supuesto que le confortaría recordándole las palabras de Isaías 53:11-12 y dándole la seguridad de que Dios le resucitaría de entre los muertos y le daría un nuevo cuerpo glorificado y eterno, es decir, que no perdería nada de lo que había recibido al asumir una naturaleza humana, sino que obtendría, además de los atributos divinos que dejó con el Padre cuando se «vació» o humilló por nosotros, un cuerpo glorificado que le haría apto para tener acceso al mundo espiritual y al Universo físico de Dios, es decir, una teofanía permanente, además conquistaría los corazones de millones de seres humanos agrade-

142

cidos a su sacrificio, esto es, aquello que Jesús declaró como deseable en Juan 12:24-25.

RESUMEN

Que esta oración de Cristo nos sirva siempre de modelo para que nuestras oraciones sean como la suya, humildes, filiales, ardientes, perseverantes, resignadas o ajustadas a la voluntad de Dios y sin duda serán *respondidas*, quizá no según nuestra voluntad, como tampoco lo fue la del mismo Señor, pero sí respondidas del modo mejor posible como fue en su mismo caso.

27

LA HIJA DE JAIRO

Mateo 9:18-25 - Marcos 5:21-43
Lucas 8:40-56

Este fue uno de los milagros que más profundamente quedaron grabados en la mente de los apóstoles, pues lo refieren tres evangelistas y Juan cuenta un caso bastante similar, pero totalmente diferente (Jn. 4:43-47). El protagonista era un príncipe de la sinagoga, probablemente rabino, uno de los enemigos de Jesús convertido a la fe del profeta de Nazaret, reconocido por una pequeña minoría de discípulos como futuro Mesías. ¿No habría contribuido a este radical cambio su esposa, con la que Jesús tiene una consideración de fe al admitirla como una de los testigos del milagro, dado que las mujeres suelen ser más receptivas a la fe y en la mayoría de los casos la conversión de las familias empieza por la esposa?

I. UN PADRE ATRIBULADO PERO CREYENTE

Una pequeña variante entre los tres relatos lo demuestra. Mateo pone en boca del padre que la niña estaba muerta, mientras que en los otros dos evangelios se la describe como agonizante. Es muy explicable esta pequeña diferencia. Seguramente el padre estaba siendo testigo de su agonía, y es muy fácil en un caso así variar la expresión «Se muere» por «Está muerta»... En su tribulación el padre recurre al único que tenía poder para rescatar a la niña de la muerte. Podemos imaginarnos la ansiedad con que la madre esperaba la llegada del Señor.

II. UN PADRE RESPETUOSO Y PACIENTE

En varios de los milagros de Cristo constatamos cómo El puso a prueba la fe de los peticionarios antes de llevar a cabo el milagro (véase Mr. 7:24-30 y Mt. 9:27-31), y en este caso, una mujer a quien el Señor puso también a prueba después de haber hecho el milagro de su curación, fue el instrumento para poner a prueba la fe y paciencia de aquel padre atribulado, ya que mientras la niña agonizaba y él tenía la mayor prisa para llevar al Salvador a su casa, se interpuso el incidente de aquella pobre mujer que hacía doce años que estaba padeciendo, y concibió la idea de tocar el manto de Jesús, lo que produjo un retraso angustioso para el padre, que parecía una desatención del Señor para con nada menos que el primer rabino de la sinagoga; pero la paciencia que demostró, aun después que vino el recado de su casa de que su hija era muerta, le honra mucho, pues sirvió para elevar su fe. Si Jesús era el Mesías, tendrá todo el poder —era su secreta esperanza—. Pablo afirma que Dios no nos pondrá

145

a prueba hasta un punto que no podamos aguantar y en este caso la advertencia de Jesús vino oportunísimamente para mantener y elevar su fe: «No temas, cree solamente, y la niña será salva».

III. UNA FAMILIA ESPERANDO EL MILAGRO EN UN AMBIENTE DE FE

La fe es un estado del alma que confiere poder, según todas las enseñanzas del Evangelio. Dios ha decidido honrar la fe porque la fe le honra a El. De ahí las promesas del Señor Jesús, como en Mateo 18:18-20 acerca de las reuniones de oración. Dios se complace en responder a la fe concertada, y tenemos de ello numerosos ejemplos. Sin embargo, no contesta siempre, para que los hombres no hagan de la oración un talismán automático que desdore la soberanía de Dios. Es significativo en este caso que Jesús admitiera a presenciar el milagro solamente a cinco personas, que creían sin sombra de duda, que Jesús tenía el poder como Mesías de Dios para resucitar a la niña. Muchos de los que lloraban en la casa no tenían ni un atisbo de fe y habrían causado perturbación. Parece que hay leyes ultrafísicas a este respecto en el mundo espiritual, tanto en el sentido positivo como en el negativo. Sabemos de casos en que la presencia de cristianos en una reunión espiritista ha impedido las operaciones de una médium o un mago. Es indudable que nadie podía impedir el poder de Jesús, pero parece que El mismo, al hacerse hombre, se había sujetado a sí mismo a aquellas leyes ultrafísicas que hacen necesaria la fe (véase Mt. 13: 58 y 17:20) y por tal razón admite sólo en la habitación para presenciar el milagro a los que tenían fe absoluta en su poder. Hubo otros casos de resurrección en los que los servidores de Dios obraron el mi-

lagro a solas (véase 1.° R. 17:21 y Hch. 9:40). ¿No
sería por la misma razón?

IV. LA PARADOJA DE HABLAR A UN MUERTO

Se ha observado que en todos los milagros de resurrección Jesús se dirigía a los muertos como si
fuesen vivos (véase Lc. 7:14 y Jn. 11:43) y asimismo
en este caso. Esto confirma la declaración del Señor
en Lucas 20:38 y en este caso la Palabra de Dios es
más explícita al indicar «Su espíritu volvió», confir-
mando lo que dice en 1.° Reyes 17:21, así como en
el caso de Eutico (Hch. 17:10), donde el original dice:
«Su psiquis está en él», después de haber declarado
en el v. 9 que «fue levantado muerto». Todos estos
textos demuestran la existencia del alma como un
ente diverso del cuerpo, dando un mentís a las falsas
doctrinas de quienes niegan la existencia del alma,
afirmando que los muertos dejan de existir hasta la
resurrección.

V. UNA RECOMENDACION SIGNIFICATIVA

No sabemos desde cuándo la niña gravemente enferma no había tomado alimento, posiblemente hacía
muchas horas y Jesús hace una recomendación bien
atinada, terapéuticamente, que era al mismo tiempo
una afirmación de que la niña había recobrado, por
su poder, no tan solamente la vida sino también la
salud.

Esta advertencia podemos bien aplicarla al terreno espiritual, cuando consideramos que la conversión es un pasar de «muerte a vida» (Ef. 2:5-7).
Los recién nacidos en Cristo necesitan ser atendidos
espiritualmente, dándole instrucciones basadas en

el alimento de la Palabra de Dios, la Sagrada Escritura (Mt. 4:4). Este es un deber, no solamente de los pastores sino también de los creyentes que tenemos por la gracia de Dios vida en Cristo y experiencia espiritual. Jesús dijo a Pedro: «Apacienta mis corderos». Del mismo modo que alimentan las madres a sus hijos, tenemos el deber de alimentar a los hijos en la fe (véase 1.ª Pd. 2:2).

28

LA SUEGRA DE PEDRO

Marcos 1:29-54

Hay historias en la Biblia explicadas con todo detalle y hay otras en las cuales tenemos que leer entre líneas las circunstancias que las rodean. Una de éstas es la de la suegra de Simón, que Jesús curó. El que conste el relato en los tres evangelios demuestra lo bien grabado que quedó en la mente y el corazón de los primeros discípulos de Jesús.

El evangelista Lucas, que era médico de profesión, nos da el detalle de que tenía una fiebre muy alta y que los suyos rogaron al Señor por ella. Siguiendo los detalles complementarios de todos los evangelios sinópticos, podemos decir que aquel hogar de Cafarnaún era

I. UN HOGAR GENEROSO

Este detalle arranca del llamamiento de Pedro. Pedro era el brazo fuerte en aquel hogar, ya que era un joven casado. Los cuadros de la Iglesia Católica, generalmente lo pintan de una edad avanzada. Posiblemente era mayor que Juan a deducir del relato de Juan 20:4, pero no sería un anciano sino un hombre de mediana edad, y cuando Jesús le llamó dejó el medio de sostenimiento de la familia, quizás en manos de su padre político que no podría hacer lo que hacía Pedro; pero es seguro que todos los miembros de aquel hogar simpatizaron con lo que, para muchos en Cafarnaún, sería una idea disparatada; pero en aquel hogar todos compartían la fe de Pedro, si no en el alto sentido con que el Espíritu Santo se lo reveló (Mt. 16:16), todos creían que Jesús era un gran profeta de Dios y valía la pena ir tras El. Esto lo deducimos del hecho que Jesús tenía en la casa de Pedro un hogar semejante al de Betania, lo que no habría sido posible si hubiese disensión en la familia acerca de la persona de Jesús.

¿Puede llamarse nuestro hogar un hogar generoso para Cristo? ¿Qué podemos darle? Por mucho que le demos no llegaremos a la medida de aquella familia de Cafarnaún que no solamente dieron al cabeza de familia para el Señor, sino que durante tres años tuvieron siempre las puertas abiertas para recibirle con sus acompañantes.

II. UN HOGAR ENTRISTECIDO

Sin embargo, la persona que llevaba el peso de los trabajos del hogar enfermó y es de suponer que la esposa de Pedro que prevEyó lo que se le caía encima con la casa llena con doce huéspedes y la primera ama del hogar enferma, formaba coro con los que pedían al Señor la curación.

¿Por qué Dios ha permitido tan inoportuna enfermedad precisamente en estos días?, se dirían los familiares de Pedro. Pero aquí tiene aplicación lo que el Señor dijo en el caso de Lázaro: «Esta enfermedad no es para muerte sino para gloria de Dios». ¡Cuántas veces nos habrá ocurrido esta experiencia en nuestra vida!

III. UN HOGAR REGOCIJADO

Jesús mostró una atención especial por esta enferma, tan necesaria en aquella casa durante su visita, y se esmeró en su curación. Lucas nos dice que «riñó a la fiebre», Mateo que «la tomó por la mano», y Marcos completa el cuadro diciendo que Jesús «la tomó por la mano y la levantó». Quizás esto indica que la pobre mujer se había sentido tan mal hasta aquel momento que no osaba creer que estaba sana. Por lo cual Jesús tuvo que «levantarla». Sólo cuando estuvo de pie descubrió que su enfermedad había desaparecido. Muchos convertidos no se atreven a dar testimonio, mientras otros se hallan ansiosos de ello (Mt. 12:16). La misma mano sanadora de Jesús es la que les tiene que empujar en el trabajo, quizá sirviéndose de algún otro creyente, ya que el Señor no viene hoy personalmente para darnos la mano, pero se sirve de sus agentes espirituales, los ángeles y el Espíritu Santo, pero también de sus servidores de carne y hueso que, como Cristo en los días de su carne, y Pedro hizo con Dorcas, les levantan y les impulsan. ¿Sabemos nosotros dar la mano de compañerismo y de ánimo a aquellos que han nacido de nuevo, habiendo sido curados de la enfermedad del pecado? Esta es la tarea de muchos servidores de

Dios en las prisiones, pero también en las iglesias se necesitan muchas manos de ayuda para aquellos que han recibido la salud espiritual.

IV. UN HOGAR SERVICIAL

a) *En el interior*

Lo hermoso del caso es que la suegra de Pedro se puso inmediatamente a servirles..

Según las costumbres de tiempos antiguos, presentes aún en nuestra memoria, los enfermos eran muy poco alimentados mientras persistía la fiebre, pero podemos creer que Aquel que hizo huir la fiebre proveyó a aquella eficaz servidora de una fortaleza especial. «Salvos para servir» era el lema de muchas convenciones cristianas. El Señor ha tenido un propósito en salvarnos y es hacernos testigos de su gracia a otras almas. Este es el servicio que hoy día reclama nuestro Señor. El ya no tiene necesidades físicas como en los días de la carne, pero en Isaías 53 leemos: «Del fruto de su alma será saciado». Jesús espera que le sirvamos de las maneras que podamos hacerlo hoy. ¡Qué satisfacción fue para aquella anciana curada poder servir al Señor en sus necesidades materiales aquel día! Corresponder al favor que El le había concedido, esmerándose en su servicio. ¿Qué habríamos hecho nosotros? Pero la pregunta no es tanto en subjuntivo como en presente. ¿Qué hacemos para El? ¿Cómo podemos complacerle? El nos ha hecho un favor mucho mayor que el librarnos de una fiebre pasajera, al quitarnos el peso del pecado. Muchas otras veces Jesús volvió a Galilea y a la ciudad de Cafarnaún, puesto que esta curación parece haber tenido lugar al principio de su ministerio.

152

b) *En el exterior*

Algunos expositores del Evangelio relacionan este milagro con Marcos 1:32: «Al atardecer, cuando se puso el sol, le trajeron todos los que tenían enfermedades y a los endemoniados y toda la ciudad se agolpó a la puerta», y han supuesto que mientras la madre política de Pedro se esmeraba en servir una buena cena a Jesús y a sus discípulos, los que habían intercedido por ella (no sabemos cuántos), quizás el abuelo u otros parientes que se hallaban en aquella casa con motivo de la enfermedad y que rogaron al Señor por ella (v. 30), se esparcieron por la ciudad y dieron la noticia de que Jesús había llegado y la maravilla que había hecho con la abuela, y esto causó la afluencia de otros enfermos necesitados en busca de curación y ayuda. ¿Proclamamos nosotros la curación espiritual de nuestras almas, mucho más importante que la material?

V. UN HOGAR AGRADECIDO

Pero esto no es todo. Podemos creer que la madre política de Pedro nunca olvidó lo que el Señor había hecho con ella, pues si favor era el haberle quitado la fiebre, continuaba siéndolo el mantenerla en salud cuando veía los alrededores de su casa plagados de enfermos esperando la llegada del Señor para ser curados. ¿No ocurre también así en el sentido espiritual en nuestras vidas cristianas? Cuando leemos acerca de los desastres del pecado en el mundo, pensamos: ¿Qué seríamos nosotros si Dios no nos hubiese cambiado el corazón en su día y dado su Espíritu? Mostrémosle por ello amor y gratitud hasta el fin.

153

EL TOQUE DE JESUS

Tocó su mano, «y la fiebre la dejó».
Sólo El podía hacerlo, y así obró;
Con la pericia incomparable, sin igual,
Del compasivo médico divino, celestial;

Y aquella calentura que ardía en su sien,
Desvanecióse, y su dolor también,

Los labios antes resecos con ardor
Buscaban expresar sus gracias al Señor;
Sus ojos irradiantes de celeste luz
Agradecidos miraban a Jesús.

Tocó su mano, «y la fiebre la dejó»
Del lecho el Señor la levantó;
Y pronto diligente les servía,
Servía a Aquel a quien tanto debía
Todos hemos menester al Salvador
Que nos busca impulsado por amor
Y es grato levantarnos a servir
A Aquel que por nos quiso sufrir.

Hay gozo, mucho gozo, para aquel
Que busca complacerle con una vida fiel,
Entregándose a su divina voluntad,
Disfruta ya del alma en plena paz;

Después de esta vida tan febril aquí
Le serviremos con amor allí,
En su Reino infinito de esplendor,

Señor, Tú que conoces nuestra condición
La fiebre y el dolor de cada corazón,
¡Oh, toca nuestro ser!
Quitando su amargor
Del pecado, sé nuestro Salvador;
Y por siglos te serviré mejor.
En aquel reino exento de dolor.

29

SALOME

UNA MADRE AMBICIOSA Y FIEL

Mateo 20:20-23 y 27:56
Marcos 15:40 y 16:1

Esta importante mujer del Nuevo Testamento era hermana de la madre de Jesús y tía carnal del Señor, según se desprende de Juan 19:25.

Humanamente fue más afortunada que su hermana, pues se casó con Zebedeo, propietario de una flotilla de barcos de pesca, con jornaleros empleados. María, su hermana, se casó con un humilde artesano carpintero de Nazaret.

I. ERA UNA MUJER DE FE PRACTICA

Sin duda defendió a sus hijos cerca del marido cuando éstos se dispusieron a seguir a Jesús dejando sus ocupaciones. Luego ella misma siguió al Señor en alguno de sus viajes y, además, ayudaba al grupo apostólico con sus ofrendas.

En el último viaje de Jesús para ir a Jerusalén a celebrar la Pascua, les acompañó. Posiblemente la razón es que Jesús había anunciado su pasión y muerte, pero ella pensaba que siendo el Mesías acabaría instaurando su reinado de todas maneras, no podía siquiera imaginar que acabara con la muerte en manos de los romanos, como tantos falsos mesías. Probablemente esto es lo que la indujo a acompañar el grupo apostólico en este último viaje.

II. AMBICIOSA PERO RESIGNADA

Animada por este pensamiento, creyó que había llegado la hora de hacer una petición atrevida al Señor (Mt. 20:22). Nadie tenía más derecho que ella. Sus hijos eran primos hermanos de Jesús, y el Señor había hablado de que los que «dejándolo todo» le habían seguido tendrían autoridad de juzgar en su futuro reino mesiánico (Mt. 19:28), y había añadido que muchos primeros serían postreros, por esto es que ella pensaba: «Que otros no nos pasen delante». Se ha dicho que sus motivos podían ser de tres clases:

a) Amor de madre, que siempre aspira lo mejor para sus hijos.

b) Envidia de Pedro, a quien el Señor prodigaba las mismas distinciones que a sus dos hijos (Lc. 8: 51 y Mr. 9:2); pero a Pedro le había dicho lo que leemos en Mateo 16:17-19.

c) Motivos puros, es decir, que sus hijos pudieran estar más cerca de Cristo a quien amaban de veras y aprendiendo de El, pudieran servir mejor al Reino de Dios.

En cualquier servicio que hacemos (limosnas, cantos, testimonio, predicaciones), hay una mezcla de motivos, unos más puros y otros no tanto. Es nuestro deber que los motivos puros sean la parte principal de nuestros propósitos y acciones.

La respuesta de Jesús no satisfacía muchos de sus deseos: «No sabéis lo que pedís», dice Jesús. Claro que no sabían:

a) Que Jesús era Dios y cuando hablaba de su reino se refería no al reino mesiánico que ellos soñaban, sino al Reino de Dios espiritual.

b) Que el reino de Dios no está limitado a esta pequeña tierra, sino a un Universo formado por billones de estrellas.

c) Que Jesús glorificado, no estaba destinado a gobernar literalmente su reino terrenal, según deducimos de Ezequiel 42:44, sino un príncipe humano que representará al Mesías divino y que éste se limitará a visitar su pequeño reino terrenal (véase Ezequiel 44:2) por ser el suyo, compuesto mayormente por creyentes del Nuevo Pacto, muy superior al terrenal.

d) Ignoraban la dura condición que tenían que cumplir, que significaba dar la vida por el Maestro, si ello era necesario, como el Maestro estaba dispuesto a darla por ellos y por nosotros (Mt. 20:22). La copa que yo beberé significa la misma suerte que El. Esta palabra se usa en la Sagrada Escritura en el Salmo 23:5, en el sentido favorable y en Mt. 26:39 en el sentido adverso, pues significa sufrimiento y en el mismo sentido se emplea la idea de «bautismo» en sentido de sufrimiento y abnegación en el salmo 42:7.

e) La respuesta afirmativa de los dos hijos de Salomé muestra su buena disposición: ambos le amaban y le fueron fieles. ¡Cómo se acordaría Jacobo de esta promesa que hizo al Salvador: «Podemos», cuando viera la cuchilla por orden de Herodes en manos del verdugo y, asimismo, Juan cuando se hallaba desterrado en Patmos!

III. UNA CREYENTE IMPERTURBABLE

Salomé no replicó al Señor ante las simbólicas condiciones; no preguntó qué significaban las palabras «copa y bautismo». Ella tenía una fe tan absoluta en que Jesús era el Mesías que, fuera lo que fuera lo que El exigiera o que pudiera suceder a sus hijos, creía que terminaría bien.

IV. UNA DISCIPULA AGRADECIDA

Fue esta misma fe la que la atrajo a estar junto con su hermana María al pie de la cruz. Lo más probable es que ella creía que Jesús saltaría de la cruz y empuñaría el cetro del poder. Podemos imaginarnos, por consiguiente, la desolación en que quedaron aquellas santas mujeres. Pero su fe se mantuvo imperturbable cuando vio el cuerpo yerto de Jesús en brazos de los criados de José de Arimatea, y se manifiesta en el propósito que concibieron de ungir su cuerpo, seguros de su resurrección y para facilitar el cumplimiento del Salmo 16:10.

V. UNA CREYENTE PRIVILEGIADA

Salomé fue testigo de los tres grandes sucesos que coronaron la vida y obra de nuestro Salvador:

a) Su resurrección. Tuvo el gozo de ver una visión angélica y después al mismo Señor resucitado.

b)   Probablemente se hallaba en el aposento alto cuando el Señor llevó a sus discípulos al monte inmediato a Betania y ascendió a los cielos delante de todos.

c)   Indudablemente presenció la venida del Espíritu Santo y el despertamiento espiritual que se inició en Jerusalén. ¿No fue todo ello una buena recompensa a su imperturbable fe?

Que Dios nos ayude a todas a tener como Salomé una fe práctica, consistente, no en palabras sino en virtud, que estemos dispuestos a servir al Señor con todo lo que tenemos, ya sea dinero, servicio personal o de parte de los nuestros si el Señor lo requiere, y a someter nuestras ambiciones a su santa voluntad.

El no nos prohíbe tener ambiciones, con tal que sean para su gloria, pero que sepamos someter nuestros planes a los suyos, ya que los suyos son mucho más grandes que los nuestros dada la actual ignorancia de nuestra condición humana tan limitada. ¡Y que sea persistente a inconmovible nuestra lealtad a El aunque sus caminos se desarrollen diferentes a nuestros pensamientos!

30

CINCO LECCIONES DE LA ESCUELA DE JESUS

Marcos 9:30-35

¿No os ha llamado la atención el que Jesús tuviera siempre a su lado un grupo de personas a las cuales los evangelios dan el nombre de discípulos? El no tenía un edificio de escuela con pupitres, pizarra, ni libros, pero su vida era un magisterio constante y no cesó de dar lecciones prácticas a aquellas personas que a El se habían unido.

Raramente el nombre de discípulos se da hoy a los que seguimos a Cristo. Nos llamamos miembros de la Iglesia, hermanos en la fe, hijos de Dios, creyentes, redimidos, etc., pero no acostumbramos a llamarnos con el apellido que con tanta frecuencia encontramos en los evangelios. Sin embargo, somos y debemos ser discípulos de Jesús. Probablemente lo seremos en la eternidad, pues a todos, cuando nos llega la muerte, nos falta mucho que aprender; y yo creo que nuestra estancia en el cielo antes de la segunda venida del Señor e instauración del Reino, será una especie de escuela. Podemos colegirlo de Juan 17:24-26. Considero esta idea mucho más lógica y basada en la Sagrada Escritura, que la idea católica Romana de purgatorio con llamas. Si hemos de ser discípulos allá, ¿por qué no tratar de prepararnos aquí? Todos los jóvenes que tienen que ingresar en una escuela de segunda enseñanza procuran entrar con las mejores notas obtenidas en la escuela primaria. ¿No debe ser así con nosotros? ·

Jesucristo enseñó muchas cosas a sus discípulos en aquella escuela peripatética que inauguró después de su bautismo (los griegos llamaban escuela peripatética a la enseñanza de los filósofos dada a sus discípulos andando por las calles o por el campo). Jesús era, humanamente hablando, uno de tales maestros, y fue tan eficaz en la enseñanza que incluso sus mismos detractores tuvieron que reconocerlo (Hechos 4:13).

Todo el contenido de los cuatro evangelios es un programa de enseñanzas diversas, pero en el texto escogido encontramos una clase didáctica, en la que se distinguen netamente cinco lecciones:

I. LECCION DOCTRINAL INCOMPRENDIDA (v. 31)

El gran objetivo de la vida de Cristo era ser Redentor. Para esto había venido. Los apóstoles lo entendieron perfectamente, pero después de su muerte. Lo prueba el hecho de que todos los evangelios explican con más detalle y extensión el suceso de su pasión y muerte, que cualquier otro durante los tres años de su ministerio. Sin embargo, no hallamos que Jesús hablara mucho de su plan redentor. ¿Por qué?

Por lo que expresa el versículo 32 de esta porción. Los discípulos no comprendían un propósito tan extraordinario que Jesús, a quien consideraban el gran profeta y Mesías prometido por Dios, tuviera que sufrir. Notad la reacción de Pedro en Mateo 16:22-23. Así que podríamos llamar a esta primera enseñanza de nuestro pasaje *una lección incomprendida*, a pesar de ser la más importante de todas, por ser una lección que trasciende los siglos.

Pero aquel día Jesús enseñó varias otras lecciones circunstanciales, que, también son muy necesarias para nosotros en la vida práctica.

II. LECCION DE HUMILDAD

Esta la provocaron los propios discípulos. Jesús había dicho, un momento antes, «le matarán»..., y la inmediata reacción de sus discípulos fue: ¿Quién tomará entonces el mando?, ¿quién es el mayor entre nosotros?, ¿quién tiene mayor habilidad y memoria para hacer las veces de maestro de los demás? No se dieron cuenta de la última parte de la enseñanza de Cristo, pues la idea de resurrección inmediata del Mesías estaba fuera de sus mentes como creyentes judíos; esto fue el motivo de que les costara tanto creer en la resurrección del Maestro crucificado cuando ocurrió (Mr. 16:11, Lc. 24:11 y Jn. 20:24-29). Los rabinos enseñaban y todavía lo enseñan, que el Mesías tiene que venir sobre las nubes del cielo en un caballo blanco; no que fuera muerto y tuviera que resucitar y ascender al cielo, y no debemos olvidar que los discípulos de Jesús habían recibido esta enseñanza durante muchos años. Por esto disputaban sobre quién sería el mayor en ausencia del Maestro, si éste era un profeta de Dios, como Elías y Eliseo; y si era el Mesías, ¿quién mandaría a todos los demás hasta su vuelta con poder? Pero Jesús había venido a enseñar tremendas paradojas, ideas totalmente contrarias a las humanas, como podemos ver en Mateo 5:1-12, lecciones que sus discípulos estaban aún lejos de asimilar, y, sobre todo, aquella que cuesta tanto a los cristianos incluso después de pasados veinte siglos: *la lección de humildad.*

Jesús la enseñó de un modo muy práctico poniendo el ejemplo de un niño débil e inocente. Fue la primera y principal de sus lecciones prácticas. ¿La hemos aprendido nosotros?

III. LECCION DE PRUDENCIA

La disputa había tenido lugar por el camino, pero Jesús no reprendió a sus discípulos inmediatamente, «sino cuando estuvo en casa» (v. 33). Podía haberlo hecho por el camino, pero habría sido motivo de escándalo para sus seguidores que no habían sido elegidos apóstoles; aquellos tenían que ser un día los enviados del Reino para ir, primero como mensajeros del Evangelio de pueblo en pueblo, y más tarde, desde Jerusalén y Samaria, a todo el mundo. No convenía restarles autoridad en aquellos momentos, sino esperar a que el Espíritu Santo transformara sus corazones y terminara de enseñarles lo que durante el ministerio de Jesús no habían aprendido (Jn. 14:26 y 15:13).

IV. LECCION DE PEDAGOGIA INFANTIL

En nuestro siglo se han puesto de moda los libros de pedagogía, ciencia a la que apenas se había dado importancia en siglos pasados. «La letra con sangre

163

entra», decían nuestros abuelos. Pero Jesús, veinte siglos antes de aparecer la moderna pedagogía, ya estaba dando a sus discípulos lecciones de cómo tratar a los niños (v. 37). Los apóstoles participaban de las ideas de su tiempo menospreciando a los pequeños (véase Mt. 19:13-14 y 18:1-6). ¿Cuál es nuestra conducta como madres y esposas en cuanto a los niños? ¿Les escandalizamos criticando a los servidores de Dios, quizá sin dirigirnos a ellos, pero en su presencia hablando con personas mayores mientras ellos escuchan y toman nota en sus mentes infantiles de nuestra hipocresía?

V. LECCION DE TOLERANCIA

La expresión «Juan le respondió diciendo...» parece una interpelación del discípulo del amor, que en aquellos días todavía era «Boanerges» hijo del trueno» por su carácter rencoroso e irascible. Mientras Jesús estaba hablando de humildad y amor a los niños, Juan estaba dando vueltas en su mente a un pensamiento mezquino y rencoroso: «Hemos visto a uno que se aprovecha de tu nombre para hacer milagros, y no nos sigue; no es de los nuestros, y por esto se lo prohibimos». ¡Ay, qué lección tan necesaria no solamente para los doce que rodeaban al Maestro, sino para los cristianos en todos los siglos! Causa pena y horror observar en la Historia de la Iglesia las divisiones y luchas que hubo por «quién sería el mayor» hasta que el papado se impuso en toda Europa y en el mundo nominalmente cristiano.

Pero Jesús dijo en este caso: «No se lo prohibáis» y afirmó en otro lugar: «Donde están dos o tres reunidos en mi nombre, allí estoy yo en medio de ellos». Todos sabemos cuán lejos estaba del pensamiento de

Cristo el establecer une jerarquía eclesiástica, y mucho más lejos aún la intolerancia y persecución de los herejes. Hay advertencias en contra de las doctrinas falsas en las cartas apostólicas y la máxima sanción de los que no siguen las enseñanzas de Cristo es, en las epístolas, «separación». Lo mismo que a los culpables de algún pecado, porque, después de todo, cada cual «dará a Dios razón de sí». «¿Quién eres tú para que juzgues al hermano? —pregunta san Pablo—. Para su Señor está en pie o cae.» ¡Cuán lejos estaba del pensamiento apostólico la persecución inquisitorial! Pero no en vano dijo Jesús que las fuerzas infernales lucharían para corromper y destruir su doctrina; pero la promesa es: «Yo estoy con vosotros hasta el fin del mundo...» y «las puertas del infierno no prevalecerán contra ella».

Aprendamos, hermanas, estas cinco lecciones del Señor, sobre todo las de *humildad, prudencia* y *tolerancia* dentro de nuestras respectivas esferas. ¿No manifestamos espíritu inquisitorial cuando juzgamos y criticamos a nuestros hermanos? La única diferencia es que en nuestro siglo democrático carecemos del poder, pero recordemos que el Señor juzga, no tan sólo los hechos criminales, sino también los pensamientos del corazón. ¡Que El nos ayude a tenerlos tan santos y puros como eran los suyos, puesto que somos sus discípulos!

31

ELISABETH

LA MUJER QUE SUPO ESPERAR

Lucas 1:5-25 y 39:66

El significado del nombre de esta importante mujer del Nuevo Testamento es, en lenguaje literal hebreo, «Dios es mi juramento», lo que significa «Adoradora de Dios», y es una mujer modelo para nosotras, las mujeres cristianas, en diversos aspectos.

I. SUPO ESPERAR UN HIJO

Para las mujeres hebreas el ser estériles era su mayor pena, oprobio y vergüenza. Seguramente, como Ana y otras mujeres estériles del Antiguo Testamento, había orado por un hijo. Los hebreos, menos conocedores que nosotros de las leyes generales que Dios ha dictado a la Naturaleza, se sentían más dependientes que las gentes de nuestros días a la voluntad de Dios. Los matrimonios estériles, considerando un milagro de Dios cada concepción, pensaban que Dios (o los dioses, si eran paganos) estaba enojado con ellos cuando el matrimonio no daba como resultado la procreación. Los conocimientos científicos que hoy tenemos nos libran de errores supersticiosos, pero nos hacen menos dependientes de Dios. Vemos a Dios detrás de las obras de la Naturaleza, pues sabemos que El es la causa primera que actúa por causas secundarias, pero para los creyentes de aquellos tiempos no había causas segundas, quienes tenían salud y riquezas eran amados de Dios, el que tenía un defecto físico se interpretaba que era maldito de Dios (véase Jn. 9:2). Zacarías y Elisabeth tenían esta pena, sobre toda la esposa. El esposo, a pesar de ser un sacerdote, parece menos creyente que Elisabeth, pues cuando el ángel Gabriel le anuncia el milagro pide una señal inmediata. En esto imita a otros favorecidos por Dios, como Moisés, Gedeón, los padres de Sansón, etc., quienes pidieron señales y les fueron concedidas. Pero Dios exige más fe cuando hay más luz. Zacarías vivía en una edad más avanzada de la revelación; por esto, creo, que le fue dada una señal que era un castigo (vv. 19-20). ¡Qué sorpresa tendría Elisabeth al llegar su marido y comprobar que estaba sin habla! Pero es seguro que por escrito y por señas le comunicó el mensaje del ángel.

II. FUE PRUDENTE

Su retiro por espacio de cinco meses fue una medida de prudencia para evitar burlas y comentarios. Nadie habría creído la historia del ángel; dirían que lo había soñado y atribuirían la mudez de Zacarías a enfermedad, pues también se daban en aquel tiempo casos de apoplejía. Pero cuando ya fue evidente su preñez salió Elisabeth de su encierro, en casa, para dar testimonio de lo que el Señor había hecho con ella, la conocida por todo el pueblo como «la estéril» (v. 36). «No deis lo santo a los perros», dijo Jesús (Mt. 7:6). Debemos evitar ser ocasión de burla a los no creyentes cuando tratamos de dar testimonio de lo que Dios ha hecho por nosotros y mostrarlo más por hechos que por palabras.

III. CREYENTE INSPIRADA

Elisabeth creyó el mensaje recibido por su marido en el templo y lo guardó como un precioso secreto. Sabía lo que había de ser su hijo, y cuando la visitó María supo saludarla como quien está plenamente enterada y segura del glorioso secreto de su prima. Bastó un movimiento que es normal en todas las mujeres embarazadas para aplicarlo a lo que sin duda ella estaba pensando durante su embarazo. El ángel había dicho: «Irá delante de él», esto es, será el precursor del Mesías. Sin duda ella había oído comentar en la sinagoga los textos de Malaquías 5:5-6. Sabía, pues, de quién sería precursor su hijo; pero no sabía nada de la visita angélica que su prima había tenido. Fue la voz del Espíritu que se lo reveló, pues dice el texto que «fue llena del Espíritu Santo»; y llamó por primera vez a María lo que el ángel había dicho a ésta que le dirían todas las generaciones (v. 45). No fue una adoradora de María, ni leemos que se postrara a sus pies! pero sí que la reconoció como una criatura privilegiada por haber sido escogida por el Señor, y felicitó a María por haber creído. Esta actitud de Elisabeth fue un motivo de ánimo y de gozo para la bendita virgen, que venía preo-

168

cupada por las consecuencias de su estado. Sin duda aquellos tres meses en compañía de Elisabeth fueron una gran bendición y un refrigerio para la madre del Señor.

Hermanas, ¿es éste, siempre, el resultado de nuestra comunión fraternal con otros creyentes? ¿En qué consisten nuestras conversaciones con otros hijos de Dios, con nuestros huéspedes y amigos? ¿Se limitan únicamente a las cortesías de sociedad, o las usamos para edificar la fe de nuestros visitantes y conocidos?

IV. FUE UNA CREYENTE DECIDIDA

Los judíos fijaban el nombre de los recién nacidos en el acto de su circuncisión, como los católicos suelen hacerlo, en el bautismo. Los parientes querían llamar al hijo de Zacarías como su padre; pero Elisabeth tenía un secreto que su marido le había comunicado desde el principio de su embarazo, y que en aquellos momentos Zacarías no podía expresar, pero ella se le adelantó, oponiéndose a todos sus parientes: «No, sino que se llamará Juan», que significa «Don de la gracia del Señor». Efectivamente, así era aquel hijo nacido por milagro y que tenía ante sí la ardua pero privilegiada tarea de volver a Dios los corazones de su pueblo que se hallaba descarriado por las tradiciones religiosas de su clerecía, y requería una voz potente de profeta, para preparar el camino del Señor. La pobre Elisabeth se veía en apuros para convencer a todos sus familiares, hasta que Zacarías ratificó la decisión de su esposa mediante una tablilla en la que escribió el nombre de Juan. ¿No sería esta una ocasión para testificar ambos del propósito divino acerca de su hijo y de la venida inminente del Mesías? Sin duda alguna, pues dicen los versícuuos 65-66 que toda la gente de la zona montañosa de Judea comentaba estas cosas.

Nosotras debemos ser imitadoras de esta creyente y decidida mujer, cuyo carácter corresponde bien a su nombre de «adoradora de Dios». Que, como ella, sepamos esperar en el Señor, confiando en sus promesas cuando pone a prueba nuestra fe. Que sepamos anteponer la Palabra de Dios a los propósitos y sugerencias de las personas que nos rodean, aunque sean nuestros amigos o parientes más íntimos, poniendo a Dios primero; y que aprovechemos las oportunidades para dar testimonio de lo que Dios nos ha revelado por su Palabra y que el mundo es tardo en creer, pues Dios necesita en todo tiempo y en todas partes, de creyentes fieles y decididos que testifiquen de El.

32

MARIA DE NAZARET, MADRE DE JESUS

Lucas 2:26-38

Nos conviene saber guardar el equilibrio en cuanto a la virgen María por causa de que la Iglesia Católica ha caído en el peligro de la idolatría al ensalzarla de un modo exorbitado sustituyendo por su figura a las dioses del paganismo, pero ello no es motivo para que no estudiemos su vida como un modelo a imitar. Si lo hacemos con otras mujeres del Evangelio que tuvieron grandes defectos, ¡cuánto más con esta santa mujer, la elegida del Señor para traer al mundo en carne humana a Jesucristo nuestro Salvador, merece ser honrada e imitada! No olvidemos que el ángel la llamó muy favorecida y bendita entre todas las mujeres y que ella misma, recordando este saludo del mensajero de Dios, profetizó: «Desde ahora me tendrán por dichosa todas las generaciones». No hay, pues, razón alguna para que la mariolatría de los católicos nos lleve al extremo opuesto de olvidar y menospreciar a esta santa y bendita mujer.

Sin embargo, así ha ocurrido algunas veces. Un miembro de cierta iglesia rompió en presencia de la instructora de la escuela dominical una estampita que ésta había regalado a su niño de «La huida a Egipto», y se negó a comprender y aceptar la explicación que le dio la maestra de que aquello no era un objeto para ser adorado, sino simplemente una ilustración gráfica de la lección.

Consideremos, pues, para imitarlas, las virtudes de María, la madre del Señor.

I. ERA PIADOSA

a) *Conocedora de la Biblia.* Lo demuestra el cántico en que prorrumpió ante su prima Elisabeth.

b) *Ferviente adoradora de Dios.* En lugar de vanagloriarse por el saludo de su prima, da toda la gloria a Dios (Lc. 1:46) y continúa contando las misericordias de Dios.

c) *Entusiasta por los cultos y reuniones piadosas.* Los términos de su canto los había aprendido indudablemente en las sinagogas, y cuando ya Jesús había cumplido su ministerio y su sacrificio, la encontramos en compañía de los 120 que se reunieron en el aposento alto esperando la venida del Espíritu Santo.

II. ERA CREYENTE

«Bienaventurada la que creyó», le dijo su prima. A pesar de los motivos que había para dudar de que fuese realidad el mensaje del ángel que la visitó, ella aceptó el encargo que le fue dado y creyó que Dios era poderoso para realizar algo tan inusitado.

III. ERA RAZONADORA

Además de creyente, la bendita virgen se muestra razonadora cuando pregunta al ángel: «¿Cómo será esto, porque no conozco varón?». No era supersticiosa ni crédula; quería saber el porqué, pero como el misterio era demasiado profundo, el ángel se limitó a mencionar el poder del Altísimo, y ello bastó para su fe.

IV. ERA HUMILDE

Dos veces se aplica a sí misma el calificativo de criada y esclava, primero ante el ángel (v. 38) y después ante su prima Elisabeth, en el cántico de alabanza a Dios. Su humildad aparece más adelante en sus relaciones con Jesucristo mismo, juntamente con su tolerancia y buena comprensión.

V. ERA OBEDIENTE

«Hágase en mí conforme a tu Palabra.» Los comentadores católicos ensalzan hasta la exageración esta declaración de María preguntándose qué habría hecho Dios, si María se hubiese negado a aceptar su misión. Nuestra respuesta es simple: habría escogido a otra y ella habría perdido el gran privilegio de ser madre del Redentor y de ser bienaventurada por todas las generaciones. Su pronta obediencia es ciertamente una virtud y ejemplo dignos de imitación, pero no de adoración.

VI. ERA ABNEGADA

a) Sus ilusiones de joven doncella fueron truncadas y la boda que ella estaría esperando celebrar
con José se esfumó, pues se convirtió más bien en
oprobio.

b) La ilusión de que aquel hijo naciera en un hogar bien preparado con todo confort se disipó también. Y en vez de cuna tuvo que aceptar el pesebre.

Cuando el Señor permite en nuestras vidas algo
incomprensible o difícil, no pongamos resistencia, sino digamos como esta creyente modelo: «Hágase
en mí conforme a tu voluntad».

VII. RESIGNADA PERO VALIENTE

Lo fue desde el principio en su aceptación del
misterio del nacimiento sobrenatural de Jesús, y su
espíritu resignado subió de punto, primero ante la
misteriosa frase de Simeón de que *una espada traspa-
saría su alma*. Quizá fue la inquietud que le produjo
esta profecía lo que la hizo buscar a Jesús cuando
éste se exponía a las iras de sus enemigos. Ella pre-
sentía que Jesús tenía que sufrir y morir. Y cuando
por fin se cumplió, ella se mostró, además de resignada, valiente para subir hasta el pie de la cruz a
consolar con su presencia al hijo martirizado, a pesar
de que no podía comprender el porqué.

VIII. PACIENTE Y COMPRENSIVA

Esta es quizá la virtud más difícil, pues todos
queremos ser bien estimados por las personas que
nos rodean, sobre todo de aquellos que más amamos. Sin embargo, ella sufrió aparentes reproches

y desaires de la persona más querida en su vida (véase Lc. 2:41-51, Mt. 12:46-50 y Jn. 2:4). ¿Qué habríamos hecho o sentido de hallarnos nosotros en las situaciones que presentan estos tres pasajes? Pero no encontramos que la bendita virgen protestara de ninguna manera, antes bien, lo contrario, según el relato de Juan 2:5.

Imitar estos rasgos de carácter de la más bendita entre todas las mujeres es mucho más grato para nuestro Señor y para ella misma, (véase Lc. 15:7-10) que el levantarle lujosos altares y rendirle una adoración que sólo a Dios pertenece.

33

EL HOGAR DE NAZARET

Lucas 2:45-53

Hay un gran paréntesis en la historia de Jesús dada en los evangelios. Después de los amplios e interesantes detalles sobre su nacimiento que tenemos en Mateo y Lucas, nada tenemos acerca de su juventud hasta su entrada en el ministerio por el bautismo. Escritores apócrifos del siglo II trataron de llenar este lapsus con fábulas generalmente apócrifas. Todo lo que podemos imaginarnos es que Jesús era un niño modelo porque no había en él la raíz de malicia que hay en todos los humanos y el Evangelio nos dice que «crecía en sabiduría, edad y en gracia para con Dios y los hombres».

I. LA ESCUELA DEL HOGAR

La cita de Lucas 2:41-52 es lo único que tenemos del relato auténtico acerca de la educación de Jesús,

176

y ella nos muestra que fue una escuela ideal, aunque ni María ni José habían estudiado libros de pedagogía. No sabemos si ella le explicó las cosas maravillosas que habían ocurrido con motivo de su nacimiento, ni hasta qué punto Jesús tenía algún conocimiento sobrenatural de su origen divino. Lucas 2:49 nos revela, sin embargo, que Jesús se sentía Hijo de Dios, pero aquel conocimiento contrasta con el versículo 51, donde leemos que «estaba sumiso a su padre adoptivo y a su madre escogida por Dios. ¿Por qué razón? Porque sin duda ellos estaban a la vez sumisos al Padre celestial. Eran judíos piadosos y religiosos según el conocimiento que hasta entonces tenía el pueblo de Israel de las cosas espirituales. La piedad anidaba ya en el corazón de la virgen María, según podemos comprender por el cántico que ella entonó a raíz de su concepción sobrenatural, y es propio que aquella misma piedad la comunicara a su hijo. «De tal palo, tal astilla», dice el refrán. En este caso el refrán no tiene una literal significación, pero podemos imaginarnos que el hogar de Nazaret sería por lo menos un hogar modelo. La expresión «sumiso a ellos» así lo demuestra. La tendencia pedagógica moderna es que los niños hagan en todo su voluntad y muchas veces ésta se excede, produciendo molestia a los demás. En el caso de Jesús la sumisión se ve compensada por su sabiduría (v. 52). Pero como no es este el caso en todos los niños, la palabra inspirada tiene un contrapartida muy útil en Efesios 6:1-4, la disciplina, que no fue precisa en el hogar de Nazaret, porque no hubo exceso ni de una parte ni de otra. ¿Cómo son nuestros hogares?

II. LA ESCUELA DE LA ALDEA

En las aldeas judías, la misma sala de la sinagoga servía de escuela, dirigida por un rabino o escriba que enseñaba poco de ciencias naturales que entonces casi eran desconocidas, pero mucho acerca de la ley de Dios, según el Pentateuco, así como hebreo y griego, además del arameo, que era el lenguaje de la aldea.

Sin duda Jesús se fijaba de un modo especial en la ley divina interpretada por las tradiciones de los ancianos, lo que le sirvió para sus justas críticas a los escribas y fariseos años más tarde.

III. LA ESCUELA DEL AMBIENTE

Nazaret estaba situada sobre una alta montaña que domina la vista desde Samaria al Mediterráneo. Jesús podía contemplar Galilea como a sus pies y el mar que le hablaba de las tierras de los gentiles al más allá.

La carretera de Egipto a la India pasaba muy cerca de allí, y esto le ponía en contacto con hombres de todas las razas. Quizá caravanas que iban de camino harían un alto en Nazaret para descansar. Pasarían también tropas romanas, que él, niño al fin, gustaría de contemplar.

Pero a medida que transcurrían los años, se abriría su mente infantil a la realidad de su origen. Quizá si María no había hablado al niño Jesús acerca de su nacimiento, el niño habría oído conversaciones entre María y José acerca de tales hechos y esto nos lo prueba la respuesta que Jesús dio a sus padres en el templo. «¿No sabiais que...?».

IV. LA SABIDURIA DE JESUS DEMOSTRADA EN EL TEMPLO

Posiblemente Jesús había estado otras veces en el templo con sus padres, pero aquella era una ocasión especial, dado que a la edad de 12 años los niños judíos entraban en su mayoría de edad. El niño sacrificaba por primera vez por sus pecados. Desde el día de esta ceremonia debía vigilar su comportamiento, ya que su responsabilidad ante Dios entraba a ser directa. Si cometía alguna falta contra le ley establecida, no era responsable ya el padre, sino él mismo. Hay sabemos que la responsabilidad no depende de una ceremonia, pues hay niños más inteligentes que otros, pero la costumbre de los judíos era buena porque la edad era aproximadamente adecuada, y esta es una lección para nuestros jovencitos.

Parece que Jesús conocía su verdadero origen desde antes de la edad de 12 años, pero todavía tuvo que aguardar el tiempo de Dios en Nazaret, como Moisés tuvo que aguardarlo en Madián. Sin duda sería algo difícil para el joven Jesús, humanamente hablando, el vivir como carpintero en Nazaret, cuando sabía que tenía delante una misión mesiánica de Maestro y Redentor, pero en Hebreos 2:17 se nos dice que él mismo tuvo que ser probado como ser humano. Tuvo que aprender obediencia y sumisión al Padre Celestial como la había practicado durante su infancia en el hogar. Con toda probabilidad la prueba de Jesús en su juventud fue la muerte de su padre adoptivo, que le obligó a ser un obrero manual en la fabricación de yugos.* Podemos imaginarnos que más de una vez en su comunión espiritual con el Padre habría repetido la oración de Getsemaní «Hágase tu voluntad y no la mía...».

---

* Una tradición del siglo II, que conocemos por Hegesipo, dice que· ésta era la especialidad de José como carpintero en Nazaret.

V. LA ENTRADA EN SU MINISTERIO PUBLICO

Si la larga espera en el taller de Nazaret fue una prueba para el joven Jesús, la aparición de Juan el Bautista, el precursor, fue otra prueba para su madre María.

Jesús entendió que el ministerio del Bautista era el llamado del Padre Celestial a su ministerio de enseñanza y milagros que acreditaran después de su partida la fe cristiana en su obra redentora. Y ahora María quedaba bajo la custodia y ayuda de sus hermanos menores que, nos dice el Evangelio, «no creían el El». Sin duda que el hogar de Nazaret se hizo un gran vacío desde que Jesús salió para el Jordán. Allí recibió la confirmación del Padre Celestial de que El era el Mesías, que no había sido una ilusión de su madre la historia de su nacimiento, pero ninguno de sus hermanos lo creía. No hay prueba mayor para la fe que una familia dividida, y esto es lo que tuvo que soportar la bendita virgen durante varios años, hasta que Jesús resucitado se apareció a Santiago, el autor de la epístola del mismo nombre.

¿Tenéis algunas de vosotras maridos o hijos no creyentes? Es una prueba que humanamente tuvo que soportar Aquel que fue «tentado» en todo, como nosotros, pero sin pecado, para que pueda compadecerse de aquellos que hoy pasamos por las mismas pruebas (Heb. 2:18). Y María las tuvo que pasar también: Pérdida del esposo, aparente pérdida del Hijo que era el sustento de la casa al entrar en su ministerio, y prueba por el escepticismo de los demás hijos. El fin fue consolador para la bendita virgen en casa de su sobrino Juan, que compartía la misma fe y esperanza. Sin duda fue otra prueba para ella la muerte del primer Santiago, el sobrino mayor de la casa de su hermana Salomé.

Todas estas cosas han quedado en los evangelios y en el Libro de los Hechos de los Apóstoles para nuestra enseñanza y admonición en las pruebas de esta vida, para que, mirando la vida a través de Romanos 8:28, y a la luz de la eternidad, sepamos confiar en nuestro Padre Celestial que sabe lo que hace mejor que nosotros, en vista a un bien escondido de nuestros ojos, pero que la fe lo hace real y positivo.

34

MARIA MAGDALENA

**Lucas 8:2 y Juan 19:25
y 20:1-13**

Esta mujer que también se llamaba María, aunque su nombre es identificado por el pueblo de su nacimiento, Magdalá, era una mujer de la nobleza que había sido curada por el poder sobrenatural de Jesús de una posesión demoniaca. Según los evangelistas Marcos y Lucas eran siete los demonios que la poseían. En algunos casos de posesión actual, los espíritus han dado sus nombres. No se lee que esto sucediera en el caso de María de Magdalá, y por eso algunos han dicho que el número siete no se puede tomar en un sentido literal. Quizás hoy los psiquiatras lo llamarían enfermedad nerviosa más bien que posesión; pero éste es un tema objeto de discusión entre los hombres de ciencia; todavía muchos cristianos psiquiatras creen que infinidad de enajenados, en los manicomios, son más bien víctimas de posesión demoniaca, mientras que otros médicos de tendencia escéptica, pretenden lo opuesto. Nosotros creemos que la posesión demoníaca era y es una realidad, y tenemos buenas pruebas de ello, a pesar de que no negamos los descubrimientos y observaciones bien probadas de la psiquiatría; pero el caso es que la ciencia anda aún a oscuras en lo que se refiere a los límites entre lo físico de la mente humana y lo psíquico.*

Hecha esta necesaria observación acerca de la curación de María Magdalena por el poder sobrenatural de Jesús, aprendemos de ella que era:

I. AGRADECIDA

La primera mención de su nombre en el Evangelio nos la presenta como una de las mujeres ricas que le servían de sus haciendas, lo que demuestra la gratitud y amor que quedó en su corazón por el divino Maestro cuando se vio libre, por su poder sobrenatural, de la terrible enfermedad que la aquejaba. ¿Qué mejor uso podía hacer de su dinero? Jesucristo nos exhorta a hacernos tesoros en los cielos, donde la polilla ni el orín corrompen (Mt. 6:19). ¿Cómo empleamos nosotras nuestros haberes? ¿Lo tiramos, regalándolo en las joyerías para tratar de embellecer nuestro cuerpo, a pesar de lo que dice el apóstol Pedro en su primera epístola, capítulo 3-3? ¿Es que queremos parecernos a las mujeres que no han co-

---

* Véanse los libros: «Ataque del mundo de los espíritus» 38 casos acreditados por diversos misioneros). «El extraño mundo del Ocultismo», por Walter Knight. «Vendedores de fortuna», por Gary A. William. «El Enemigo», por Jim Grant. «Entre Cristo y Satanás», por Kurt E. Kock, y otros títulos publicados por «Clíe».

nocido el Evangelio de Jesucristo? No digamos que debemos hacerlo, para no parecer ridículas. Hay mujeres muy bien respetadas en la sociedad por sus estudios y sus talentos que no necesitan hacerse respetar con tales signos externos de ostentación. ¿En qué demostramos nuestro amor y gratitud al Señor si no servimos su Obra, y a los necesitados, de nuestras haciendas?

II. AMANTE

La Iglesia Católica Romana ha identificado a María Magdalena con la pecadora que fue a casa de Simón a lavar los pies de Jesús con sus lágrimas; pero esto es pura imaginación de los comentadores del Evangelio. No existe ninguna prueba contundente para poder dar crédito a semejante supuesto. Sin embargo, suele darse el nombre de Magdalena a las mujeres públicas arrepentidas... Esta gratuita suposición es un error y va contra el buen nombre de la noble mujer de Magdalá. Los poseídos demoniacos no son culpables de su enfermedad; en cambio hay muchos poseídos que no lo manifiestan con estertores ni movimientos convulsivos, sino por sus conductas. Estos, sí, son culpables, por haber dado oído y aceptado como buenos los pensamientos malévolos que el Príncipe de este mundo, por sus agentes, insinúa en las mentes de los hombres pecadores.

María Magdalena amaba a Jesús por gratitud a los sufrimientos físicos de que la había librado, lo mismo que el endemoniado de Gadará, aquel infeliz quien por orden de Cristo fue a sus familiares a contarles el milagro que Jesús había hecho con él (Lucas 8:38-39).

Otra prueba de su ferviente amor por Jesús fue su participación en la muerte y entierro del Señor, y ello nos lleva a considerarla como una mujer

184

III. VALIENTE

Se necesitaba valor para permanecer varias horas al pie de la cruz, teniendo a sus espaldas a una enardecida multitud que insultaba a Jesús. Quizá la presencia de los soldados romanos les daba algo de intrepidez, pero no podían fiarse mucho de su sentido de justicia, dado que los romanos eran paganos, y por proteger a tres o cuatro mujeres no se habrían arriesgado a ir en contra de una muchedumbre.

Las dos virtudes antes mencionadas se manifiestan de un modo conspicuo en el hecho de que fuera la primera en acudir al sepulcro de Jesús muy de mañana, siendo aún de noche, lo que ha dado a suponer que era amiga de la «otra María», probablemente madre o esposa de José de Arimatea, y que pernoctó en su casa.

IV. DILIGENTE Y COMUNICATIVA

a) En cuanto María vio la piedra quitada y el sepulcro vacío corrió a dar las nuevas a los apóstoles. ¿Es que creía que el Señor había resucitado? No es verosímil, ya que tanto ella como sus compañeros se habían propuesto ungir su cuerpo, y yo creo que todas ellas creían que el Señor había de resucitar, pero olvidaban el plazo que El dio: después de tres días, pues de ser así no necesitaban ungirlo. Solamente era útil el ungimiento en el caso de cumplirse su resurrección a los meses o años. Ellas pensaban que el Señor resucitaría algún día para establecer su reino (no para ausentarse de la tierra como hizo) y probablemente creían contribuir a este propósito mesiánico mediante su ungimiento. ¿No había dicho David «No permitirás que tu santo vea corrupción?» (Salmo 16:10), y esto era leído por los rabinos en las sinagogas y aplicado al Mesías. Su fe era todavía una fe en ciernes, que necesitaba un largo proceso de instrucción del Espíritu Santo para entender que el Mesías era el eterno Hijo de Dios. La aparente pérdida del cuerpo del Mesías era para María y los discípulos un gran contratiempo que frustraba sus esperanzas. De ahí su llanto y desespero cuando Jesús mismo la encontró al pie de su tumba (Jn. 20:14-16). La respuesta de Jesús era una revelación inesperada de lo que iba a acontecer (Jn. 20:17-18).

¿Qué hacemos nosotros cuando los planes de Dios difieren de los nuestros? ¿Nos afligimos y lloramos como María? Pero ¡cuánto más altos son los pensamientos de Dios, por encima de los nuestros! Isaías 55:8-9).

V. CREYENTE

b) Algún día los entenderemos, mientras hoy lloramos como María. Pero ¡qué preciosa fue la revelación que Jesús hizo a esta amante y valerosa mujer!: «Subo a mi Padre y a vuestro Padre, a mi Dios y a vuestro Dios». ¡Oh, sí, el Dios que levantó a Jesús de los muertos y lo arrebató a los cielos no es una fuerza impersonal, infinita, como quieren hacernos creer algunos filósofos, sino que es nuestro *Padre*, tal como Jesús comenzó a enseñar desde el inicio de su ministerio (Mt. 6:6-15). Que esta fe consuele y anime nuestros corazones en todos los tiempos de nuestra humana existencia. Que nos ayude a ser como María: agradecidos, amantes, valientes, presurosos en comunicar las Buenas Nuevas, que hoy conocemos mucho mejor que María Magdalena en los suyos, y que nuestro divino Señor nos ha encargado extender en el mundo.

35
MARIA DE BETANIA *

**Lucas 10:33-42 y Juan 11:28-37
y 12:1-8**

I. SU PERSONA

El pasaje de Lucas 10 nos da a entender la profunda espiritualidad de la hermana menor de Lázaro. No es que ella quisiera desatender los servicios domésticos; probablemente había estado ayudando a su hermana en los numerosos preparativos que eran necesarios para hospedar a trece personas, mientras el Maestro estaba por llegar; pero una vez El allá, las horas eran demasiado preciosas para gastarlas en detalles de servicio; por tal motivo se ve reprendida por su hermana, piadosa también y amante de Cris-

---

* Sobre esta María tendremos otros estudios, pero aquí hemos de considerar los rasgos de su carácter que tenemos en el Evangelio de Lucas.

to, como observamos en el caso de la resurrección de Lázaro, y quizás un tanto envidiosa del privilegio de que estaba gozando su hermana, de oír y atesorar en el corazón las palabras del Señor, y como resultado de la observación atrevida de Marta, María recoge el mejor elogio, de parte de Aquel que siempre daba preferencia a las cosas espirituales sobre las materiales, como podemos observar en el caso del paralítico (Lc. 5: 20-24). Las mujeres tenemos necesidad de escoger en toda clase de detalles y estamos habituadas en la vida del hogar a procurar escoger siempre lo mejor; y en la vida espiritual que es siempre la parte más importante de nuestra vida, ¿cómo escogemos? ¿Qué hay en nuestras bibliotecas?, ¿en qué ocupamos las horas de ocio? ¿Sabemos escoger siempre lo que a ojos del amado Maestro es «la parte mejor»?

II. DANDO LO MEJOR

Trescientos denarios era el jornal de un obrero correspondiente a un año. Una ofrenda exagerada a juicio de los discípulos. Es seguro que para sí misma habría comprado María un perfume de menos precio, pero sentía que al Señor no podía ofrecerle un don ordinario que denotara mezquindad. ¿Qué no se merecía el que había devuelto la vida a su hermano amado?

Pero, aplicando el ejemplo a nosotros, ¿qué no se merece el que murió para darnos vida, y vida eterna? ¿Denotan mezquindad nuestras ofrendas al Señor?

Jesús apreció la ofrenda de María, no tanto por lo que significaba para El, ya que dentro de dos días tenía que ser crucificado, y a su cuerpo resucitado la ofrenda no le era de ningún valor, pero El vio la intención del corazón de María y trata de salvarla de su bochorno con un elogio semejante al que le había prodigado meses antes (Lc. 10:42).

La ofrenda de María se anticipó a la de Nicodemo, y también a la que las otras Marías fueron a llevarle al sepulcro, cuando El ya no estaba allí.

III. EN EL MEJOR MOMENTO

María supo ofrendar al Señor lo *mejor* que podía adquirir, con sus *mejores* esfuerzos, y lo dio al Señor en el *mejor* momento, cuando su ofrenda de amor podía aprovechar también a otros. Dice el texto que «la casa se llenó del olor del ungüento». El perfume era para Jesús, pero todos los que se hallaban en la casa disfrutaron de su agradable olor. Todo acto de amor a Jesús echa su fragancia sobre otras vidas. Cantamos, oramos y damos ofrendas para el Señor, pero muchas personas reciben bien por ellas. El mundo entero está disfrutando de actos realizados por amor a Jesús, en hospitales y casas de misericordia. ¿Qué recibe el mundo por causa de nuestro amor a Cristo? No basta dar culto al Señor en el templo o en nuestra intimidad devocional. Nuestra vida entera debe estar llena de aquel olor de santidad que haga radiantes y agradables nuestras vidas en cualquier lugar donde nos hallemos, la cocina, el lavadero, el taller y la oficina donde concurren los cristianos, deben llenarse del buen olor de Cristo (1.ª Co. 10:31-32 y Ef. 6:6).

El Señor haga que tengamos nuestros ojos bien abiertos para derramar amor y generosidad a los que nos rodean. Nunca sabemos si será la última vez, que podemos derramar nuestro amor a un ser querido, a una hermana en la fe, y Jesús dice: «En cuanto lo hicisteis a uno de estos pequeños que creen en Mí, a Mí lo hicisteis».

Aprendamos de María a dar al Señor el primer lugar; a reconocer el valor de las cosas eternas; a amarle aquí, cuando es más difícil hacerlo; a aprovechar los pocos años que nos quedan, cuando todavía tenemos fuerzas para venir a la casa de Dios para sentarnos a sus pies y oír su voz por medio de su Palabra; y a quebrar el alabastro de nuestro amor hacia El hablando de su amor a otras personas, para que otros puedan ser beneficiados y perfumados del ambiente espiritual de aquel amor a Cristo que existe en nuestros corazones.

IV. AL MEJOR RECEPTOR

Por último, podemos decir que es un privilegio muy grande servir a uno que puede distinguir los motivos del corazón. Los hombres pueden con frecuencia interpretar mal nuestras acciones y actitudes, porque no son capaces de leer en nuestros corazones; esta es la razón de la mayor parte de los conflictos y líos humanos, pero comprender es perdonar. Comprender es apreciar el valor de los actos ajenos aunque no estén exentos de defectos; hasta cierto punto tenían razón los apóstoles al juzgar a María desde el punto de vista humano, pero Jesús sabía que no había allí ninguno de los motivos que los discípulos suponían: orgullo, vanagloria u ostentación, sino amor puro, fe en el cumplimiento de aquella profecía que el Salvador había hecho (Mt. 7:21), aunque evidentemente había sido mal interpretada por María, pensando que la estancia del Señor en el sepulcro sería más larga de lo que en realidad fue, pero a pesar de ello Jesús alabó su acción porque comprendía el buen corazón con que había sido hecho. ¡Cuidado con juzgar los propósitos y servicios de nuestros semejantes! Nuestra atención debe estar fijada en los nuestros. El sabe por qué y cómo lo servimos. ¡Gracias a Dios que no puede haber malas interpretaciones por su parte!

¡Que El pueda decir de cada una de nosotras: Esta discípula mía ha hecho lo que podía...! Todo lo que le era dable hacer por Mí según sus circunstancias.

36

LAS BODAS DE CANA

Juan 2:1-12

Aquí tenemos el primer milagro realizado por Jesús aparentemente después de su bautismo y de haber escogido a sus primeros discípulos, entre los que
habían dos primos suyos, Jacobo y Juan, y dos vecinos del pueblo de Caná de Galilea, Natanael (Jn. 1:
43 [llamado también Bartolomé en Mt. 10:2]) y Simón el Cananita (Mt. 10:4). No es extraño que Jesús
y su madre fueran invitados a las bodas. Algunos han
supuesto si el novio era hermano de alguno de los
dos discípulos que eran de Caná de Galilea.

Este pasaje del Evangelio nos enseña:

I. QUE JESUS NO ES ENEMIGO DEL MATRIMONIO

Fue el declive y apostasía de la Iglesia Cristiana
lo que trajo el prejuicio contra el matrimonio (1.ª
Timoteo 4:1-3), el monasticismo y el celibato.

II. NO DESDEÑA UNA FIESTA

Era costumbre en los festivales hebreos la danza (Lc. 15:25), pero, generalmente, eran danzas en corro sin ningún estímulo sexual, como era la danza en los dos últimos siglos, y probablemente no tan ruidosa como la actual. Jesús era amigo de la sana alegría.

III. JESUS REPLICA AL CONSEJO DE SU MADRE

La solicitud de la madre de Jesús por el compromiso de los dueños del convite, parece confirmar que se trataba de personas bastante íntimas del círculo de Jesús, posiblemente familiares. La respuesta de Jesús, traducida del griego literalmente es: «Qué tú y yo». Los católicos la convierten en «¿Qué nos va a ti y a mí» en este asunto, pero las Biblias evangélicas, siguiendo a Valera, traducen: «¿Qué hay entre tú y yo?». ¿Cuál es el verdadero sentido de esta lacónica expresión? ¿Para qué el Espíritu Santo dictó a Juan una expresión tan ambigua? Ciertamente no lo sabemos. A pesar del abuso de los católicos romanos esta respuesta, interpretada duramente por el traductor protestante del siglo XVI (y no es de extrañar en aquella época), no significa ningún reproche para María, pero es un eco de lo que leemos en Lucas 8:19-21.

IV. EL MILAGRO

La transformación del agua en vino ha extrañado a muchos, pero debemos tener en cuenta que el vino, cuando no se abusa de él, no es sino un fruto natural de la tierra, analizado, es un compuesto de ácido acético, vitaminas, calcio e hidrógeno, que la sabiduría de Dios ha mezclado por medio de la vid de un modo

193

sabio. Jesús, por su poder sobrenatural, podía fabricar vino cambiando atómicamente los mismos elementos del agua, ya que todos ellos, incluso el calcio, existen en el aire y en el agua. Negar los milagros a Dios es como decir que un ingeniero fabricante de potentes locomotoras no puede hacer un tren de juguete.

V. EL OBJETO DEL MILAGRO

No era sólo sacar de apuros a la familia, sino que la gente creyera en el poder de su persona. ¡Cuánto más nosotros que conocemos tantas maravillas de la naturaleza podemos creer en el poder de Dios!

VI. LA FE RESPETUOSA DE LA BENDITA VIRGEN

A pesar de la aparente negativa de Jesús, María había creído ya en El como Hijo de Dios, a pesar de su apariencia humana. Recordaría sin duda la historia de su nacimiento («Este será grande, y será llamado Hijo del Altísimo»), así como la respuesta de Jesús en Lucas 2:49); de ahí su advertencia a los criados. Ella sentía en su corazón, seguramente por indicación del Espíritu Santo, que Jesús realizaría el milagro. Esta es una gran lección para nosotros, para aprender a confiar en el Señor cuando nos permite una prueba, llevando nuestra fe más allá de la presente experiencia, aparentemente negativa, cuando pedimos algo, y el Señor es longánime en concederlo. Lo que importa es que nosotros cumplamos hasta donde nos cabe nuestra parte y dejar a Dios el resto. (Ilustración.) El misionero que tenía el compromiso de trasladarse a cierta ciudad y carecía del dinero para pagar el billete. Fue a la estación y allá encontró una persona que le dio lo que necesitaba y mucho más. Hizo su parte hasta donde le era posible.

VII. DIOS NOS DA SIEMPRE MAS ABUNDANTE-
MENTE DE LO QUE PEDIMOS CUANDO
ES SEGUN SU VOLUNTAD

Es probable que los convidados no agotaron en aquella fiesta el vino de seis tinajas y quedó un remanente que ayudó al padre de la familia a sufragar los gastos de la boda.

VIII. LO PEOR Y LO MEJOR

El vino provisto por el Señor resultó ser mejor que el primero —según juicio del maestresala—. Si seguimos los consejos de Jesús, El obrará de tal manera en nuestras vidas que tendremos al final lo mejor, en su providencia en esta vida, y sobre todo en la eternidad: Notemos la diferencia que Jesús mismo declara en Lucas 16:10-11, llamando lo *poco* y lo *ajeno* a lo presente, y lo *verdadero* y lo *«vuestro»* a lo último que El nos dará.

37

JUZGAR Y PERDONAR

Juan 8:1-11

Una escena dramática del Evangelio que no es parábola, sino historia auténtica, a pesar de faltar en algunos manuscritos del siglo IV.

Jesús vino del Monte de las Olivas al Templo y estando allí le traen una pobre mujer, medio desnuda, a la que han cogido en el mismo acto de adulterio, y echándola a sus pies, le dicen: «Maestro, la ley nos manda apedrear a las tales. ¿Tú qué dices?

I. CULPABLE DEL MAYOR PECADO SEXUAL

La ley de Moisés no condenaba a pena de muerte la fornicación, pero sí el adulterio. La mujer de nuestra historia se supone que era una mujer casada joven todavía, la que había ido con otro hombre, quizá por su necesidad de dinero, o porque tenía otro amor que en su juventud no pudo realizar. Es muy posible que el marido fingiera ausentarse y ella cayó en la trampa. Lo hace suponer el decir «la hemos encontrado en el mismo acto», o sea, que la estaban vigilando.

II. UN CAMBIO DE JUEZ

Lo propio de estos casos era que la condujeran al gobernador romano exhibiendo la ley de Levítico 20: 10 para solicitar permiso para cumplir la ley judía, a la que los gobernadores generalmente accedían respetando las costumbres de cada pueblo. Pero la fama de Jesús se había extendido tanto que quisieron antes aprovechar esta oportunidad para poner en un apuro al Maestro, tal como hicieron en Mateo 22:15. La razón es que había judíos liberales y ortodoxos; los liberales creían exagerada la sentencia, y los ortodoxos opinaban lo contrario. El objeto era que Jesús quedara desacreditado ante unos o antes otros. Sabemos que Jesús en aquella su primera venida redentora, no había venido a juzgar y condenar (Juan 3:17), pero mostrarse liberal era como hoy ser modernista, partidario de los saduceos, aunque fuera sólo en este detalle, pues los fariseos eran partidarios del cumplimiento de la sentencia de muerte a rajatabla. No le convenía a Jesús desacreditarse, ni ante unos ni ante otros en el inicio de su ministerio.

III. LA ESCRITURA MISTERIOSA

Jesús no se apresuró a juzgar, sino que, inclinándose, escribía en el polvo del suelo. ¿Qué escribiría? Quizá la sentencia de muerte, pensarían algunos; pero cuando El se enderezó los dejó muy sorprendidos. La ley rabínica ordenaba que el testigo acusador que había presentado la denuncia fuera quien arrojara la primera piedra. Allí había varios denunciantes, y algunos curiosos. ¿Quién tenía que cumplir la disposición complementaria de los ancianos? Jesús fija una condición que inhabilitó a todos, sin que El tuviera que comprometerse ni en uno ni en otro sentido.

Cuenta la tradición que los circunstantes se acercaban llenos de curiosidad, uno a uno, para leer el escrito que Jesús trazaba sobre el suelo, que expresaba el mayor pecado oculto de cada uno de los que se acercaban a mirar. «Fornicario, ladrón, blasfemo, mentiroso», etc. Esto no lo dice el Evangelio, pero es muy posible que así fuera.

Ahora bien, todos sabían que Jesús tenía poderes milagrosos, creían que era un profeta, y es natural que se dijeran: «Si yo me presto a echar la primera piedra, ¿qué me puede pasar?». Ellos conocían los casos de Giezzi el criado de Eliseo (2.º Reyes 5:27) y del rey Uzías (2. Crón. 26:19-23), y por esto cada uno se retiraba redargüido por su conciencia para huir de un compromiso de su parte y quizá de un castigo de Dios, pensaban.

IV. UN JUEZ PERDONADOR

Tal era y es Jesús. Perdonó a la pecadora que fue a lavarle los pies con sus lágrimas.

Perdonó al ladrón en la cruz.

Perdonó a los mismos que le crucificaron.

¿Cómo no tenía que perdonar a aquella infeliz que no sabemos por qué motivo y razón había engañado a su marido? Jesús conocía la historia que el Evangelio no cuenta, pero El no tenía tanto en cuenta los atenuantes, como el hecho de que El era el Salvador de los pecadores.

V. LA CONDICION DEL PERDON

«Vete y no peques más» (v. 11). Jesús no perdona para fomentar el pecado. En el Evangelio no encontramos nada que abone la idea de «pecar, hacer penitencia y luego vuelta a pecar».

—Si lo pruebas te harás católico para poder confesarte y poder volver con nosotros —decían ciertos jóvenes a un camarada suyo, cristiano evangélico, durante su servicio militar, al invitarle a casas de prostitución.

Es lamentable que autoridades humanas se hayan puesto en el lugar de Dios, tanto para perdonar como para condenar.

El que esta hermosa historia no se encuentre en algunos manuscritos antiguos, obedece, indudablemente, al hecho de que los originales del Evangelio fueron tan perseguidos en los tres primeros siglos que no ha llegado ninguno a nosotros, y sabemos que este relato fue motivo de escándalo y discusión entre los obispos del siglo III, en tiempos cuando en la Iglesia se prescribían penitencias duras a los pecadores para reconciliarles con la Iglesia. Por esto no podían comprender aquellos inflexibles obispos el que Jesús perdonara con tanta facilidad, no exigiendo otra penitencia que la de «dejar de pecar». Pero tenemos muchas pruebas que no es posible exponer aquí, de que esta historia no faltaba en el auténtico Evangelio de Juan, sino que se cursaron órdenes de suprimirla.*

No hay otra penitencia, realmente divina, que la de abstenerse del pecado (véase Ro. 6:1-2).

---

* Véase «Manual de Teología Apologética», por S. Vila, 1983, donde esta tesis se demuestra por escritos patrísticos.

38

EL MAESTRO ESTA AQUI Y TE LLAMA

Juan 11:28

Hacía justamente cinco semanas que el Señor Jesús había estado descansando en el hogar de Betania, donde era bien conocido y amado, pues era aquel hogar como suyo por estar situado tan cerca de Jerusalén. Pero ahora se encontraba lejos en uno de sus viajes en Perea, al otro lado del Jordán.

En aquellos días Lázaro cae gravemente enfermo y, temiendo por su vida, envían un mensajero donde el Señor se encontraba con este recado: «El que amas está enfermo».

Ante lo perentorio del recado ambas hermanas estaban confiadas de que el Señor no se haría esperar. Pero no es así por espacio de más de una semana, teniendo en cuenta que Jesús se quedó aún

200

tres días en Perea y la distancia que tenía que recorrer.

¿Por qué esta demora?, se preguntaban ambas. Podemos imaginarnos las veces que salieron a la puerta esperando poder ver que Jesús se acercaba.

Dios escribe recto con reglones torcidos, dice un sensato refrán cristiano.

Cuando Lázaro empeora y muere, el dolor es casi insufrible, pues se junta a la pérdida del ser querido la aparente desconsideración del Señor, que tantas veces les había manifestado su cariño, y a quien ellas habían servido con tanto esmero.

La prueba trae casi siempre consigo la tentación, y la tentación en este caso nos la dejan entrever las palabras que pronuncian al unísono, sin saberlo la una de la otra, ambas hermanas: «Si hubieses estado aquí, no fuera muerto mi hermano».

Estaban seguras del poder de Jesús. Si estaba en su mano curarle, ¿por qué no vino antes? ¿No os habéis hecho éstas, o similares preguntas, alguna vez? Ciertamente no comprendemos los trazos torcidos del Señor.

Por fin Marta oye que el Señor está llegando, se encuentra ya en las afueras de la aldea y sale corriendo a su encuentro. «Por lo menos vaciaré mi corazón —se dice— de la pena que me ahoga. Le diré todo lo que siento.»

¡Cuántos han recibido consuelo del hermoso diálogo que se entabla! Sobre todo de la gloriosa declaración que ha dado luz y consuelo a millones de hogares fúnebres (vv. 24-27).

Marta quiere compartir con su hermana el consuelo y esperanza que ha recibido de estas palabras, para ella incomprensibles, pero alentadoras, de Jesús. Siente que ha obrado de un modo impulsivo y poco juicioso al correr al encuentro del Maestro sin decir nada a su hermana, y le manda el recado secreto: *El Maestro está aquí y te llama.*

Consideremos este mensaje en sus tres partes, ya que las tres tienen un profundo significado.

I. EL MAESTRO

Este es el título que daban al Señor las dos hermanas cuando hablaban entre sí, pues cuando se dirigían a El directamente, siempre le llamaban Señor.

¿Por qué le llamaban Maestro? Con mucha razón, ¡pues habían aprendido tanto de El! Aquellas horas que María había pasado a sus pies, le habían hecho comprender no sólo que Jesús era un Maestro, sino el Maestro por excelencia, pues tenía palabras como ningún otro hombre podía tener, como dijo Pedro en Juan 6:68.

Muchos maestros ha tenido el mundo antes y después de Jesucristo, pero ninguno ha hablado como El (Jn. 7:46). Todos sus discípulos comprendían y sentían lo que leemos en Mateo 7:28-29. ¿Seguimos nosotros al Maestro divino, o fiamos en doctrinas de hombres? ¡Qué bien hicimos el día que escogimos a Cristo como nuestro Salvador y Maestro! ¡Qué tranquilos y seguros vamos desde entonces hacia la eternidad!

Pero el recado de Marta decía más:

II. ESTA AQUI

El Maestro y Señor en quien ellas habían depositado toda su confianza y esperanza, estaba allí, tarde según ellas, pero había llegado. Ya no era el ausente imposible de alcanzar, estaba allí con ellas y podrían decirle todo lo que sentían; llorarían, lamentarían su pasada ausencia, pero le tendrían con ellas, llenaría la casa con su presencia, y por lo menos, si no tenían a Lázaro no se encontrarían tan solas.

¿Podemos nosotras decir lo mismo? Sí, podemos decirlo por la fe. No tan sólo que Jesús estuvo hace cerca de dos mil años en este mundo, sino que está aquí hoy. Una de sus últimas promesas fue: «He aquí, yo estoy con vosotros todos los días hasta el fin del mundo» (Mt. 28:29).

La historia de Cristo no es un hecho del pasado, sino del presente. Todavía es el Amigo y Consolador de millones que no le han visto, pero que creen en El y sienten su presencia espiritual...

«Sí... —pensará quizás alguien—, pero el dolor y la muerte continúan en la tierra. ¡Ojalá que El estuviera personalmente aquí!» Pero fijaos, hermanas, que desde que Jesús entró en Betania hasta llegar al sepulcro donde estaba Lázaro, hubo todavía lágrimas y dolor..., tantas que el mismo Señor se entristeció al ver el dolor que producía el pecado en este mundo..., la muerte, y «lloró también» con ellas.

Pero María se sentía consolada, llorando al lado de Jesús. Había oído palabras de esperanza de sus labios: «Resucitará tu hermano», aunque no comprendía con toda exactitud el significado de aquellas palabras, y como Marta posiblemente dudara de si se refería al último día, sabía que todo lo que Jesús dijera tenía que ser bueno para ella.

¿No es así también con nosotras? Antes de venir el Señor Jesús a este mundo no había conocimiento de las cosas del más allá, no había más que divagaciones platónicas acerca de una posible inmortalidad del alma, pero hoy sabemos que las almas van a estar con Jesús, y además tenemos la gloriosa promesa de la resurrección de los cuerpos... (véase Juan 5:24, 26 y 28. [Que las lea la hermana predicadora o, mejor, las haga leer a una oyente que lea con facilidad]).

Son promesas muy misteriosas que no sabemos cómo y cuándo se cumplirán; pero creemos, al igual que Marta y María, y seguimos el camino de la vida llorando en ciertas ocasiones, marchando hacia la muerte; pero no es lo mismo ir hacia el sepulcro, propio o de los seres amados, *con* Jesús o *sin* Jesús.

III. Y TE LLAMA

Otra palabra buena y consoladora para María. Si buena era la primera parte del recado de su hermana, era todavía mejor la segunda. «¿Para qué me llamará? ¿Para consolarme?», pensaría ella. Pero había en el mensaje un toque de esperanza. Ella sabía que había mucha diferencia entre lo que podían decirle sus amigos judíos que estaban en la casa llorando con ella, y lo que podía decirle Jesucristo.

El mundo afligido por el misterio insoluble de la muerte, no tiene consuelo en la muerte de un ser querido. ¡Cuántas escenas de dolor hemos presenciado!, y los consoladores humanos no pueden consolar: «Anímate», «sé valiente», «todos hemos de morir». Esto es todo lo que nos pueden decir, no tan sólo los labios ignorantes de las gentes vulgares, sino incluso los mismos libros de Buda, de Confucio y demás maestros de las religiones humanas.

¡Pero oíd al Maestro sin igual...! Nadie ha llamado jamás al cielo la «Casa de mi Padre»; nadie ha dicho: «Voy a prepararos un lugar»; nadie se ha atrevido jamás a afirmar: «Vendré otra vez y os tomaré conmigo». Y nadie probó la autoridad de po-

204

der decir todo esto con hechos, demostrando su poder sobre la misma muerte, como lo hizo Jesús en el caso de Lázaro, y cuando El mismo se levantó victorioso del sepulcro, tal como había profetizado que haría.

María (que sin duda había escuchado de labios de Jesús muchas cosas que no han quedado escritas) sí lo sabía, y por esto sus lágrimas son diferentes, es dulce llorar al lado de Jesús. Por esto el apóstol Pablo amonesta: «No os entristezcáis como los que no tienen esperanza» (1.ª Tes. 4:13). El llorar del cristiano en la muerte es sólo un dolor de separación, como cuando alguien se marcha para un largo viaje o a residir en otro continente; pero no es un adiós para siempre.

María oyó el recado y no se hizo esperar; no dio excusas acerca de su vestimenta (o que estaba de duelo, lo que significaba mucho para las costumbres judías) (2.º S. 1:12).

Cuando Cristo llama no debe haber dilación, sino sentirse muy agradecido por el mensaje. ¿Cuántos sienten de este modo acerca de los que les han traído el mensaje del Evangelio?

Y Jesús continúa llamando por su Palabra (Juan 5:40 y 6:37).

Antes de terminar el día María vio lo bien que había hecho de ir al encuentro de Jesús con toda premura. Seguramente diría a su hermana: «¡Gracias Marta que me llamaste para ver esta maravilla!». Y nosotros bien podemos decir gracias a la persona que nos llamó para escuchar el Evangelio. Cristo nos llama para darnos un mensaje trascendental, de vida eterna. El estado natural de los hombres es de muerte para las cosas de Dios, como Lázaro lo estaba para el mundo y los suyos. Sin duda se oirían muchas voces desde la cueva en que estaba Lázaro, pero no se movió; no obstante, cuando resonó la voz de Jesús diciendo «¡Lázaro, ven fuera!», el muerto la oyó porque su alma había retornado a él y salió inmediatamente.

María, obedeciendo rápidamente el recado de su hermana, trajo bendición a otros. Muchos la siguieron y creyeron en Jesús (v. 31). Oigamos a Cristo, obedezcámosle y traeremos con ello bendición a nuestra vida y a nuestros parientes y amigos.

Atendamos la voz del Señor en todas las circunstancias de nuestra vida, y acabaremos por comprender que «Dios escribe recto con trazos torcidos». Tal como Jesús declaró a Marta, nos exhorta hoy a nosotros: «¿No te he dicho que si creyeres verás la gloria de Dios?».

39

MARIA, MUJER DE CLEOFAS

Juan 19:25 y Lucas 24:1:10-25

Esta María era la esposa de Cleofás o Alpheo. Alpheo era el nombre griego y Cleofás el hebreo, y era madre de Santiago o Jacobo el menor, otro discípulo del Señor que no hay que confundir con el Jacobo hermano del apóstol Juan; por eso lo apellidaban «el menor» y tenía un hermano que se llamaba José. Fue una de las mujeres que se convinieron con María Magdalena para ir a embalsamar el cuerpo de Jesús bien de mañana el domingo.

En efecto, ella fue al sepulcro, pero no con María Magdalena como parece desprenderse del relato de Marcos 16:1, ya que fijándose bien en dicho texto, se puede ver que María Magdalena estuvo con estas dos compañeras comprando las drogas aromáticas, pero no fue con ellas a ungir el cuerpo, sino que se adelantó a las otras dos y a las demás que se habían convenido con ellas yendo tan de mañana que era oscuro aún (Jn. 20:21). Mientras que ésta, quizá por tener que venir desde Emaús y su compañera Salomé, parece que llegaron con retraso y como no vieran a todas las amigas con las que se habían convenido, se sentían perplejas porque sabían que ellas dos solas no serían capaces de remover aquella gran piedra que los criados de José de Arimatea, que habían ayudado a bajar el cuerpo del Señor de la cruz, habían puesto ante la boca de la cueva. Ellas no se habían enterado de la petición de los jefes del Sanedrín a Pilato, ni de la guardia romana que éste había mandado colocar ante la tumba, pues todo esto había sucedido el sábado en la penumbra vespertina; de otro modo su perplejidad habría sido otra: «Qué nos dirán o nos harán los guardas?». Pero ¡qué sorpresa!, hallaron la piedra revuelta y en lugar del cuerpo yerto del Señor, vieron a un ángel en forma de hombre joven que les habló con toda naturalidad: «¡No os asustéis! ¿Buscáis a Jesús Nazareno el que fue crucificado? ¡Resucitado ha! No está aquí, ved el lugar donde le pusieron! Mas decid a sus discípulos y a Pedro que El va delante de vosotros a Galilea. Allí le veréis tal como os dijo».

Entonces las dos mujeres se fueron a repetir este recado a los apóstoles, pero no eran las primeras, sino que era el tercer mensaje similar que recibían los apóstoles.

Más tarde, por la noche, María tuvo el gozo de oír a su propio esposo contar la maravillosa experiencia de su encuentro en el camino y el reconocimiento de Jesús en su propio hogar en Emaús. Lo que fue culminado pocos instantes después con la misma presencia del Señor en el aposento alto.

Esta historia de María, la mujer de Cleofás, nos enseña:

I. LA NECESIDAD DE SER PUNTUALES

Fue el retraso de María, mujer de Cleofás, y su compañera Salomé, lo que trajo a estas dos mujeres el supuesto problema de la piedra del sepulcro. Si hubiesen llegado muy de mañana, antes de salir el sol, habrían encontrado a sus compañeras y se habrían ahorrado un problema de inquietud imaginaria.

II. QUE DEBEMOS EVITAR PREOCUPACIONES INNECESARIAS

Esta misma recomendación es la de Cristo en Mateo 6:25-34. ¡Cuán diferente fue lo que hallaron en el sepulcro del Señor de lo que ellas se imaginaban! Muchas veces nosotros nos preocupamos por meras suposiciones que nunca se realizan porque Dios cambia las circunstancias que nos han preocupado. «Vuestro Padre celestial sabe...» es la llave que Jesús nos ofrece para abrir la puerta de todas nuestras preocupaciones.

III. NO TEMER ANTE LA INCOGNITA DEL MUNDO ESPIRITUAL

No debemos de extrañarnos del sobresalto de las dos mujeres tardanas que según Marcos quedaron sobrecogidas de espanto ante la presencia de un ser de otra naturaleza de tal modo que no osaban decir nada a nadie, hasta que llegaron a la reunión de los discípulos y conocieron la experiencia de sus compañeras y particularmente de María Magdalena.

Nosotras no hemos tenido nunca visiones sobrenaturales, pero podemos imaginarnos fácilmente lo que nos ocurriría ante la presencia de un ser de otro mundo. Sin embargo, sabemos que ésta ha de ser nuestra experiencia antes de pocos años y todos nos sentimos perplejos ante la idea de lo que será. Afortunadamente tenemos la revelación de Dios en las Sagradas Escrituras que nos aseguran que será algo bueno si hemos puesto nuestra fe y confianza en el Señor Jesucristo, y estamos procurando como dice el apóstol: «Ausentes o presentes, serle agradables» (2.ª Co. 5:9). El apóstol Pablo no estaba asustado ni siquiera ante la idea de la trágica muerte que le aguardaba, sino que lo juzga como «mucho mejor». (Fil. 1:23.)

Un hombre de Dios de la antigüedad que no tenía ninguna de las preciosas promesas que tenemos nosotros en el Evangelio, recordando únicamente las providencias de Dios en el camino de su vida, declaraba: «Aunque ande en valle de sombra de muerte, no temeré mal alguno» (Sal. 23). ¿Nos asusta la idea de la muerte? No tenemos ningún motivo para temer, pues el Señor Jesucristo nos ha hablado de ángeles, es decir, mensajeros suyos que van a acompañarnos hasta su presencia cuando estrechemos por última vez la mano de nuestros amados de la tierra. «No temáis», dijo el hermoso mancebo que vio a las preocupadas mujeres dentro de la cueva donde Jesús había estado sepultado, y el autor de la carta a los Hebreos, nos dice que tales seres, invisibles para nosotros, pero reales cuando nuestros ojos se cierren a la luz física de este mundo y se abran a los resplandores del mundo espiritual, son «nuestros servidores». ¿Cómo hemos de temerlos? Seguramente oiremos de ellos un mensaje muy similar al que recibieron las dos asustadas mujeres: «No temáis; sí, esto es la muerte, pero ya sabéis lo que dijo vuestro Salvador: El que cree en Mí, aunque muriere vivirá, y el que vive y cree en Mí no morirá eternamente» (Jn. 11:25-26). ¿No lo habíais creído y asegurado muchas veces en vuestras conversaciones cristianas? ¿Por qué, pues, habéis de temer? Regocijaos más bien en lo que os espera.

IV. QUE NUESTRA FUTURA EXPERIENCIA HA SIDO ANTES LA DE MUCHOS DE NUESTROS AMADOS

María de Cleofás se sintió sin duda muy gozosa aquella tarde cuando su marido llegó alborozado por la noticia de que habían visto al Señor.

Aquella misma mañana, cuando ellas explicaron su propia experiencia confirmada por sus compañeras, su propio marido y los demás discípulos no les daban crédito. El propio Cleofás había dicho a Jesús por el camino: «Aunque esta mañana algunas mujeres [no osó decir entre ellas mi esposa] nos han espantado diciendo haber visto visiones de ángeles, pero a El no le vieron», pero ahora su mismo esposo había tenido una experiencia superior a la suya propia. No sólo había visto un ángel en el sepulcro, sino al mismo Señor.

¿No ocurrirá lo mismo con nosotros cuando lleguemos al cielo? Nuestros amados nos han precedido, y ellos han tenido ya sin duda mayores experiencias que nosotros del mundo sobrenatural. ¿Podrán contarnos ellos ya acerca de haber estado ante el tribunal de Cristo para la valoración de sus vidas? (2.ª Co. 5:10). ¿Nos podrán explicar algo ya de la vida del cielo? Ellos están esperando, cómo ocurrirá con nosotros, el momento glorioso de la resurrección, o sea de volver juntamente con el Señor a nuestro mundo de realidades físicas para ver establecido el reinado de paz y amor bajo el gobierno de nuestro Señor y Salvador Jesucristo, el Rey de reyes eterno e inmortal, y seguramente mucho antes de que hayamos trabado conocimiento pleno con todos los que deseamos ver y conocer allá, habrá llegado la hora de todos esperada, y a la que tantas veces nos hemos referido comentando 1.ª Tesalonicenses 4:13-18.

V. QUE DEBEMOS EN TANTO CREER Y ESPERAR

María de Cleofás era sin duda una mujer tenaz, no se había intimidado ante el escepticismo de los discípulos; no había dudado de sus propios sentidos, cuando ellos les dijeron a todas las que habían estado en el sepulcro que «estaban locas». Ella se sentía segura de su fe, y cuando su marido le habló de la necesidad de volver a Emaús a la casa de campo donde tenían sin duda deberes domésticos que cumplir acerca del cuidado de la granja, ella le respondería: «Esposo mío, yo no me aparto de la compañía de los discípulos del Señor que van a emprender muy pronto un viaje a Galilea en donde el ángel ha dicho que iría a encontrarles el Señor resucitado». Quizá se oyó alguna frase de duda de parte de Tomás o de otros, pero las mujeres se mantuvieron unánimes en declarar que era cierto lo que habían visto.

¡Qué gozo, pues, fue para María de Cleofás, cuando llegaron su esposo y el compañero y les ratificaron lo que antes se habían negado a creer, y finalmente se apareció el Señor mismo a todos ellos. «¿Lo ves, esposo mío? —diría María a su esposo, después que el Señor les hubo dado pruebas tan evidentes de su resurrección incluso comiendo en medio de ellos—, ¿por qué dudabas de mis palabras? ¿Comprendes ahora por qué yo preferí quedarme en Jerusalén?»

María de Cleofás era persistente en su fe. ¡Ojalá que nosotras podamos imitar esta fe firme en las promesas de Jesús! y seamos apoyo de la fe de nuestros amados en los momentos de duda o de incomprensión de las cosas que hace el Señor, hasta que nos encontremos, por la muerte, ante su presencia, o bien oigamos la última trompeta anunciando su retorno con nuestros amados que nos precedieron.

40

¿ME AMAS?

Juan 21:15-17

Refiérase la aparición de Jesús resucitado a sus discípulos en la orilla del lago de Tiberiades, haciendo hincapié en la actitud solícita de Pedro y la triple pregunta de Jesús. Cristo dirige la misma pregunta a todos los que profesan seguirle, y ello nos lleva a considerar:

I. EL AMOR A CRISTO ES LA MARCA DE NUESTRO CRISTIANISMO

Pregúntese a un verdadero cristiano en qué confía, quién le ha justificado, a quién quiere parecerse, y su respuesta siempre se verá que brota del amor al Señor.

Obsérvese el saludo de despedida del apóstol Pablo en el último versículo de su carta a los Efesios.

Parece que el apóstol busca una palabra que incluya a todos los verdaderos cristianos, pequeños y grandes, dejando a los no verdaderos, y no halla otra mejor que «los que aman a Cristo. El que no ama a Cristo no es de Dios». Jesús mismo lo dice en Juan 8:42.

II. ¿POR QUE AMAMOS A CRISTO?

a) *Por lo que hizo como Verbo de Dios creador* (Col. 1:16). Cada brisa que respiramos, cada rayo de sol, cada fruto... no acostumbramos a pensar en Cristo bajo este aspecto, pero es verdad.

b) *Por su venida al mundo como Redentor.* El sacrificio de Cristo merece ser agradecido. (Anécdota: Puede contarse como ejemplo la del obrero que se lanzó para detener el coche de cierta dama que se le habían desbocado los caballos y quedó tan malherido que falleció una semana después en el hospital repitiendo: «¿No ha venido?, no ha venido?, ¿no ha venido?», pues la ingrata señora no tuvo siquiera esta atención para quien le salvó la vida. Así obran muchos con el que bajó del cielo y se entregó a una muerte cruel para salvarles de sus pecados.

c) *Por lo que hace en el tiempo presente.* Necesitamos a Cristo cada día. La comunión con El nos da muchas oportunidades de constatar su cuidado. La vida de oración multiplica los motivos experimentados en cosas pequeñas, pero que por ser inmediatas nos afectan mucho.

d) *Por lo que ha prometido hacer y dar a los suyos.* Nadie se ha atrevido a prometer tanto, ni de nadie tendríamos tantas razones para creerlo como tenemos de Cristo (1.ª Jn. 3:1-3).

III. LA FE Y EL AMOR

a) Hay una estrecha relación entre la fe y el amor que es la clave del perdón. La fe nos introduce a Cristo; el amor, que es el resultado de la fe, nos une a El. Jesús no pregunta a Pedro: ¿Crees en mí?, ¿estás convertido?, ¿quieres ser de veras mi apóstol?, ¿me obedecerás siempre? La declaración de que le ama lo incluye todo.

b) El amor a Cristo es el *punto de reunión* de todos los cristianos. La Iglesia de Cristo ha sido dividida por el Enemigo en muchísimas cosas, pero aquí todos coincidimos; los ojos brillan, aun del cristiano más errado en ciertos puntos de doctrina, siempre que sea un verdadero cristiano y comprenda el plan de la redención de Dios.

c) *El amor a Cristo es la atmósfera del cielo.* «Al que nos amó», cantan allá los redimidos. Para tener el alma en armonía con la felicidad del cielo es necesario amarle en la tierra.

IV. SEÑALES DE QUE ESTAMOS EN ESTE AMOR

Algunos pueden decir: El cielo está lejos, a Jesús nunca le vemos. ¿Cómo puedo saber que le amo y que me ama? La respuesta es: ¿Cómo conocemos en el mundo si amamos a una persona?

a) *Nos complacemos en pensar en él.* No necesitamos que nos lo recuerden. No olvidamos su figura, su carácter, sus virtudes, aunque esté muy distante. Así el cristiano piensa en Cristo, el amor le da memoria. Los cristianos no nacidos de nuevo sólo le recuerdan viendo alguna figura o estampa (véase 1.ª Pd. 1:8).

b) *Nos agrada oír hablar de él.* Comentamos

sus hechos y sus palabras, nos gusta de que nos hablen otros de él o de ella; tan sólo que mencionen su nombre nos causa placer; así de Cristo nuestros corazones palpitan a su recuerdo.

c) *Nos place leer de él.* Cartas de personas amadas ausentes nos saben a gotas de miel; otras personas no les darían importancia, y si fuera larga no la acabarían de leer, pero el que ama sí. Las Escrituras nos hablan del que amamos. (Anécdota: la novia que halló interesantísima la misma novela que antes de comprometerse con el autor le había parecido terriblemente sosa y aburrida.)

d) *Nos complacemos en agradarle.* Consultamos sus gustos, hacemos lo que aprueba; nos negamos a nosotros mismos en lo que desaprueba (véase 2.ª Co. 5:8-9).

e) *Apreciamos a sus amigos.* Siempre pensamos favorablemente de los que gozan de su amistad. Un lazo común de simpatía nos une. En pocos momentos tenemos más intimidad con un verdadero cristiano que con conocidos mundanos de muchos años.

f) *Somos celosos de su honra.* Nos sentimos obligados a sostener su reputación. (El general cristiano que no pudo resistir la burla acerca de Cristo en la corte de Federico I y contestó con todo el respeto: «Señores, yo soy cristiano».)

g) *Nos complacemos en hablarle.* No hay dificultad en hallar asuntos de conversación entre novios que se quieren. Al cristiano le resulta dulce la oración y condena la pereza de su carne si no la practica.

h) *Nos place estar a su lado.* Todo lo dicho es evidente, pero siempre deseamos algo más: la compañía del ser amado. Así es con el cristiano. Job decía respecto a Dios, aunque no conocía nada de la encarnación del Verbo: «Mis ojos los verán y no otro». Es cierto, no habremos perdido la personalidad, como dicen los budistas y teósofos. Seré yo misma y me acordaré de cuando le amaba sin verle.

V. IMPORTANCIA DE AMAR O NO A CRISTO

¿Amáis a Cristo? Preguntadlo a vuestra conciencia. No es cuestión de si sabéis mucho o si sois muy santos. ¡Ojalá que lo fuéramos! Lo fundamental es si lo amamos.

a) *Si no amáis a Cristo corréis un gran peligro.* Judas no lo amaba, aunque lo aparentó. Un fin desastroso aguarda a quien no ama a Cristo.

b) Si no amáis a Cristo preguntaos por el motivo. Un predicador decía: Si la gente se preguntara ¿por qué no amo a Cristo?, terminaría amándole. Dios decía: ¿Qué te he hecho, Israel? (Mq. 6:3-4). Cristo tiene derecho a nuestro amor, tanto por ser Verbo Creador como Redentor y mucho más por esto último. Si no le amamos es que tenemos el corazón opuesto a su santidad y a su gloria moral. Humillémonos.

c) *Si le amamos, pero no bastante.* Busquemos intensificar nuestra amistad. Oír, leer hablar, intensifica el amor. Vivid más para Cristo y el amor se intensificará. No podemos amarle ni confesarle demasiado.

«De las cosas que más nos sorprenderá en el cielo —decía otro gran predicador— será que no hayamos amado más a Cristo en la tierra.»

41

LECCIONES DE LA ASCENSION ·

Hechos 1:1-14

Jesús no podía quedar sobre la tierra, vino a redimir a los hombres, pero era demasiado grande para que pudiera prolongar su *kenosis* (humillación de semejanza a un ser humano) para asumir la gloria de la Divinidad (véase Jn. 17:3-5). Para esto se apareció a los discípulos por cuarenta días después de su resurrección en once apariciones a diversos lugares y diferentes grupos de discípulos. La última tuvo lugar en Jerusalén en el aposento alto, donde ya había estado dos veces y en esta tercera les invitó a acompañarle en un paseo hasta el Monte de los Olivos, cercano a Betania. De esta manera dio a sus primeros discípulos algunas lecciones que a nosotros nos conviene también aprender y practicar.

I. UNA LECCION DE FE

Las apariciones del Maestro que antes tenían constantemente a su lado, pero ahora sólo en ocasiones esporádicas, les enseñó que El, aunque invisible, estaba vivo a cada mómento y conocía lo que ellos hacían y pensaban en su ausencia. Esto les capacitó para la nueva vida de comunión espiritual con el Maestro sin verle. ¡Cuánto nos falta a nosotros esta lección de fe después de dos mil años de ausencia!, pero tenemos como aliciente el ejemplo de millares de hermanos nuestros que han creído en condiciones mucho más difíciles que nosotros, arriesgando mucho más que lo que nosotros arriesgamos, incluso sus propias vidas.

II. UNA LECCION DE AMOR

Debían aprender a amarle mucho más de lo que le habían amado hasta entonces. Le habían visto crucificado, y aquella escena no podría borrarse nunca de sus mentes. Por esto cuando se les apareció en el Mar de Galilea Jesús insistió en la pregunta: ¿Me amas? Pedro había dicho que daría su vida por él, pero Jesús le anuncia el coste de esta profesión. ¿Estaría dispuesto a pagarlo?

¿Amamos nosotros lo suficiente a Cristo para preferir sus intereses a los nuestros propios? En lugar del atractivo ejercicio de pescar que le sedujo aquella mañana, Jesús les mandó volver a Jerusalén a esperarle en una prolongada reunión de oración.

III. UNA LECCION DE PACIENCIA

Les mandó volver al aposento alto y esperar. Pedro diría: ¿Por qué tenemos que esperar? Pero necesitaban ser revestidos del poder del Espíritu Santo. No era tiempo perdido el que pasaron aquellos días de oración, como no lo es para el leñador afilar el hacha o para el músico afinar el violín, o para el chófer poner gasolina al motor. Es un tiempo que se recobra con creces. Así es siempre la oración, pues nosotros necesitamos poder, y las almas necesitan convicción, obrada por el Espíritu Santo.

IV. UNA LECCION DE SERVICIO

Los discípulos como buenos judíos tenían una visión limitada de su deber. Su inclinación era quedarse en Jerusalén o todo lo más extender su testimonio en Israel, pero Jesús les habló, mientras iban al monte de la Ascensión de Samaria, el país más detestable para ellos, y finalmente de lo último de la tierra teniendo a El como jefe invisible. Algunas instalaciones industriales y comerciales tienen hoy día servicios internos de televisión que van a la oficina del jefe. Por sus apariciones esporádicas Jesús demostró a sus discípulos que El les veía y conocía sus pensamientos. Nosotros sabemos que Dios es Espíritu y que en El vivimos y nos movemos y somos». El presencia constantemente nuestras actividades.

V. UNA LECCION DE SUMISION Y CONFIANZA

¿Restituirás el Reino?, le preguntaron por el camino. Con esto demostraban que no estaban preparados y que necesitaban la espera de los diez días en Jerusalén y el revestimiento del Espíritu Santo, que cambiara sus ideas materialistas. ¡Habría sido tan grato para ellos que Jesús se quedara y asumiera el Reino siendo ellos sus ministros y gobernadores! Pero Jesús les presenta un plan totalmente diferente. En lugar de gobernadores debían ser testigos. El cristianismo no existiría si los apóstoles no hubiesen sido fieles testigos del plan de redención de Dios. Y esto es lo que vemos en los discursos de Pedro a través de todos los Hechos de los Apóstoles. Ellos tuvieron que aceptar el plan de Dios en lugar del suyo. ¿Cuánto nos cuesta a veces aceptar los planes de Dios en vez de los nuestros! Vendrá un día en que se cumplirá el propósito del Reino, no sólo en la tierra durante el Milenio, sino en el mismo Universo de Dios, del que los apóstoles no tenían ni la más ligera idea, pero el Espíritu reveló ya una chispa al apóstol Pablo y a Juan, según lo vemos en Efesios 1:10 y 2:10 y en Apocalipsis 1:6.

VI. UNA LECCION DE ESPERANZA

¡Cuán decepcionados deberían quedar los apóstoles cuando vieron al amado Maestro escapárseles de las manos (como decimos vulgarmente) ascendiendo a los cielos, dadas las ideas tan opuestas a los suyas que ellos tenían. Lo comprendieron mejor. Podemos figurarnos que las palabras de Cristo en Hechos 1:8 apenas las atendieron, mientras marchaban hacia la cumbre del monte, pero las entendían más cuando bajaban, y las digerieron del todo en los siguientes diez días de oración. Así quedaron preparados para Pentecostés. Lo comprendieron todo mejor tras el mensaje de esperanza que les dieron los ángeles (Hch. 1:10-12). Como éstos no señalaron fecha de su vuelta, parece que los apóstoles creyeron que el Señor volvería en sus días y trabajaban con gran denuedo procurando apresurar la vuelta del Señor. No fue sino hasta muchos años después que Pedro entendió que para Dios «un día es como mil años, y mil años como un día» (2.ª Pd. 3:8). ¡Cuántos más motivos no tenemos nosotros para trabajar con denuedo por El, encontrándonos como nos hallamos en la época final, ante las señales que tenemos de su próxima venida!

42

BERNABE EL CONSOLADOR

Hechos 4:33 y 9:27

I. BERNABE EL CARITATIVO

Su verdadero nombre era José, de la tribu de Leví, pero era tan bueno y caritativo, que los mismos apóstoles le pusieron el sobrenombre de Bernabé «el Consolador».

Era rico, pero sus riquezas no le impidieron seguir a Cristo y juntarse en comunión espiritual con creyentes de condición más humilde. Generalmente los ricos buscan la compañía de los de su clase, pero Bernabé no tuvo tal reparo y usó sus riquezas terrenales para convertirlas en tesoros en el cielo. Vendió una hacienda muy importante y puso la totalidad de su producto a disposición de los apóstoles, quienes lo distribuían entre las familias cristianas según cada cual había menester. Hubo un error de punto de vista apostólico, ya que seguramente se basaba en la próxima venida del Señor, sin parar mientes en que Jesús había dicho: «Id por todo el mundo» y ellos se quedaron en Jerusalén. La historia de los Hechos de los Apóstoles nos hace entender que Bernabé comprendió, más adelante, su equivocación, pero es preferible equivocarse excediéndose en hacer la voluntad de Dios, que no cerrar el corazón por temor a equivocarse.

II. BERNABE EL DISCIPULO CONFIADO

Esta virtud aparece en el primer punto, pero se hizo notable en el segundo. Cuando Pablo convertido, procedente de Damasco de donde había tenido que huir por haber testificado de su maravillosa conversión intentó juntarse con los creyentes que se reunían en grupos clandestinos en la ciudad de Jerusalén, todos le rehuían dudando de la sinceridad de su cambio, y sospechando más bien de él que que fuera un espía que simulaba conversión para hacer más cruel y sangrienta la persecución. Podemos imaginarnos la decepción que semejante actitud producía en Pablo. Había corrido riesgos en Damasco por testificar de Cristo, y ahora, en Jerusalén, no era reconocido como cristiano por sus hermanos a causa de su anterior conducta.

¿Quién se fiaría de él?

Hubo un noble corazón entre los cristianos que lo hizo. Bernabé, que merecía toda la confianza de los apóstoles, puso todo el peso de su influencia al lado del antiguo perseguidor, presentándolo decididamente a los apóstoles como un verdadero cristiano. En esto fue más sagaz que la generalidad de los creyentes. Era un hombre acostumbrado a tratar con personas instruidas y supo valorar las condiciones de Pablo. Un hombre como el antiguo rabino, educado a los pies de Gamaliel, una persona del temple espiritual que mostraba el apóstol Pablo no podía ser un vil hipócrita. Hubo sin duda muchas y sabias consideraciones que Bernabé se hizo antes de comprometerse poniéndose al lado de Pablo, y acertó en su juicio.

Es cierto que en el mundo, en el siglo que vivimos, hay mucha hipocresía; pero no debemos ser desconfiados hasta el punto que perjudiquemos a ningún nuevo creyente, desalentándole. Nuestra confianza puede acrecentar su fe, nuestro cuidado con una planta reciente la puede convertir en un roble. Y esto ocurrió en el caso de Bernabé y Pablo.

III. BERNABE EL MISIONERO QUE SUPO SER SEGUNDO

Después de un tiempo como miembro de la Iglesia de Antioquía, juntamente con Pablo, el Espíritu Santo inspiró a los ancianos de aquella iglesia a que enviasen a Bernabé y a Saulo como misioneros a países extranjeros. De los dos el más antiguo en la fe y más considerado por el consejo de aquella Iglesia, era Bernabé. Por ello lo hallamos citado primero, pero Bernabé no se consideró tal por sus antecedentes de riqueza y antigüedad, sino que supo ver en Pablo un servidor de Dios más instruido y más hábil, y se puso a su lado como segundo. Es difícil esta actitud entre hombres que ocupan una misma posición, y ello ha causado la mayor parte de las divisiones en las iglesias, lo mismo que en el campo político, pues los cristianos también somos hombres y tenemos una naturaleza carnal de la que se aprovecha siempre el Enemigo; pero Bernabé supo hacerse segundo siendo primero, por mucho tiempo, hasta que ocurrió la disidencia con Pablo a causa de su sobrino Marcos. ¿Quién tenía la razón, Bernabé o Pablo?, se han preguntado los comentadores del Nuevo Testamento. Creemos que la tenía Bernabé por su carácter bueno y confiado. El apóstol Pablo era más enérgico e irascible, pero ¿qué habría ocurrido si Bernabé no hubiese confiado en Marcos? Bernabé no quiso decepcionar al joven misionero y ante la negativa de Pablo, lo puso a su lado formando una nueva pareja.

No sabemos lo que ocurrió con Bernabé, si el Señor lo llamó temprano a su gloria, pero de Marcos sí que oímos dos veces, y siempre con elogio en las cartas de san Pablo.

IV. BERNABE EL PERDONADOR TRAE A PABLO AL TERRENO DEL PERDON

Si Bernabé se hubiese quedado en Antioquía juntamente con Marcos habría denotado egoísmo en su disidencia con Pablo; pero su actitud de iniciar una nueva obra, viniendo a ser el tutor de Marcos, justifica a Bernabé en cuanto a su separación de Pablo. El carácter comprensivo y perdonador de Bernabé salvó primero a Pablo, y después a Marcos, para el servicio del Señor.

Esta disidencia apostólica nos enseña que incluso los grandes cristianos pueden ser engañados por Satanás, pero las posteriores cartas de Pablo nos muestran que el gran apóstol se dio cuenta de su error y trató de enmendarlo como vemos en Colosenses 4:10 y 11. El gran apóstol temía que los cristianos de Colosas, convertidos por Epafras, a la sazón gran amigo y colaborador de Pablo, se sintieran tan partidarios del apóstol de los gentiles que se negaran a recibir a Marcos por haberse enterado de la disidencia que tuvieron por su causa Pablo y Bernabé. El espíritu del mundo inspirado por Satanás tiende a mantener y ensanchar el rencor como una mancha de aceite, pero el espíritu de Cristo es totalmente lo contrario. Cuando los apóstoles advirtieron al Señor acerca de un discípulo que predicaba y hacía milagros sin ser del grupo apostólico, el Señor les reprendió porque El es Señor de todos los que le invocan. Los políticos procuran ensanchar su partido hablando mal del partido contrario, pero los cristianos no podemos imitarles, sino que tenemos el deber de atajar el fuego, reducir la mancha, es decir, perdonar y olvidar y hacer que otros también olviden, porque nuestro interés primordial no consiste en ensanchar nuestro partido, nuestro grupo o denominación, sino en promover el Reino de Dios. Nuestra iglesia local o nuestra denominación son cosas pasajeras, en tanto que el Reino de Dios, al que también pertenecen los cristianos de enfrente, es un Reino eterno.

El mismo espíritu de amor y reconciliación lo muestra Pablo, tanto en 2.ª Timoteo 4:11 como en Colosenses 4:10. Ambos textos prueban que Pablo tenía una especie de remordimiento respecto al lamentable incidente, pero Dios usa a veces los mismos defectos de los cristianos para promoción de su obra. El mundo grecorromano era bastante grande para dar cabida a dos parejas de misioneros.

El mundo es demasiado grande y el Reino de Dios, que lo es todavía mucho más, siendo eterno, hacen irrazonable que existan cristianos enemistados en el breve tiempo de prueba que Dios nos tiene en esta etapa pasajera de nuestra existencia.

43

DORCAS

UNA MUJER LLENA DE FE Y BUENAS OBRAS

Hechos 9:36-42

En griego la palabra «Dorcas» significa «gacela», y se aplicaba en los tiempos apostólicos a las mujeres bien formadas y elegantes, como lo es este gracioso animal.

Posiblemente la virtuosa discípula de este nombre en el Libro de los Hechos tenía estas cualidades físicas, pero las que se destacan en su carácter son las que tienen más valor, ¿pues dónde está su figura, si pudiera hallarse en Israel el esqueleto que le perteneció? Pero su nombre ha quedado honrado en la Escritura Santa ante el mundo entero, por la declaración «llena de buenas obras y limosnas que hacía». Notemos, pues, sus cualidades para nuestro estudio y provechosa aplicación.

I. ERA TRABAJADORA

Notemos que el texto sagrado lo declara con dos expresiones notables:

a) Llena de buenas obras.

b) Y limosnas que hacía.

Aunque son dos virtudes gemelas, no significan lo mismo. Buenas obras implica una acción personal directa; la limosna, no. Limosnas las puede hacer una persona rica sin el menor esfuerzo ni interés personal. Sin embargo, ambas se complementan. No sabemos si Dorcas era rica o pobre, pero sí que trabajaba, no desperdiciaba su tiempo. Yo juzgaría que era de la clase media. Si hubiese sido muy pobre, le habría resultado difícil extender su fama de mujer caritativa; si hubiese sido muy rica, la expresión «limosnas» lo habría dicho todo.

Por lo general, en nuestras iglesias hay más personas de esta categoría que muy pobres o muy ricas. Por tanto, todas tenemos el deber de considerar si somos Dorcas en el sentido de imitadoras de esta santa mujer que nos es puesta como modelo.

II. ERA GENEROSA

Es doble el mérito de la generosidad en las personas que no cuentan con una gran fortuna. No sabemos si Dorcas tenía que coser primero para ella misma para ganar su sustento y en horas extras lo hacía en favor de los demás, o si todas las tenía libres para sus obras caritativas porque poseía alguna fuente de ingresos de otra parte.

Si hubiese sido solamente activa, sin ser generosa, no habría habido gran mérito por su parte, pero la concurrencia de ambas virtudes es lo que hace la mujer perfecta. En la descripción que tenemos de la mujer modelo, según las costumbres del tiempo de Salomón en el capítulo 31 de Proverbios, además de describir las actividades propias de una mujer hacendosa de aquellos tiempos, añade el autor: «Alargó su mano al pobre y extendió su mano al menesteroso». Dorcas hacía correr la aguja, no solamente porque era hacendosa, sino porque tenía amor a los necesitados, las viudas y los huérfanos. Su aguja corría para la gloria de Dios. Esto nos recuerda la declaración de Jesucristo en Mateo 25: 31-44, y ello me recuerda una hermosa poesía que vale la pena insertar, no solamente en el estudio de este tema, sino mayormente en nuestros corazones:

A MI LO HICISTEIS

Cristo no necesita que lo cures; Cristo nunca enfermó
Mas piensa, cuando cures a algún pobre, que estás curando a Dios.

Cristo no necesita de alimento; no tiene hambre el Señor
Mas piensa, cuando asistas al hambriento, que alimentas a Dios.

Cristo no necesita de vestidos, siendo autor del calor
Pero siempre que cubras al desnudo, di que vistes a Dios.

Cristo no necesita que los hospeden; es del mundo Señor;
Pero siempre que hospedes a tu hermano, di que hospedas a Dios.

Cristo no está en una cárcel; no hay para El prisión,
Mas siempre que visites a los presos, visitarás a
   Dios.

Ya en los ojos de Cristo no hay más llanto, aunque
   a veces lloró;
Mas siempre que consueles a los tristes, consolarás
   a Dios.

Jesús no lleva ya pesadas cargas, aunque muchas
   llevó;
Mas piensa, cuando ayudes al cansado, que ayudas
   al Señor.

Dorcas dando sus horas de trabajo, Bernabé su dinero, Pablo su talento. Livingstone, Pedro Waldo, Francisco de Asís y otros muchos, son ejemplos de personas que lo dieron todo al Señor; otros, en cambio, le honran de labios pero no dan nada, y si algo se les pide se molestan. Pero hermanas, entre estos dos términos estamos nosotras, que quizá no podemos darlo todo por razones de familia o de circunstancias; pero que en nuestro corazón arda el deseo de hacer algo para el Señor y su obra.

Jesús dijo: «Haceos tesoros en el cielo...» (Mt. 6:19-21). Si hemos recibido a Cristo como nuestro Salvador personal, entregándole nuestro corazón, sabemos que nuestros nombres están escritos en el cielo, tenemos la cuenta abierta allí; ¿pero qué es lo que ingresamos en ella? ¿Qué es lo que encontraremos allá?

Un joven había demorado entregarse al Señor hasta que, tuberculoso, lo hizo sólo un mes antes de fallecer; se manifestaba eufórico con el gozo de la salvación; pero cuando sólo le faltaban unas horas, sus amigos cristianos lo vieron entristecido.

—¿Es que no confías en las promesas del Señor? —le dijeron.

—¡Oh, sí! —exclamó el enfermo—. Estoy seguro de que me ha salvado el Señor; ¡pero es tan triste presentarse ante El con las manos vacías!

Un poeta cristiano que presenció la escena escribió el himno «¿Seré yo un manos vacías?» (*Shall I be an empty handed?*).

III. HABIA SIDO PUESTA A PRUEBA

No sabemos de qué enfermedad murió Dorcas, pero no es probable que muriera de repente, ni de accidente, en aquellos tiempos una mujer joven. Es más probable que fuera de enfermedad, y sin duda ella se preguntaría algunas veces: ¿Por qué el Señor me está permitiendo esta prueba? ¿Por qué no me permite continuar trabajando en favor de tales o cuales personas necesitadas, cuando El sabe que éste es mi mayor gozo?

Estas son las preguntas que muchas veces nos hacemos, en momentos de prueba. Si Jesús hubiese estado allá como en el caso de Lázaro habría oído como los discípulos oyeron las palabras de Juan 11: 4, o lo que dijo a Pedro en Juan 13:7. Por tanto:

IV. ERA APRECIADA

Es lo que nos expresa Hechos 9:39. Debemos procurar que nuestras vidas sean de tal índole que, cuando faltemos, los que nos rodean no tengan que dar un suspiro de alivio y decir: «¡Ya descansamos!», sino que por el contrario tengan muchos motivos para exclamar: «¡Cuánta falta nos hace!, ¿quién suplirá su lugar en la familia o en la iglesia?». Es seguro que si así pueden testificar los que nos rodean, encontraremos una cuenta bien alta en el Banco del Cielo. Jesús decía: «Por sus frutos les conoceréis». El apóstol Pablo declaraba, asimismo, que los que hemos pasado de muerte a vida, «somos creados en Cristo Jesús para buenas obras, las cuales Dios preparó para que anduviésemos en ellas» (Ef. 2:10).

Quizá nos sea difícil ver claramente qué clase de servicio podríamos hacer para el Señor, pero si Dios las prepara de antemano, nuestro deber es pedirle que nos enseñe lo que El ha preparado, para que lo hagamos. Lo que ocurre es que mil veces El prepara oportunidades de servirle y glorificarle que nosotros no aprovechamos.

V. FUE RESUCITADA

Este es el milagro más importante realizado por el apóstol Pedro. Imitó el ejemplo del Maestro haciendo salir de la sala a todos los que estaban sollozando. ¿Es que se necesitaba un ambiente de fe y comunión con Dios, o es que tenía que hablar con Dios y decirle cosas que los creyentes no debían escuchar? No lo sabemos. El caso es que dio a todos una tremenda alegría y sorpresa al salir de la sala acompañado de la difunta, viva.

No es necesario, hoy en día, que el Señor realice milagros de este tipo ya que ello disminuiría el mérito de la fe, por más que de momento la promoviera, pero no sería una fe genuina como la que Jesús desea que brote de los corazones de los que a El se entregan. «Bienaventurados los que no vieron y creyeron», dijo Jesús a Tomás (Jn. 20:29). Después de todo, puesto que no somos inmortales, ni podemos serlo, poseyendo un cuerpo físico pecador, y sujeto a corrupción, Dorcas tuvo que volver a morir sin que nadie la resucitara. Si hoy alguien tuviera poder sobrenatural para resucitar muertos, muy pronto se inventaría una teoría para decir que ha sido cualquier cosa menos un milagro de Dios. El Señor es el único que resucitó verdaderamente para vida eterna, porque era sin pecado, y su resurrección tratada de negar de mil maneras, y de todas ellas eficazmente refutada, es la prueba básica del cristianismo. El milagro que Dios ha continuado haciendo a través de los siglos ha sido resucitar espiritualmente a personas muertas en delitos y pecados, transformándolas, con el poder de su Espíritu, y esta es la principal resurrección para Dios (Ef. 2:5) porque es una resurrección para vida eterna.

Resumiendo lo dicho, podemos afirmar que Dorcas fue una cristiana trabajadora, generosa, probada, apreciada y bendecida por Dios como no lo ha sido jamás otra mujer.

Sigamos su ejemplo y seremos bendecidas y prosperadas, no sólo durante esta vida, sino cuando el Señor nos llame a su presencia; pues entonces es cuando nuestro testimonio y fidelidad podrán ser recordadas, no solamente arriba ante el tribunal de Cristo; sino también aquí abajo. Que puedan ser, como dice el apóstol de los santos del Antiguo Testamento (Hb. 11:4).

44

AQUILA Y PRISCILA

UN MATRIMONIO AL SERVICIO DE DIOS

Hechos 18:1-3 y 24-27
1.ª Corintios 16:19-26
Romanos 16:3-4

«Mejores son dos que uno», leemos en Eclesiastés 4:9-12. Este proverbio tiene su más plena y hermosa realización en dos corazones entregados a Jesucristo. Este es el caso de nuestros protagonistas. Ambos habían conocido y aceptado el Evangelio, no se sabe si en Roma o si en Corinto. Lo que sabemos es que en esta última ciudad hospedaron a Pablo que trabajó con ellos porque era del mismo oficio.

Pensando especialmente en Priscila como ejemplo para las mujeres casadas, podemos decir que era:

I. UNA ESPOSA UNIDA AL MARIDO EN EL TEMOR DEL SEÑOR

Ha sido notado por los expositores del Nuevo Testamento que los nombres de esta pareja siempre se hallan unidos como si formaran un solo personaje y ello es bastante significativo: algunos han puesto como ejemplo la unión de Cristo con el Padre. Los dos son uno; sin embargo, Jesús decía: «El Padre mayor es que yo». Cristo se somete a Dios, es igual a Dios, pero se somete al Padre. No es ninguna vergüenza o deshonor para la mujer estar bajo autoridad, si el Señor lo estuvo. Cada miembro de la pareja tiene una responsabilidad única y bendita, un propósito en la vida, sin el cual no puede vivir feliz, y se apoya en el otro para cumplirla. Este es el matrimonio ideal cristiano. No conocemos los pormenores de la vida familiar de Aquila y Priscila, pero el hecho de que encontremos siempre sus nombres unidos en el trabajo del Señor demuestra que ambos consideraban la obra de Dios como el ideal supremo de sus vidas. Sin duda que había diferencias de carácter entre los dos, pero los dos vivían para un supremo objeto y esto les unía como nada más en el mundo hubiera podido hacerlo. Siempre habrá diferencias incidentales entre vosotras, hermanas, y vuestros esposos, pero si los dos dais la primacía a la obra del Señor, esto será un motivo de unión de la mayor trascendencia.

II. ABNEGADOS ANTE EL PELIGRO

No sabemos a qué incidente se refiere el apóstol Pablo por lo que leemos en Romanos 16:3-4, pero debe ser algo grave cuando lo llama «expusieron su vida por la mía» y en la versión antigua «sus cuellos por mi vida». Muchos lo refieren al incidente del alboroto en Efeso (véase Hch. 19:30), ya que es muy verosímil que la casa donde Pablo estuvo escondido durante el alboroto fue la de Aquila y Priscila, pero algún incidente tendría lugar que hizo que éstos estuvieran en peligro de sus vidas, en aquella o en alguna otra ocasión.

III. VELANDO POR LA PUREZA DE LA FE

Apolos era un elocuente predicador que explicaba la doctrina del arrepentimiento pero no mencionaba a Jesús, pues no le conocía como Salvador sino simplemente se ceñía a la necesidad de una mejora personal de conducta; Aquila y Priscila sabían, sin embargo, que nadie puede mejorar su conducta de tal modo que se haga acreedor de la vida eterna, sino que ésta nos es dada como un don gratuito por parte de Dios a causa del sacrificio de Cristo. Esta fue la doctrina que proclamó el mismo Señor después de su resurrección en Lucas 24:44) y es la que Pablo enfatizaba basándose sobre todo en Isaías 53. Apolos predicaba todo lo que sabía, pero cuando oyó la doctrina completa del Evangelio de labios de este inteligente matrimonio, rectificó totalmente su teología. Después de veinte siglos hay muchos pastores que se limitan a la predicación de Apolos y es deber de los verdaderos cristianos darles a conocer su disentimiento. No importa que los tales ostenten títulos universitarios o de seminarios; el antiguo Evangelio es el Evangelio del amor de Dios a través de Jesucristo y su sacrificio en la cruz. Esto encontramos en todas las epístolas, no sólo las de Pablo sino también las de Pedro y Juan (véase 1.ª Pd. 1:18-20 y 1.ª Jn. 1:7), lo que es corroborado por los primeros documentos post-testamentarios de la Iglesia primitiva.

Ha sido notado por los expositores del Nuevo Testamento que aunque en otros lugares Pablo nombra a Aquila primero en el relato de cómo intervinieron en el caso de Apolos, es nombrada primero Priscila que Aquila, y esto ha dado a suponer que Priscila fue la primera en darse cuenta de que la doctrina de Apolos no era igual que la de Pablo y llamó la atención a su esposo, para que ambos corrigieran al elocuente predicador. Se necesitaba para ello bastante atrevimiento, pero para Priscila la pureza de la doctrina tenía más valor que la elocuencia.

IV. DANDO A LA OBRA LA PRIMERA ATENCION

El primer propósito de aquel matrimonio era su profesión pero una vez adoctrinados por Pablo, parece que el objeto primario de sus vidas ya no fue el hacer tiendas, sino el seguir al apóstol Pablo en sus viajes de Corinto a Efeso, en donde Pablo los dejó encargados de la obra y allí fueron el medio de que la iglesia fundada por Pablo se mantuviera en la pureza de la fe; pero más tarde los encontramos establecidos en Roma, celebrando reuniones en su propio domicilio. Es posible que este matrimonio de artesanos regresaran a Roma por haber fallecido Claudio, cuyo edicto les obligó a trasladarse a Corinto. Ello fue una providencia de Dios para que pudieran encontrar a Pablo, pero una vez contagiados del celo misionero que ardía en Pablo, cuando las circunstancias políticas les permitieron volver a Roma, fue para fundar allí una iglesia cristiana. Sin duda que el ejemplo y las enseñanzas del apóstol les llevaron a cambiar el objetivo de sus vidas. Sin duda que, como el apóstol de los gentiles, habían aprendido a decir: «Vivo no ya yo, mas Cristo vive en mí, y lo que ahora vivo en la carne [es decir, mi vida humana] la vivo en y por amor de Cristo» (Gál. 2:20).

Se ha dicho que el mundo se llenaría pronto de cristianos, si todos los matrimonios creyentes fuesen como Priscila y Aquila.

45

MARIA, LA MADRE
DE JUAN MARCOS

Hechos 12:12

Esta era la hermana carnal de Bernabé, una familia rica en Jerusalén. Era esposa del que cedió el aposento alto donde Jesús celebró la santa cena con sus discípulos y donde vino el Espíritu Santo.

I. UN HOGAR AL SERVICIO DEL SEÑOR

Aunque fue su esposo el que cedió la casa, ella fue quien llevó el peso del trabajo, no solamente para la celebración de la Pascua, sino también cuando después de crucificado el Señor, los discípulos se refugiaron en aquel hogar tan grande, y allí estaban todavía ocho días después, cuando el Señor se apareció por segunda vez a sus discípulos, incluyendo a Tomás.

¿Quién llevaba la responsabilidad de dar de comer a tantos huéspedes? Y aún fue más grave cuando nada menos que 120 vinieron de Galilea diciendo: «El Señor se nos apareció dos veces, en el monte y en el lago, y nos ha ordenado que volvamos a Jerusalén y esperemos acá la venida del Espíritu Santo».

Esto significaba una nueva afluencia de huéspedes que pedían alojamiento sin fijar fecha del tiempo que tendrían que pasar allá, ya que lo ignoraban, y esta vez fue de diez días.

Posiblemente tuvo en todas estas estancias la ayuda de otras discípulas del Señor, pero la responsabilidad personal y económica la llevó esta mujer, María, la madre de Juan Marcos.

II. AMA DE UN HOGAR PRIVILEGIADO

¡Pero qué bendiciones espirituales tuvo aquella abnegada mujer a cambio de su generosidad! ¿Quién de nosotras no arrostraría sus trabajos por el privilegio que ella tuvo de tener tantas veces en su casa al mismo Señor resucitado? ¿Quién no daría por bien empleados todos sus esfuerzos al ver el movimiento que se originó en aquella casa que dio como resultado el nacimiento del cristianismo?

III. DE UN CENTRO DE ORACION

Pero no todo son goces en la vida cristiana. Después de algunas intervenciones del Sanedrín judío que ocasionaron breves estancias de los apóstoles en la cárcel pública, tomó cartas en el asunto el mismo rey Herodes, que sin más ni más hizo decapitar a Jacobo, el hermano del apóstol Juan, y la misma vida de Pedro se vio amenazada, dando lugar a una insistente reunión de oración en la misma casa donde habían ocurrido los principales acontecimientos relacionados con el naciente cristianismo.

En aquel hogar no había descanso por la noche, ya que el grupo mayor de creyentes se hallaba reunido allí intercediendo por Pedro.

Otra vez el Señor obró, y María pudo ver confirmada su fe.

IV. DE UN CENTRO MISIONERO EN DOS ETAPAS

Pero vino la prueba mayor para una madre, cuando Bernabé visitó a su heramana para despedirse, ya que iba a emprender un largo viaje que debía llevar a cabo con Saulo de Tarso, y el hijo de la casa Juan Marcos se entusiasmó en acompañar a los dos misioneros. Un viaje de tal naturaleza en países desconocidos era una aventura muy peligrosa. Todo fue bien mientras los misioneros estuvieron en la isla de Chipre, donde se supone que Bernabé tenía parientes, pero cuando cruzaron el Mar Tirreno y llegaron al primer puerto del Asia Menor, Juan Marcos, acostumbrado a un trato mimado en el hogar, embarcó en un buque que volvía a Antioquía desde Siria, de donde habían partido, y regresó a Jerusalén.

Podemos suponer el gozo de la madre, pero también su pena al ver que su hijo no había sido suficientemente valiente para acompañar a su tío y a Pablo. Siempre tenemos los cristianos esta lucha entre la carne y el espíritu, no sólo en lo que se refiere a tentaciones morales, sino también en las decisiones a tomar en la vida.

Por eso es que cuando Bernabé volvió al hogar de María en Jerusalén diciendo que se proponía emprender otro viaje misionero bajo su responsabilidad, habiéndose separado del apóstol Pablo, tanto Marcos como su madre María vieron una nueva puerta abierta para cumplir sus deseos de ser útiles a la obra del Señor. Y esta vez podemos tener la impresión de que fue con mayor satisfacción por ser su propio tío, la cabeza de aquella empresa y no el intrépido y dinámico Saulo.

V. MADRE DE UN MISIONERO

No sabemos mucho del éxito que pudiera tener el testimonio de Bernabé y Marcos, pero sin duda que fue algo bueno y aleccionador cuando el joven prosiguió adelante y Pablo lo considera un misionero útil y lo recomienda a los colosenses.

Se supone que Marcos se dedicó por un tiempo a servir al apóstol Pablo durante los cuatro años que estuvo preso en Cesarea. Hermoso ejemplo de perdón y olvido que tenemos los cristianos en los procederes y conflictos de los cristianos primitivos. Quizá Marcos no tuvo mucho éxito en su trabajo misionero con Bernabé, pero lo tuvo en su servicio de amor al apóstol Pablo. Es debido a este servicio que volvemos a oír de él en el Nuevo Testamento. Es muy bueno que tengamos celo misionero, pero si el Señor nos lleva al ministerio de servir en menesteres humanos y prosaicos, no nos sintamos defraudados, con tal que mantengamos en nosotros el deseo de servir al Señor y ser testigos suyos donde quiera que El nos lleve.

Este fue el ministerio de María, el de servir y ayudar a los demás, y parece que Marcos lo heredó de su madre. Parece que no solamente servía en trabajos seculares, sino que el apóstol dice en 2.ª

Timoteo 4:11: «Toma a Marcos y tráelo contigo porque me es útil para el ministerio». ¿Es que Marcos entrenado ya por su tío Bernabé efectuaba visitas evangelísticas, llevando mensajes de Pablo a personas de Cesarea? Es bien posible. El había aprendido de su madre a servir y nosotros debemos ser ejemplo de servicio de todas clases a nuestros hijos.

46

LIDIA DE TIATIRA

Hechos 16:11-14 y v. 40

Pablo recibe por medio de una visión del Señor el encargo de ir a Macedonia, pero probablemente para ir visitando toda la costa de Macedonia, empezó por la frontera con Tracia empezando por la importante ciudad de Filipos. Era un gran centro comercial donde había una colonia de judíos.

Aún no tenían sinagoga, pero había prosélitos judíos y a la hora de la reunión de mujeres, algunas acudían a un lugar quieto y solitario cerca del río, donde éstas se juntaban para orar.

Una de ellas, Lidia, comerciante en telas de Tiatira, era la más acomodada y educada, y se destaca por las cualidades que se desprenden de este relato que vamos a considerar.

I. ERA VERDADERA ADORADORA DE DIOS

Sus deberes profesionales no le privaban de dedicar un tiempo para las cosas del Señor. Muchas nos excusamos con la falta de tiempo para no leer, meditar u orar, o bien para no asistir a los cultos. Ella no faltaba cada sábado a la cita con sus amigas. ¿Tenemos nosotras deseos de juntarnos con los que adoran al mismo Dios?

No se mostró distraída cuando Pablo les habló. Pues contaba cosas acerca del Dios que ella amaba. ¿Cómo escuchamos nosotras el mensaje del Señor? ¿Venimos a la casa de Dios con la mente llena de preocupaciones y cuando salimos no sabemos lo que se nos ha dicho?

II. ESTUVO ATENTA

Podía haber despreciado a Pablo, un forastero que venía a interrumpirlas, y decir, como las gentes de Atenas: ¿Qué viene a enseñarnos este palabrero? Tenemos ya nuestra religión judía, muy superior a la pagana; o, como decían los judíos de Jerusalén a Cristo mismo: «A Moisés le habló Dios, pero éste no sabemos de dónde es» (Jn. 9:29). Sin embargo, ella escuchó atentamente y «Dios abrió su corazón». Recordemos lo que dice el Señor en Isaías 66:2: «A éste miraré que es pobre y humilde de espíritu y que tiembla al oír mi Palabra». Lidia oyó cosas muy extraordinarias acerca del Dios a quien ella ya amaba, cosas que parecían inverosímiles como la de que Jesús de Nazaret fuera el Hijo de Dios con poder y que resucitara de entre los muertos, pero Dios abrió su mente y corazón para que las

247

comprendiera y las creyera. Observamos aquí las dos partes cooperando:

a) Ella estuvo atenta.
b) Dios abrió su corazón.

III. FUE OBEDIENTE

Y cuando fue bautizada. No era indispensable el bautismo para ser salva, y Pablo no le daba excesiva importancia cuando dice: «No me envió Cristo a bautizar» (1.ª Co. 1:17), pero observamos que nunca olvidaba explicar este mandato del Señor, tanto aquí como en casa del carcelero o en otros lugares, y Lidia no se demoró en obedecer este mandato.

IV. FUE GENEROSA

Sintió pronto el deseo de hacer algo por aquellos que le habían traído el precioso conocimiento del Evangelio. Podía haber invitado a Pablo y Silas a una comida y considerar que ellos debían sentirse honrados, ya que se trataba de una casa de buena posición, incluso con criados, pero no se contentó con ello, sino que les invitó a ser sus huéspedes; ella considera a Pablo y a Silas mucho más elevados que ella espiritualmente, y era tan generosa en bienes materiales como avara de bienes espirituales. Sin duda creyó que podría aprender muchas cosas haciéndoles preguntas.

V. ERA ACTIVA EN LA OBRA

El apóstol Pablo, escribiendo a los filipenses años después, da saludos para varias mujeres 4:5), a dos de ellas tiene que reprender porque estaban reñidas, pero menciona a todas las mujeres en grupo entre las cuales estaría Lidia, aunque no la nombra, y dice que han luchado a su lado por la causa del Evangelio. ¿Es un peligro el orgullo que trae disidencia entre cristianos, pero Lidia no es nombrada como rencillosa, lo que da a entender que ella fue de las que lucharon sin poner tropiezo a la obra del Señor, como lo hacían aquellas otras dos, Euodias y Sintyché. Es de suponer que como primera convertida fue una líder en la Iglesia de Filipos. Su respetabilidad le daría crédito. Quizá como Priscila en Efeso, fue instructora del carcelero y de otros que se juntaron al grupo, sin olvidar los trabajos del negocio que era su sustento.

Tenemos otra referencia para suponer que Lidia fue una fiel obrera del Señor. Ella era de Tiatira, de donde traía sus telas, y aunque no encontramos que Tiatira fuera evangelizada por Pablo, descubrimos en el libro del Apocalipsis que allí se formó una iglesia tan importante que mereció un mensaje especial de Jesucristo según Apocalipsis 2:18, lo que da lugar a pensar que en sus viajes comerciales Lidia llevó también a su ciudad el conocimiento del Evangelio. ¿Cómo utilizamos nosotros nuestras relaciones comerciales, vecinales o de cualquier tipo para la obra del Señor? ¿Podemos ser considerados como luchadoras por el Evangelio como parece que Pablo consideraba a Lidia y a sus compañeras?

El Señor nos ayude a ser todas como Lidia: adoradoras de Dios, atentas a su Palabra, humildes, obedientes a sus mandamientos, generosas y serviciales en favor de los siervos de Dios, y el Señor premiará nuestros trabajos, como lo hizo sin duda con esta mujer que ha sido un ejemplo de mujer cristiana.

47

BENEFICA PROVIDENCIA

Romanos 8:24-39
Texto clave: v. 28

Este texto es uno de los más maravillosos de la Biblia y seguramente uno de los más inspirados. Por ser tan paradógico como es, no podía proceder de la mente humanamente lógica que tenía el apóstol san Pablo. Habría detenido su mano si no hubiera sido tan fuertemente inspirado que no pudo sino escribir lo que el Espíritu de Dios le estaba dictando (compárese con Ef. 2:6); otro texto que jamás Pablo habría escrito de no haber sido impulsado por una fuerza superior, pues su yo racional le diría que era una cosa imposible, pero el hecho de que se encuentren tales textos en la Biblia son la más clara demostración de su inspiración divina, pues ningún escritor quisiera ser apostrofado por sls lectores, sino admirado por éstos. Este texto no puede ser aceptado sino a la luz de una eternidad, de la que Pablo tenía mejor conocimiento que nosotros.

I. ANTECEDENTES

¿Quién escribió estas palabras tan optimistas pero tan atrevidas? Un hombre a quien le ocurrían muchas cosas buenas en las cuales veía la mano de Dios, por ejemplo los milagros que encontramos en su historia, (véase Hch. 14:3, 16:26, 17:34, 18:9, 23:16, 27:23-24 y 28:6-9). Pero también muchas cosas malas o desagradables, como vemos en 14:19-24, 19:28, 21:30, 24:27, 27:20, 28:3, 30, así como en 2.ª Co. 11:25-28 y 12:7.

Sin duda Pablo habría pedido muchas veces a Dios que tocara el corazón de los gobernadores romanos Festo y Félix, pero nada; no había respuesta. Tuvo que quedar cuatro años preso, dos en Cesarea y dos en Roma.

¡Ah, pero cuánto bien hizo desde aquellas cárceles!, no solamente a los cristianos de su época, y conste que escribió más que las que han quedado en el Nuevo Testamento (véase Colosenses 4:16), sino al pueblo de Dios de todos los siglos. Y en sus propios tiempo pudo ver fruto en el mismo Pretorio (Fil. 1:13) e incluso personas del palacio real llegaron a conocer el Evangelio por medio del testimonio que Pablo dio en aquellos dos años que estuvo preso en Roma (Fil. 4:22) y según la historia, una parienta del emperador y su esposo, que tenía que heredar el Imperio, vinieron a aceptar el Evangelio.

Por eso es que en la carta a los filipenses, tratando de tranquilizar a sus amados hijos espirituales de Filipos que estaban afligidos por la prisión que estaba sufriendo su amado maestro en el Señor, el apóstol Pablo afirma lo que expresa en 1:20.

II. LA PARADOJA

Observad que dice «todas las cosas». No dice «sabemos que algunas cosas» o «la mayor parte de las cosas», o «muchas cosas agradables», sino que dice *todas*, desde las más insignificantes hasta las más importantes.

Fijaos, también, en el presente de este verbo, no solamente que nos ayudarán sino que nos «ayudan a bien», lo están efectuando en este mismo momento, las cosas insignificantes o mayores que nos resultan penosas. Spurgeon dice: «Cuando alguna voz pesimista pueda estar diciendo como en otro tiempo el salmista, Tus juicios, Señor, son un gran misterio, los ángeles que desde el cielo están observando el desenvolvimiento de su plan majestuoso, están exclamando con sus alas plegadas: «El Señor es justo en todos sus caminos y misericordioso en todas sus obras». Por consiguiente, *todas las cosas* ayudan a bien. Es una mezcla perfecta de muchas cosas, buenas y malas a nuestro modo de ver, pero que son «todas buenas, desde el punto de vista de Dios».

Para construir una máquina es necesario juntar y relacionar muy diversas piezas.

A un hermano muy afligido por pruebas y contrariedades, un servidor del Señor le mostró un tapiz colgado al revés, y después de darle la vuelta le dijo: «Hermano, no quiera ver el final del bordado de su vida antes de tiempo, deje al gran bordador que use los hilos que crea convenientes, de la forma que considere más oportuna, para que salga un modelo perfecto».

252

III. LA GARANTIA

«El que a su propio hijo no perdonó antes le entregó por todos nosotros, ¿cómo no nos dará con El todas las cosas?» (v. 32).

Jesús se hizo hombre, y hubo un momento en que también él se encontró en dura prueba por amor de nosotros. Recordad la escena del Getsemaní: «Padre, si es posible...». Podemos imaginarnos a Jesús divino, pero humano, en diálogo con el Padre celestial, oyendo al Padre decir:

—No es posible...

—Padre, Tú eres todopoderoso. ¿No podrías perdonar los pecadores de otra forma?

—No... ¿Cómo sabrían los hombres lo que les amamos? ¿Cómo sabrían los ángeles lo terrible que es el pecado? ¿Cómo sería glorificado tu nombre como Hijo Unigénito del Padre lleno de amor y el mío como autor del bien y del mal, pero como vencedor del mal con el bien?

Imaginémonos esta escena, cuando bajó un ángel que le confortaba, quizá diciéndole: «Es necesario que se lleve a efecto aquel pacto eterno, que se cumpla la justicia contra el pecado, y que se haga patente el amor de Dios en el Universo, mediante una manifestación superior de la gracia. Algo más costoso que la misma creación.

Si no hubiese sido por los sufrimientos de Cristo no habríamos comprendido la inmensa grandeza del amor divino, ni habría habido motivo para una gratitud como la que expresan Pablo y Juan. Las cosas buenas ya las tenía Satanás y se rebeló contra Dios; ya las tenían también Adán y Eva en el Edén, y pecaron; había que hacer algo más grande que todo para crear una fe a toda prueba, algo que sólo podía venir de la mente del **Omnipotente** y **Omnis-ciente**, como decía aquel poeta:

> *Que se hiciese Dios hombre*
> *Ved medio tan acertado,*
> *¿Quién pedírselo pudiera*
> *Si Dios no lo hubiera dado?*

La humanidad de Jesús había sido preparada para este sublime objeto de la redención hacía treinta y tres años en el seno de la virgen María. Quizás el ángel le diría: «Son unas horas de sufrimiento y con esto millones de seres humanos redimidos llevarán nuestra gloria a todos los ámbitos del Universo por toda la eternidad».

Y Jesús respondería: «Sí, Padre, glorifica tu nombre, estoy dispuesto; ya no digo ¡Sálvame de esta hora! (Jn. 12:27). Esto lo decía mi cuerpo de carne y mi alma humana, y esto es muy natural como hombre, pero como Verbo eterno de Dios, mi deseo es glorificar tu nombre».

Y así es como se cumplió en nuestro prototipo y ejemplo la realidad de estas palabras: «A los que a Dios aman todas las cosas les ayudan a bien».

IV. LA PARADOJA DE LA CRUZ

Ayudó a bien a Cristo, que ahora y por los siglos está y estará viendo del fruto de sus padecimientos en la cruz y será satisfecho (Isaías 53:11). ¡Y El es nuestro ejemplo!

Confió en Dios Padre y por eso es que podía desafiar a los fariseos que se burlaban de él y le decían: «Si confía en Dios, que lo libre ahora y que baje de la cruz!».

254

Precisamente porque confiaba en Dios es que no necesitaba ser librado en aquellos momentos de prueba y dolor, pues sabía que Dios cumpliría su promesa de resucitarle de los muertos.

Y este ejemplo se ha multiplicado en el mundo. Ya hemos citado a Pablo y podríamos añadir muchos más precedentes de la Sagrada Escritura o de la experiencia de los cristianos en la historia. ¿Por qué?

Porque Dios tiene un plan bueno, sabio y amoroso para cada uno de los suyos (véase Jer. 29:11).

Cuando el cumplimiento del propósito bueno de Dios no lo podemos ver en esta vida, podemos estar seguros de que se cumplirá en el más allá, como dice el apóstol Pablo en 2.ª Corintios 4:17-18.

Por esto lo principal en esta breve vida es estar seguros bajo el amor de Dios y Pablo lo estaba cuando exclamaba, a continuación, lo que leemos en los versículos 35 a 39.

Y en Apocalipsis 14:13 leemos: «Sus obras con ellos siguen...».

V. UN PRESENTE Y UN FUTURO

A los que a Dios aman, todo ayuda a bien.
Esto es mi consuelo, esto es mi sostén.

Quiera el Señor que lo digamos de todo corazón, en las horas tristes y difíciles de la vida, exclamando como el Salvador:

«Sea hecha tu voluntad y no la mía. Padre, glorifica tu nombre.»

Y oiremos *ahora* en nuestro corazón, y *algún día* ante las realidades eternas: «Lo he glorificado y lo glorificaré aún».

48

EL IDEAL DEL AMOR CRISTIANO

Romanos 12:9-21

La vida cristiana es una vida de amor: ha sido engendrada en el amor de Dios mostrado en el Calvario y se desarrolla en la práctica del amor.

Los once primeros capítulos de Romanos tratan de la fe justificante, los cuatro últimos de la vida práctica cristiana. El capítulo 12 es una de las más bellas porciones del Nuevo Testamento. Ha sido llamada el «Sermón de la Montaña del Espíritu Santo», pues es el Espíritu del Señor, quien desarrolla, por mediación de la pluma de Pablo, y quien nos capacita para llevar a la práctica lo que el Señor declaró en Mateo 5:38-48. En este pasaje encontramos doce características del amor verdadero.

I. ES SINCERO

«Sin fingimiento», dice el apóstol. Cortesía y urbanidad son buenas cosas, pero son sólo una imitación burda del amor, la cortesía es fría y tiene un estrecho límite; el corazón lo distingue pronto. Un ejemplo de amor sincero, al alcance de todos, es el amor de los padres.

II. ES SANTO

El amor sincero no tolera el mal porque el amor a Dios, que es la base del amor fraterno, lo impide. El amor a un hijo o un prójimo nunca puede ser ejercido a expensas del amor a Dios y a sus cosas (ejemplo de mis padres que me obligaron a ir a la escuela dominicial y al culto y ahora se lo agradezco). No habría sido amor a mí si me hubiesen consentido obrar a mi capricho.

III. ES GENEROSO

Prefiere el ensalzamiento del prójimo al de uno mismo (ejemplo de Rut y Orpha). Lo practicamos por urbanidad cuando damos preferencia a otros al pasar una puerta, pero no se limita a mera urbanidad sino a cosas más prácticas, aunque puedan costarnos.

IV. ES ACTIVO

«En lo que requiere diligencia no perezosos», dice el apóstol, y se basa en el amor del Señor (anécdota de la señorita a quien llamaron caritativa por estar sirviendo en un hospital de leprosos, y respondió: «Mi espíritu de caridad no sería suficiente para resignarme a hacer este trabajo; lo hago, sí, por amor a los leprosos, pero el móvil principal es mi amor al Señor»).

V. ES OPTIMISTA

«Gozaos en la esperanza» significa con la vista puesta y el corazón alegre pensando en la recompensa que el Señor ha prometido a los cristianos fieles.

VI. ES PACIENTE

«Sufridos en la tribulación», dice aquí el apóstol; pero en 1.ª Corintios 13 lo amplía más al decir: «Todo lo sufre, todo lo espera, todo lo soporta...». Algunos dicen que el amor es tan delicado como el cristal, pero se refieren al amor idílico de los novios, pero el amor verdadero es más resistente. ¿No es así como el que profesamos a nuestros hijos? ¿No ha de ser así también con nuestros hermanos en Cristo?

VII. PRODUCE ESPIRITU DE ORACION

Y se engendra en oración (consejo del director de una misión de fe a su colaborador poco experimentado en levantar fondos: «No solicites dinero, pide a la gente que oren por nuestra obra»).

VIII. ES CARITATIVO

El apóstol Pablo dirigió algunas campañas en favor de los pobres de Jerusalén. El amor halla gozo en hacer el bien.

IX. ES HOSPITALARIO

El ejemplo de Lidia se practicaba mucho en los primeros siglos. Ahora ya no es tan necesario porque hay muchos hoteles, pero hay grandes ventajas que compensan las molestias al ejercer la hospitalidad a fieles servidores de Dios. Se puede practicar mejor la comunión fraternal y aprovechar las experiencias del hermano, en conversaciones.

X. ES AFECTUOSO

«Gozaos con los que se gozan, llorad con los que lloran.» El afecto, o amor fraternal se pone en el lugar de la persona amada, no por simple cortesía, pues ya ha dicho en el versículo 9 que «sea sin fingimiento». El amor llora o ríe según las circunstancias del amado, pero lo hace de todo corazón.

XI. ES CONDESCENDIENTE

La unanimidad de sentimientos se obtiene tan sólo condescendiendo a la opinión de los demás, y esto es lo que expresa el v. 16. «Condescendiendo con los humildes» es la traducción literal de este texto en la Versión 1977 y se basa en lo que expresa el final del versículo: «No seáis sabios en vuestra propia opinión». Los que pretenden mantenerla a toda costa tendrán choques con el prójimo, lo que es contrario al amor.

XII. ES PERDONADOR

Tenemos millares de historias de los buenos resultados de practicar el perdón a los enemigos (véase «Enciclopedia de Anécdotas, págs. 326-346).

EPILOGO

¿Somos capaces de practicar estas doce características del amor?

49

MARIA DE ROMA

Romanos 16:6

Esta es la María del Nuevo Testamento de quien tenemos menos referencias, pero basta un solo versículo para revelarnos lo que había sido esta mujer que tenía como nombre el de excelente y eficaz (véase Las siete Marías de la Biblia, pág. 110).

I. ANTECEDENTES DEDUCIDOS

Se supone que era una cristiana de Corinto que había precedido al apóstol en su viaje a Roma. Parece que un grupo de cristianos de Corinto se había adelantado a Pablo, en su deseo de llevar el Evangelio a la capital del Imperio. Entre éstos se hallaban Priscila y Aquila, que habían trabajado con Pablo en Corinto; había también un cristiano muy antiguo llamado Apeneto que había sido el primer converti-

261

do de Pablo en Acaya, también se hallaban como misioneros voluntarios en Roma Andrónico y Junia, familiares del apóstol Pablo que habían sufrido prisión con él en Cesarea, según parece, y que habían sido convertidos mientras el apóstol de los gentiles aún se dedicaba a perseguir cristianos. Hay una larga lista de cristianos conocidos por Pablo que habían formado una iglesia misionera en Roma, todos los cuales se reunían probablemente en el hogar de Priscila y Aquila. Entre este grupo se destaca el nombre de esta María con la declaración de que «había trabajado mucho por el Señor», entre ellos y por ellos. Quizá primeramente en Corinto y en segundo lugar en Roma.

II. EL ELOGIO DE PABLO

¿Fueron Aquila y Priscila los que tan pronto vieron abierto el camino de su regreso por haber sobrevenido un cambio político en Roma que lo autorizaba, y dijeron: «Vayamos a establecernos en Roma todos los que quieran venir, y formaremos allí un grupo cristiano»?

III. EL PROCEDIMIENTO MISIONERO IDEAL

Y los más antiguos creyentes de Corinto, entre los cuales se hallaban algunos judíos de Jerusalén, más ancianos en la fe que el propio apóstol Pablo, se decidieron a ir. ¿Trabajaban todos con Priscila y Aquila fabricando tiendas, o tenía cada uno su propia ocupación? No lo sabemos, pero lo que sí podemos afirmar es que todos ellos eran misioneros voluntarios. Muchas iglesias conocemos formadas de esta manera, por cristianos desplazados de otras iglesias por motivos de trabajo, que han empezado a testificar de Cristo en el lugar de su nueva residencia. Jesús dijo: «Id por todo el mundo...», no sólo como misioneros sostenidos por una iglesia pudiente, como Pablo que fue enviado por la de Antioquía, sino como obreros voluntarios del Señor.

María era una de estas misioneras voluntarias, y la frase «que ha trabajado mucho por vosotros» nos la describe como una infatigable misionera que iba de una a otra casa de los creyentes allí establecidos procurando ratificar los testimonios de otros hermanos que habían iniciado la labor cristiana entre sus compatriotas judíos y es posible también entre gentiles.

No se sabe si esta mujer era viuda, casada o soltera; se supone más bien que se quedó soltera para servir mejor al Señor, y todos la reconocían como una maestra eficaz. Pablo halló un hogar espiritual en Roma cuando fue llevado allí preso, gracias al trabajo mancomunado de estos creyentes que le precedieron, y entre ellos ocupa un lugar prominente María la misionera a Roma. Su trabajo en el Señor no fue en vano y en la sola frase de Pablo «ha trabajado mucho entre vosotros», descubrimos toda una vida gastada en un servicio de amor en favor de otras almas.

EPILOGO AL ESTUDIO DE LAS SIETE MARIAS DE LA BIBLIA

No eran perfectas, como hemos visto en la primera, la hermana de Moisés, pero en todas ellas hay virtudes dignas de imitar: fidelidad, valentía, sacrificio, generosidad, sumisión, fe, humildad y servicio activo. Que estas pequeñas biografías que han quedado escritas en la Palabra de Dios acerca de mujeres que llevaban un nombre honorable, sean también un ejemplo para nosotras sea el que fuera el nombre que llevemos, a fin de que cada día seamos más semejantes a la «mujer virtuosa, completa y eficaz».

Esto sólo lo conseguiremos acercándonos más y más a Jesucristo, dándole el primer lugar en nuestras vidas, y El nos ayudará para transformarnos a su semejanza, quitando de nosotras los defectos y haciéndonos a cada una una *mujer María*.

El rey poeta Lemuel, en el capítulo 31 de los Proverbios, pregunta: «Mujer María, ¿quién la hallará?». Que cada una de nosotras pueda ser una verdadera María para nuestras familias, y sobre todo para la obra del Señor.

264

50

LA PAZ DE DIOS

Filipenses 4:7-9

El pasaje de Filipenses 4 es una joya espiritual que ha brillado por siglos prestando a los predicadores una oportunidad de exhortaciones preciosas a los cristianos.

Su origen y motivo fue una reyerta entre dos hermanas de la iglesia de Filipos, que tan buenos principios tuvo con la conversión de Lidia, pero en una iglesia entran caracteres de todas clases, y estas hermanas con su reyerta dieron lugar a que el Espíritu Santo inspirara a Pablo a escribir los mejores pensamientos para la vida cristiana. Examinémoslos:

I. EL PRIVILEGIO DEL GOZO CRISTIANO

Este depende de nuestra confianza en el Señor. En Mateo 6:31 leemos: «No os acongojéis por el día de mañana. Esto es la gran tentación de los cristianos en los tiempos difíciles que vivimos. Y el secreto para no acongojarse es la oración, como lo expresa el apóstol en el v. 6.

¿Es posible regocijarse en este tiempo?, me decían las hermanas a quienes estaba explicando este pasaje bíblico durante la guerra civil en España (cuando escaseaba todo, los maridos y los hijos en los frentes de combate y no sabíamos si al día siguiente los mismos frentes pasarían por nuestra ciudad de Terrassa y además estando expuestos a bombardeos que caían con frecuencia sobre la vecina ciudad de Barcelona). Sí, les decía yo, gracias al poder y la eficacia de la oración como expresa nuestro texto.

II. UNA PAZ SOBRENATURAL

Observemos que el apóstol dice: «La paz de Dios guardará vuestros corazones». Ello significa que la paz no reinaba en aquellos creyentes ni en aquella iglesia y posiblemente en las circunstancias de sus vidas. La expresión guardará» significaba como un muro alrededor de sus corazones. Muchas veces consideramos que la paz de Dios significa un tiempo próspero de calma y bienestar, pero no es así siempre, sino que puede ser un privilegio en el seno de la misma prueba.

Se cuenta la historia de dos pintores que tenían que pintar el mejor cuadro que representara la paz de Dios. El primero escogió un lugar solitario con un lago quieto y apacible como telón de de fondo...

El otro, sin embargo, dibujó en su lienzo una cascada atronadora con un árbol frágil que pendía de una roca y se inclinaba sobre la espuma del agua, y en sus ramas casi mojadas por la espuma de la

266

catarata se posaba un petirrojo acogidito en su nido: ¿Cuál de los dos expresaba mejor lo que es la paz de Dios?

El jurado llegó a la conclusión de que el último expresaba mejor lo que es la paz de Dios en el creyente en Jesucristo. La paz de Dios no debemos esperarla en un mundo mejor, como piensan los idealistas que están luchando para hacer triunfar sus ilusiones políticas. Nosotros sabemos que un día el mundo gozará de la paz de Dios en el Milenio, pero la paz de Dios puede ser aún hoy nuestro muro de salvaguardia para nuestra alma, si nuestra fe es firme.

La vida de Jesús fue de las más inquietas que jamás se han vivido, llena de oposición y peligros hasta que su cuerpo mal herido fue depositado en la tumba de José de Arimatea. Sin embargo, su vida interior era como un mar de cristal: siempre había en su hablar y en su carácter aquella calma, aquella paz interior que el apóstol comenta que «sobrepuja a todo entendimiento», y la ofrecía a sus seguidores diciéndoles: «hallaréis descanso para vuestras almas» si aprendéis de Mí.

Y cuando los que le perseguían ya estaban cerca de su objetivo en la última noche antes de salir para Getsemaní dijo a sus discípulos: «Mi paz os dejo, mi paz os doy, no como el mundo la da yo os la doy». En esta última expresión descubrimos la costumbre judía que ya se practicaba en los días de Cristo de saludarse las personas con la palabra «Shalom», que todavía practica el pueblo más guerrero de la tierra, como lo estamos viendo en estos días con la guerra con Libia. El saludo de la cortesía judía, paz de labios, era en los días de Cristo y aún es hoy la paz del mundo.

III. EL ORIGEN Y RAZON DE ESTA PAZ

Esta paz depende en primer lugar de nuestros pensamientos. ¿En qué está ocupada nuestra mente en las horas de descanso de la noche? El apóstol lo detalla con gran exactitud: «Todo lo que es verdadero, todo lo respetable, todo lo justo, todo lo puro, todo lo amable, todo lo que es de buena reputación; si hay virtud alguna, si algo hay digno de alabanza, en esto pensad».

a) *El dominio de nuestros pensamientos.* ¡Qué consejo más hermoso nos da el apóstol para mantener limpia nuestra mente, pero la dificultad está en cómo voy a dominar mis pensamientos. Salomón conocía por experiencia el dominio que ejerce el pensamiento en el corazón humano y dice: «Sobre toda cosa guardada guarda tu corazón, porque de él mana la vida», es decir, en tus pensamientos está el secreto de tu vida moral y espiritual. Los malos pensamientos llaman a la puerta de nuestro «yo», no podemos sujetarlos; pero como decía Lutero, «no podemos impedir que las aves vuelen alrededor de nuestra cabeza, pero podemos impedir que hagan su nido en nuestros cabellos».

b) *El dominio de nuestras acciones* (v. 9). ¿Qué habían visto, oído, recibido y aprendido de Pablo los hermanos de Filipos, cuando él podía presentarse como modelo y decir con la cara bien alta: «Sed imitadores de mí como yo de Cristo?». Sabemos que Pablo se llamaba a sí mismo el primero de los pecadores pero una vez regenerado podía decir a los creyentes de todas las iglesias: «Vivo no ya yo, mas Cristo vive en mí».

El gozaba de la paz de Dios que sobrepuja a todo entendimiento. Por esto, cuando estaba en la cárcel de aquella misma ciudad de Filipos a donde escribía

268

con las espaldas llagadas por los azotes, podía cantar (Hch. 16:25).

Dios quiera que nuestra vida espiritual pueda crecer como creció la de «el primero de los pecadores», y podamos seguir estos consejos suyos para gozar de la paz de Dios, no como la daba, de labios, y aún la da el mundo, sino una paz efectiva y verdadera nacida del conocimiento de ser hijos de Dios. Solamente entonces podremos sentir y decir como decía el salmista 119:165): «Mucha paz tienen los que aman tu ley...».

51

LIBERTAD Y SANTIDAD

Gálatas 5:13

Las dos palabras del título parecen incompatibles, sin embargo, estudiándolas a fondo encontraremos que pueden ser una realidad en el corazón cristiano regenerado por el Señor.

El cristiano es una persona libre, aunque el mundo juzgue lo contrario diciendo que la religión nos tiene atados, que el fanatismo nos priva de disfrutar de muchos placeres, que somos seres desgraciados por el temor que la religión nos impone, pero nosotros sabemos que es totalmente al revés, porque el verdadero cristiano no tiene una religión que le ata, sino a Cristo que le libera.

I. LA LIBERTAD DEL CRISTIANO

a) *Libre de la ley*. Esto es lo que enfatiza el apóstol en toda la carta a los Gálatas. La ley de Dios expresada en sus preceptos, no es un amo duro para el cristiano, sino un guía que le conduce a Cristo (Gál. 3:24-25). El ayo no es un dueño, sino un criado. Parece un dueño, mientras el hijo es niño; pero una vez en compañía del padre, el niño ya no está sujeto a la voluntad del ayo, sino a las amorosas indicaciones del Padre.

b) *Libre del temor de condenación.* Esto es lo que expresa Pablo en Romanos 8:15-16, y ello está basado y confirmado en la promesa de Jesucristo en Juan 5:24 (ilustración). *Dominus Sumus,* la frase de Lutero, es de doble sentido, en latín, pues significa «somos del Señor», pero también somos señores. La explicación de Lutero fue que «somos del Señor porque El nos compró con su sangre, pero esto mismo hace que no seamos esclavos de Satanás y del pecado, sino libres para honrarle y glorificarle voluntariamente a El».

II. LOS LIMITES DE LA VERDADERA LIBERTAD

¿Una libertad con límites, es libertad? Sí, es la única libertad que nos permite ser libres. Figurémonos que la libertad democrática de que disfrutamos nos permitiera hacer todo lo que nos dé la gana; sería imposible la convivencia con nuestros prójimos. El circular por nuestras carreteras. Las muchachas bien parecidas no podrían transitar por las calles. El ser hijos de Dios por la regeneración no nos permite vivir como hijos del diablo. La expresión «que no la usemos como ocasión a la carne» no significa solamente evitación de pecados sexuales, sino que tiene un sentido mucho más amplio como explica el apóstol en el capítulo 5:19-21.

III. ¿COMO CONSEGUIR ESTA LIBERTAD?

No podemos por nosotros mismos, ni a base de restricciones impuestas por mandatos de hombres, sino por un cambio en nuestra naturaleza que sólo el Espíritu de Dios puede obrar. Miles de pecadores beodos, degenerados sexuales, adictos a las drogas, etc., han conseguido esta libertad después de su conversión, porque Dios ha cambiado su naturaleza.

Hay creyentes con suficiente grado de espiritualidad y experiencia para poder hacer frente al pecado, y vivir en medio de la tentación y todavía les sobran fuerzas para dar testimonio. Un ejemplo de ello son miles de creyentes enrolados en el Ejército de Salvación, pero nunca debe atreverse un cristiano a hacer lo mismo que hace otro, si no está preparado para ello (ilustración). Cierta niña que visitó a su padre que era minero, preguntó si podría entrar en la mina con su vestido blanco. El capataz respondió que no tenía ningún inconveniente para que lo hiciera, pero que lo difícil sería que pudiera salir con el vestido tan blanco como había entrado; la niña lo comprendió y se abstuvo de tal imprudencia.

Pero un día vio cerca de la boca de la mina una plantita con una flor blanca que presentaba una blancura inmaculada, a pesar de que estaba recibiendo constantemente todo el polvo negro que el aire traía de la mina.

Para convencerla, el minero arrojó un puñado de polvo negro sobre la flor que de momento quedó cubierta, pero bastó con agitarla un instante, y ésta, como por encanto, volvió a quedar tan blanca como antes.

Aquella flor estaba impermeabilizada, el polvo no podía introducirse en ella, porque estaba preparada por la Naturaleza para ocupar precisamente aquel lugar peligroso y sucio.

Nosotros hemos sido limpiados por la sangre de Cristo, su Espíritu está en nosotros; sin embargo, no todos los cristianos pueden afrontar las mismas tentaciones. El apóstol nos exhorta a los creyentes a revestirnos del Señor Jesucristo. En los últimos versículos de Efesios 6:11 nos exhorta a vestirnos de toda la armadura de Dios para poder resistir las tentaciones de Satanás, y aún insiste: *Velando en eso con toda deprecación y súplica*. Esto significa que ningún creyente debe exponerse imprudentemente a la tentación, ya que existen diferentes grados en la vida espiritual. La santidad interior obtenida en la comunión con el Señor puede ser como el barniz impermeable de la flor, pero nadie debe tentar al Espíritu Santo exponiéndose al pecado, si no se halla en una comunión muy viva con el Señor.

IV. EL BARNIZ IMPERMEABLIZANTE CONTRA LA TENTACION

«Servios por amor los unos a los otros.» La unión con Cristo proporciona amor a los creyentes, para con sus prójimos, y éste es el que inmuniza al creyente espiritual contra la tentación. ¿Qué es lo que permite a los cristianos que trabajan en los bajos fondos de las grandes ciudades? El amor puro que tienen a las almas perdidas, sean hombres o mujeres. Cuando el corazón está lleno de este amor, generalmente está libre de sentimientos sexuales.

Cuando estamos llenos de este amor, no florecerá en nuestro espíritu aquellos otros sentimientos que el apóstol describe como «frutos de la carne» que no solamente son los cuatro primeros que describe el apóstol, sino los trece restantes que el apóstol nombra a continuación, la mayoría de los cuales tienen que ver, no tanto con el sexualismo, como contra el carácter, produciendo las nueve virtudes opuestas, descritas en este pasaje de Gálatas 5:19-24.

52

UN HOGAR MODELO, AUNQUE DIFICIL

2.ª Timoteo 1:3-6

El apóstol Pablo estaba siempre presto para recoger y utilizar para la obra de Dios lo mejor entre los caracteres que hallaba a su paso.

Encontramos en el Nuevo Testamento una pléyade de ayudantes del gran apóstol que él había educado durante sus viajes y enviado de un lado a otro para proseguir la obra por él iniciada en diversas iglesias. Parece que la iglesia más elevada en conocimientos espirituales era la de Efeso a juzgar por la inspiradísima carta que les envió, y precisamente a aquella iglesia envió como ministro de Jesucristo a su discípulo Timoteo. ¿De dónde procedía este joven a quien el apóstol consideró apto para tan delicada labor? De ningún otro de los colaboradores de Pablo tenemos antecedentes familiares, pero de éste, sí.

Examinemos sus características:

I. ERA UN HOGAR DIFICIL POR SER UN HOGAR MIXTO

El padre era griego, y la madre judía. Las ideas del padre se destacan en el hecho de que no había querido ceder a la costumbre judía de circuncidar a los varones. No sabemos qué ideas filosóficas profesaba el padre, si era platónico, epicúreo o estoico, pero lo que no podía soportar eran los prejuicios religiosos del pueblo de Israel; tenía una buena cualidad aquel escéptico y es que toleraba en su hogar y quizás incluso lo apreciaba, el estudio de las Sagradas Escrituras: lo consideraba seguramente un producto de la cultura hebrea, y de ningún modo un libro inspirado.

¡Cuántos hogares existen hoy de estas características, donde las mujeres son religiosas, ya católicas ya evangélicas, pero el cabeza de familia desvinculado de toda religión tolera la de su esposa como una condescendencia a la libertad individual!

En estos hogares la crianza de los hijos se hace muy difícil, pues los niños, especialmente cuando son varones, desean aprender del padre y pronto se forma como una rivalidad en la mente de los muchachos entre las ideas del padre y las de la madre.

¡Cuánta sagacidad y prudencia necesitan las esposas cristianas que se encuentran en tales circunstancias para ganar a sus hijos para Cristo! Es una tarea casi imposible y más en nuestros días. ¿Qué hizo la prudente Eunice? Puso en manos de su hijo las Sagradas Escrituras. Le explicó, seguramente, la superioridad moral de Proverbios; la sabiduría de Jehová el Creador único del Universo, en contraste con los absurdos cuentos de la mitología. En esto último podemos suponer que tendría la ayuda del marido, exactamente como ocurre hoy día en tantos hogares respecto a las prácticas y enseñanzas tergiversadas del catolicismo, pero la pobre Eunice no podía encontrar en el padre de Timoteo ningún apoyo espiritual; sin embargo, ella y su madre Loida, pudieron salir vencedoras en la tarea.

II. ERA UN HOGAR PACIFICO

En muchos hogares hay hoy en día brechas generacionales. Los jóvenes no conviven bien con los ancianos. Probablemente había una diferencia entre Eunice y Loida, dos mujeres de dos generaciones sucesivas, en un ambiente que no era el de la abuela. Podemos imaginar que Eunice era más instruida, de lo contrario, difícilmente habría sido elegida por un griego culto; pero si ella no hubiese mantenido una relación de amor y respeto para con su anciana madre, el niño habría recibido una impresión muy desfavorable de la fe judía que ambas profesaban.

En los hogares griegos la instrucción de los niños estaba a cargo del padre, y en el de Timoteo es posible que la educación griega de algo le sirviera, pero pudo mucho más en la mente del niño el ejemplo de fidelidad y reverencia a los escritos sagrados de la fe que la madre y la abuela profesaban. Sus explicaciones acerca del Dios Jehová, un Dios histórico, y no mitológico, un Dios que se había revelado en un tiempo de la historia a los judíos, les había dado su ley y les había ayudado para ponerles de un territorio que estaba en posesión de pueblos tan fuertes como eran los cananeos, particularmente la nación hetea o hitita, según sabemos por los últimos descubrimientos arqueológicos, había convencido al niño de la verdad de la religión judía. Madre e hija tenían unánimes conceptos acerca de la fe que profesaban. Entre los judíos había ya en aquel tiempo diversas sectas y escuelas rabínicas. Es seguro que si las dos mujeres no hubiesen sido unánimes en las explicaciones que daban al niño acerca de su fe, Pablo no lo habría hallado tan bien preparado como lo encontró para complementarle con la fe cristiana, basada en los profetas.

Lo mismo podemos suponer en cuanto a las relaciones de ambas mujeres con el esposo y yerno, cuyas ideas respetaban hasta donde podían hacerlo.

III. UN HOGAR DONDE LA FE NO ERA FINGIDA

Esta característica recalca el apóstol al referirse a Loida y Eunice. Sin duda había entre los judíos del tiempo de Pablo muchas personas religiosas que no lo eran de corazón, sino tan sólo de tradición y costumbres, como ocurre hoy día en todas las culturas. Si Timoteo hubiese podido observar alguna grieta en la fe de su madre y abuela, alguna duda acerca de la verdad del judaísmo, teniendo una influencia tan fuerte como era la cultura de su padre, es seguro que se habría inclinado por las ideas filosóficas de éste, pero las dudas las había observado más bien en las disertaciones escépticas del padre; la fe de su madre y su abuela era, sin embargo, como una roca. De ahí la expresión de Pablo «y te persuadiste...». Los jóvenes de familias cristianas necesitan no solamente creer de un modo vago en la fe de sus mayores, sino ser persuadidos acerca de la verdad de la fe. Una frase del Dr. A. T. Pearson, en su libro «Muchas pruebas infalibles», quedó gra-

277

bada en la mente y corazón de mi esposo, en los días de su adolescencia: *Una fe inteligente hace una fe firme.* Esto es más cierto que nunca en un tiempo en que la fe es tan zarandeada por las hipótesis evolucionistas de la cultura secular y por tantos vientos de doctrina. *Te persuadiste...*, dice el apóstol a Timoteo. ¿Cómo persuadiréis a vuestros hijos de que la fe que profesáis es la verdad de Dios?

a) Que ellos vean en vosotros *una fe no fingida.* El corazón tierno de los niños es muy delicado y susceptible al escándalo en cuanto notan alguna hipocresía o fingimiento en los mayores. ¿Qué oyen vuestros hijos en las conversaciones íntimas del hogar o en otros miembros adultos de la familia? ¿Oyen críticas y murmuraciones acerca del pastor o de los instructores de la Escuela Dominical? Jesús habló muy severamente acerca del pecado de escándalo en los niños (Mt. 18:3-6).

b) Poned en su mano buenos libros apologéticos que les hagan comprender con argumentos históricos y filosóficos lo que vosotras mismas no podriais explicarle sobre las evidencias de la fe cristiana y de las veleidades del escepticismo.

c) No los inscribáis en centros educativos donde puedan recibir influencias contrarias a las que han recibido en el hogar. Desgraciadamente esto es mucho menos posible en naciones hispanoamericanas que en Norteamérica, pero si han de acudir a universidades seculares, no permitáis que entren en ellas sin antes haberles provisto de libros científico-religiosos adecuados.

d) Velad por las amistades que contraen vuestros hijos. Sin actuar sobre ellos de un modo autoritario que podría ser contraproducente, procurad proporcionarles amistad de jóvenes evangélicos, o en su defecto católicos romanos, cuya fe se sentirán

278

ellos inclinados a completar conduciéndolos a **Cristo** y a la iglesia a que pertenecéis.

e) Procurad que entren en relación con organizaciones universitarias cristianas.

IV. BUSCADLES UN PRECEPTOR ESPIRITUAL COMO EL APOSTOL PABLO

Seréis muy afortunadas si, como Loida y Eunice, encontráis algún amigo de la familia capacitado como Pablo, quien era capaz de enfrentarse con los filósofos del Areópago y con los rabinos judíos para demostrar a Timoteo que Jesús era el Cristo de Dios. Ellas, con toda su piedad de tipo judío, eran incapaces de llevar a cabo tal tarea; pero Dios ha tenido en todas las épocas instrumentos adecuados, y ellas encontraron el más capacitado para semejante tarea.

Procurad que vuestros hijos puedan encontrar tales amigos en el camino de su vida, cuando vosotras ya no podáis hacer nada más en su favor. Encomendad vuestros hijos al Señor siguiendo estos consejos y «El cumplirá el deseo de los que le temen», en vuestro caso imitando el ejemplo de Loida y Eunice aun dentro de un hogar difícil.

53

APROBADOS DE DIOS

2.ª Timoteo 2:15

Estas palabras fueron dirigidas por el apóstol Pablo a su amado discípulo Timoteo, hijo y nieto, respectivamente, de Eunice y Loida.

De ninguno de sus colaboradores escribe Pablo tantos elogios. En su primera carta a Timoteo (1:2) le llama «verdadero hijo en la fe», y escribiendo a los filipenses (2:19) le prodiga un elogio que todas deberíamos procurar merecer de nuestros pastores.

Esto significa que Timoteo estaba andando por el camino que lleva a un buen aprobado de Dios. Era pastor de una gran iglesia en Efeso y tenía una gran responsabilidad; por tal razón el apóstol le dirige esta significativa recomendación. Hacerse aprobado de Dios significa que el que es perfecto (Mt. 6:46) y justo en todos sus caminos (Salm. 145:17) puede poner su visto y bueno a todas las cosas que hacemos.

Los estudiantes en las universidades se afanan para poder conseguir un aprobado y aún mejor un sobresaliente de sus profesores; sin embargo, tienen comparativamente poco valor tales aprobados porque son para títulos que dejarán de ser útiles dentro de pocos años, pero el aprobado de Dios es permanente y eterno. «Sus obras con ellos siguen», leemos en Apocalipsis 14:13. ¿Qué obras? Todas aquellas que han recibido durante los años de nuestra vida el aprobado de Dios.

¿De qué nos servirá al final de nuestra carrera haber obtenido aprobados de los hombres si tuviéramos un suspenso ante el tribunal de Dios? (véase 1.ª Co. 3:15). No importa que el mundo desapruebe nuestros hechos o modo de pensar si tenemos el aprobado de Dios (Salm. 109:28 y Hb. 11:38); pero como no podemos oír ahora el aprobado de Dios, es bueno que procuremos oírlo de aquellos que nos consta que verdaderamente aman a Dios y andan por sus caminos. Para obtener el aprobado supremo debemos:

I. ENTRAR EN LA ESCUELA DE CRISTO

¿Somos ya discípulos suyos? ¿Le hemos aceptado como nuestro Salvador y Maestro? Véase la respuesta que dio a los judíos cuando le preguntaron «¿Qué haremos para que obremos las obras de Dios?» (Jn. 6:28). ¿Cuánto tiempo hace que estamos en su escuela? ¿Qué hemos aprendido y qué practicamos ya en nuestra vida cristiana?

II. EVITAR ERRORES Y DESLICES

La frase «que no tiene de qué avergonzarse» es muy significativa, pues implica los errores y correcciones que hayamos cometido. Notemos que el mismo apóstol Pablo, con toda su sabiduría y fidelidad al Señor, como vemos en Filipenses 3:12, tiene que decir que «no sea que habiendo predicado a otros yo mismo venga a ser reprobado» (1.ª Co. 9:27).

Esto no significa condenado o perdido, pues gracias al Señor tenemos la segura promesa de Juan 5:24, pero si, reprendido por el Señor, y reducido el premio inmortal (véase Apocalipsis 3:11).

III. HACER BUEN USO DE LA PALABRA DE VERDAD

Dice el texto «que traza, o maneja bien la Palabra de verdad». Es de capital importancia para todo buen alumno, después de tener un buen maestro poseer y saber estudiar los libros de texto. Las Sagradas Escrituras son nuestro Libro de texto: escrito por instrumentos humanos, con un lenguaje humano en diversas épocas, pero sin errores en cuanto a su contenido, «porque los santos hombres de Dios fueron inspirados por el Espíritu Santo (2.ª Pd. 1:21). Es cierto que los cristianos evangélicos conocemos la Biblia mucho mejor que los católicos romanos; sabemos muchos versículos de memoria. Esto es bueno, pero no es suficiente. Aquí el apóstol usa una frase muy significativa que, traducida literalmente del griego, significa «que corta bien, según la Palabra de verdad».

Yo diría, hermanas, siguiendo esta figura que nuestra vida es la tela que debe ser cortada según el patrón o modelo que nos presenta la Palabra de Dios, el cual fue dibujado o trazado por el Espíritu Santo. No se trata de conocer de memoria la Palabra de Dios, sino de ponerla en práctica en nuestras vidas. Y mucho menos podemos atrevernos a recortar la Palabra de Dios como lo que hacen los pastores modernistas, prácticamente escépticos. ¿Os atreveríais a hacer esto con un patrón trazado por un excelente modisto de París? Lo que os esmeráis en hacer con un vestido es cortar la tela con toda exactitud según el modelo del patrón, así debemos cortar la tela de nuestras vidas, quitar de nuestras acciones y de nuestro carácter todo lo que sobra, a fin de que el modelo que es Cristo, resulte perfectamente copiado y asimilado.

IV. PONER EN ELLO TODO ESMERO Y DILIGENCIA

«Procura con diligencia...», dice el apóstol. ¿Somos diligentes en el estudio de la Palabra y en el servicio del Señor? El diablo procurará por todos los medios que seamos negligentes, como los estudiantes que buscan toda clase de excusas para descuidar sus lecciones. No significa esto que tengamos que descuidar nuestros deberes familiares. Las lecciones que inspiró el Espíritu Santo a los apóstoles Pedro y Pablo incluyen los deberes domésticos, como un servicio para el Señor cuando son hechos con el debido espíritu, pero el secreto es hacer todas las cosas como «para el Señor» poniendo el espíritu cristiano en nuestros servicios indispensables, y tener a Dios en el primer lugar de nuestras vidas (véase Col. 3:17 y Mt. 6:33) dando a las cosas de Dios el lugar preferente.·

V. RECTITUD EN LOS PROCEDIMIENTOS

En el v. 5 de este capítulo el apóstol incluye un prudente consejo para resultar aprobado, aplicando el ejemplo de los juegos olímpicos. Todos las competiciones deportivas tienen sus reglas, sus penaltys, sus goles anulados, sus tarjetas de advertencia y de sanción. En cuanto a los creyentes leemos en el Salmo 51:6: «Tú amas la verdad en lo íntimo». Dios nunca puede ser honrado con algo que hemos conseguido con engaño o por procedimientos injustos. Somos alumnos de la escuela de Cristo, y El por ser Dios, nos conoce a fondo y no seremos aprobados si no obramos con sinceridad de corazón. Pablo dice: «No será coronado el que luchare si no lo hiciere legítimamente», y esto concuerda perfectamente con la expresión de «que traza bien... según la Palabra de verdad».

Pero si El ve sinceridad y verdadero amor en nuestro servicio, nos ayudará como dice el salmista en el salmo 32:8: «Te haré entender..., te enseñaré el camino que debes andar, sobre ti fijaré mis ojos». El es nuestro Maestro por excelencia y nunca nos abandonará. En el Salmo 90:17 leemos: «Ordena en nosotros la obra de nuestras manos, confirma tú la obra de nuestras manos». Hay aquí dos peticiones paralelas muy necesarias en nuestra vida: que Dios confirme lo que hacemos bien, y enderece, u ordene, lo que a pesar de nuestra mejor voluntad hayamos hecho mal para que al fin podamos obtener un abundante aprobado en nuestras vidas cristianas. El lo hará si ve lealtad y sinceridad de nuestra parte.

EL TEMA EN
BOSQUEJO

LAS CINCO PREGUNTAS DE DIOS

Exordio. Problema de las preguntas en examen.

I. *¿Dónde estás tú?* Desconocemos el origen y el porqué de las cosas y nuestra ignorancia puede hacernos dar valor a lo que no lo tiene.

II. *¿Dónde está tu hermano?* Cuidamos mucho de nosotros mismos, pero Dios el Padre de todos quiere vernos preocupados por los demás. Muchas veces lo hacemos, pero en sentido adverso y contraproducente.

III. *¿Qué tienes en tu mano?* ¿Qué tenemos a nuestra disposición? Moisés, un báculo; la viuda de Sarepta, un poco de harina y aceite; el niño de Juan 6:8, una merienda. Otros ejemplos. ¡Qué gloriosos resultados pueden producirse de lo poco, con la bendición de Dios!

287

IV. *¿Qué haces aquí?* La depresión es propia de los nervios, pero el alma puede superarla. Dios tiene grandes planes para nosotros y le impedimos de llevarlos a cabo si estamos deprimidos.

V. *¿A quién enviaré?* La respuesta de Isaías la han dado muchos para las Misiones, pero hay campos blancos cerca de nosotros. Describirlos.*

---

* Añada resumidamente en los espacios blancos lo que más le haya gustado de la exposición completa, en págs. 13-18, o nuevas ideas de su propia experiencia.

LA MUJER QUE NO SUPO APROVECHAR
SUS PRIVILEGIOS

Introducción. El triste honor de ser mencionada por Jesús como trágica advertencia.

I. *El privilegio de tener un marido creyente.* Probablemente nativa de Sodoma; casó con un forastero de quien se dice que «afligía cada día su alma justa» (2.ª Pd. 2:8). ¿No sería uno de los motivos constatar la mundanidad de su esposa? ¿Nos hacemos dignos del privilegio de tener maridos creyentes, aunque tengan sus defectos?

II. *Ser testigo de la generosa conducta de su tío político.* a) Abraham estaba a mayor altura espiritual que su sobrino Lot. A nadie que no tuviera la obediencia de Abraham a la voz del E. Santo se le hubiese ocurrido, ni la hazaña de lanzarse contra un ejército de cinco reyes confederados, con sólo 318 hombres, y aún menos renunciar a la recompensa que sobradamente merecía.

b) ¿No verían Lot y su familia la lección de Dios tanto en el terrible percance de verse prisioneros como en su liberación? No obstante procedieron insensatamente volviendo a Sodoma.

III. *Hospedar ángeles.* Explíquense las razones que moverían a Lot. Los ángeles son servidores de los hijos de Dios (Hb. 1:14), nuestros guías a la casa del Padre en nuestra muerte (Lc. 16:22).

Angeles son llamados también los servidores de Dios de tipo visible. Oigamos sus consejos hablados, y también los de los invisibles en nuestras conciencias.

IV. *Escuchó el mensaje de salvación.* Escapar del peligro. La advertencia repetida por Jesús es en un sentido mucho más importante, por ser eterna.

LA ESCALA DE LA PERFECCION

Exordio. Precedentes de Abraham. Llamado por Dios a un país lejano. Tres condiciones.

I. *Anda.* Todo lo que tiene vida se mueve en el mundo animal, andando; en el vegetal, creciendo. El camino de la vida es largo, y podemos ser tentados a hacer como Elías (1.ª R. 19:9 y Mq. 2:10). (Anécdota del cochero.)

II. *Delante de Mí.* Sintiendo la presencia del Señor (Salm. 37:23) como los niños que aprenden a andar. Describir el ejemplo y poner aplicaciones espirituales.

III. *Y sé perfecto.* Demanda ratificada por Jesús en Mateo 5:48. Ejemplo de los escaladores de montañas. Detenernos para tomar fuerzas y seguir. Lecciones de las caídas.

OCHO CASAS EN LA BIBLIA

Exordio. Significado de la palabra *Beth.*

I. *Bethel* (Casa de Dios). a) Hay lugares que llevan este nombre y no lo son (ejemplo de Jeroboam, 1.ª R. 12:18-33).

b) Casa espiritual de Dios, son los creyentes (1.ª Tim. 3:15 y 1.ª Co. 3:9). La promesa de Jesús (Mateo 18:20).

II. *Bethabara* (Casa de paso). Describir el lugar que motivó el nombre.

¡Ojalá lo sea cada lugar donde nos reunimos, porque muchas almas encuentren en él el paso a la vida eterna.

III. *Bethelem* (Casa de pan). La prueba que produjo la emigración de la familia de Noemí. Un desengaño cruel dados los antecedentes y el nombre de su tierra. Que no ocurra jamás tal desengaño a las personas que acudan a nuestros lugares de culto que deben ser casas de pan para las almas, sobre la base de las promesas de Dios y encuentren piedras de filosofía o ciencia humana.

IV. *Bethesda* (Casa de misericordia). Nombre de un famoso estanque de Jerusalén. Misericordia fue la de Dios para nosotros pecadores y nuestros corazones deben estar llenos de la misma virtud (Mt. 5:7). Ejemplo del Ejército de Salvación.

V. *Bethania* (Casa de dátiles). Aldea donde residía la familia de Marta, María y Lázaro. El Señor encontró en aquel lugar dulzura material y espiritual (explicarlo según Lc. 10 y Jn. 12). Que así lo encuentre en nuestro hogar y en nuestra vida.

VI. *Bethsan* (Casa de descanso). Descripción del lugar según Josué 17:9-11. Debiéramos serlo para los viajeros del mundo que nos rodean, sobre todo de los cansados ancianos.

VII. *Bethfagé* (Casa de higos). Nombrado dos veces en el N. T. En la entrada triunfal de Jesús y en el incidente de la higuera estéril. Cristo desea ver en nosotros mucho fruto (Jn. 15:18). Que no sólo sea apariencia.

VIII. *Bethsaida* (Casa de pesca). Ciudad natal de Pedro, Andrés y Felipe. Que pueda cumplirse el significado de este nombre en nuestro hogar material y en nuestra vida toda.

VIRTUDES Y DEFECTOS DE REBECA

Introducción.   Tres etapas en su vida.
a)   Hermosa.
b)   Hacendosa y diligente.
c)   Servicial y generosa.
d)   Valiente y decidida.

II.   *Como esposa.*

a)   Respetuosa, al principio de su unión. «Cubrió su rostro.»

b)   Amante, llenó el corazón afligido de Isaac por la muerte de su madre.

Coméntense casos de esposas idóneas y de esposas remolonas que son una carga y un obstáculo a los ideales del marido, en la Biblia y en la experiencia.

III. *Como madre.*

a) Impaciente en su maternidad.

b) Discriminatoria de los hijos.

c) Poco escrupulosa en sus planes.

d) Trató de adelantarse a los planes de Dios, y fracasó.

IV. *El castigo de sus errores.*

a) Ausencia del hijo predilecto.

b) Presencia de nueras paganas, por matrimonios de Esaú.

c) Preservada por misericordia de Dios de lo todavía peor: que un hijo hubiese asesinado al otro.

Epílogo. Como Salomón, su vida tuvo dos partes, bastante diferentes. Procuremos que la nuestra sea consecuente hasta el final.

JOCABEB

Introducción. La fiel providencia de Dios parece hacer novela de algunas vidas humanas. Quizá la nuestra. Dios usa instrumentos humanos para llevar a cabo sus planes. Jocabeb:

I. *Tenía una gran fe.* (Hb. 11:23). ¿Sobre qué se basaba? La historia de Abraham transmitida por tradición.

II. *Hizo lo mejor que pudo* y dejó el resto a Dios. Una gran lección para nosotros en circunstancias difíciles.

III. *Mostró por fe un heroico desprendimiento maternal.* Otros ejemplos de la historia.

IV. *Actuó con inteligente astucia.* Con la ayuda de su hijita Miriam. «Mejores son dos que uno.» Cristo envió discípulos de dos en dos.

V. *El premio de su fe.*

1. Pudo tener a su hijo en casa en los mejores años de su inocencia.

2. Le vio educado por otras personas más capaces en el tiempo más difícil para un carácter como el de Moisés.

3. Recibió salario de la princesa.

Nosotros recibiremos premio de bendiciones del Señor si sabemos imitar a Jocabed en desprendimiento maternal, poniendo primero los intereses del Reino de Dios. No sabemos si Jocabed vio las grandes consecuencias de su fe, pero sin duda las conoce ahora en la vida espiritual. Así con nosotros.

LAS DONCELLAS QUE DIERON SUS ESPEJOS

Introducción. Describir el tabernáculo enfatizando la gran fuente o vasija de metal en medio del atrio para lavaje de los sacerdotes.

I. *Dando a Dios lo mejor.* Hecho de materiales provistos por donaciones; los espejos de metal bruñido era lo más apreciado para las jóvenes de Israel, por no existir otra clase de espejos.

II. *Un espejo formado de espejos.* Tal era la sagrada fuente de metal, una vasija grande por dentro y espejo bruñido por fuera.

III. *Un grupo privilegiado.* Formado por las jóvenes guardianas del recinto sagrado día y noche. Centro religioso y político de Israel donde Dios se revelaba.

IV. *Una prueba discriminatoria.* ¿Quiénes serían las elegidas entre miles de solteras? Las que hicieron el sacrificio de dar sus espejos. Esta fue la primera piedra de toque de su elección.

V. *Un ejército de evangelizantes* (Salm. 68:11). Portadoras de buenas nuevas, o sea, de las órdenes e instrucciones de Dios dadas a Moisés, ya que no había televisión ni prensa para comunicarlas a un pueblo de cerca de tres millones de individuos.

VI. *Lecciones prácticas.* 1. Dar a Dios lo mejor.

a) Algunas dieron y todas podrían dar sus joyas.

b) Otras sus hijos (ilústrense con historias misioneras del libro «Vocación suprema», de Canclini, Ed. «Clíe»).

c) Otras a sí mismas («Se casaron y fueron útiles», de Canclini, Ed. «Clíe»).

2. Cristo ha hecho por nosotras más que librarnos de una esclavitud material y pasajera.

3. La Palabra de Dios, un espejo, por los ejemplos que nos refiere.

4. Nuestra fidelidad puede ser un espejo para otros.

5. La grata sorpresa de encontrar nuestros hechos registrados en el cielo.

EL FUEGO QUE NO DEBE APAGARSE

Introducción. Las reglas del culto mosaico, símbolos del nuevo pacto. (Véase Hb. y 1.ª Co. 10.)

I. *El fuego perpetuo* del altar dèl holocausto sim bolizaba:

1. El sacrificio por el pecado, hecho por Jesucristo, de eficacia perpetua.

2. El holocausto encendido: La consagración, que debe ser constante y continua en nuestras vidas.

3. El sacrificio de paces, el arrepentimiento y renovación de la comunión con Dios y con nuestros hermanos (1.ª Jn. 1:7-5).

II. *Como se originó el fuego* (Lev. 9:24). Así el Espíritu Santo, que es:

a) Luz para nuestra mente antes oscurecida.

b) Calor de amor.

c) Fortaleza espiritual.

III. *Cómo se mantiene.*

1. Quitando las cenizas de una parte del altar, sin dejar que el fuego se apagara. En nuestro caso quitando toda raíz de amargura. (Mt. 5:23 y Hch. 12:15).

2. Añadiendo leña (obras prácticas).

3. Añadiendo alabanza y acciones de gracias, auxiliados por el Espíritu Santo (Heb. 13:15-16. Ilustrado en «El Peregrino», de Bunyan, pág. 41, ed. de «Clíe»).

LA BUENA ELECCION DE RUT

Introducción. Hermoso relato romántico, puesto en la Biblia, probablemente por su relación con la genealogía de Jesucristo (Mt. 1:6).

I. *Un destierro providencial.* Dios bendice especialmente a los suyos en circunstancias adversas para la sociedad entera.

II. *Dios enmienda nuestros errores.* Mejor habría sido esperar, pues no fueron mucho mejores las circunstancias en Moab, según parece desprenderse del nombre de los dos hijos probablemente mellizos.

III. *La acertada decisión de la moabita Rut.* Alguien lo ha llamado un nuevo nacimiento, mil años antes de la revelación de Jesucristo.

IV. *Permaneciendo bajo las alas de Dios*. Tres grandes enseñanzas:

a) Promesa de bendición divina.

b) Advertencia prudente de Noemí, ratificada por Booz.

c) Adhiriéndose al amado.

V. *Dejándose guiar por la razón* más que por el capricho.

a) Sabiduría para los jóvenes solteros.

b) Poniendo primero los propósitos de Dios (Mt. 6:33).

Epílogo. Histórico. Todo es gozo y satisfacción cuando se pone a Dios primero. Todo el pueblo alborozado (cap. 4:13-22).

Mucho más si hubiesen conocido los planes de Dios acerca de la descendencia de aquel niño.

Así es con nosotros. Dios nos da gozo cuando obedecemos, pero «¿hallarnos allí qué será?».

DEBORA

Introducción. Dios tiene personas adecuadas para cada época.

I. *Débora profetisa.* Su don espiritual le daba fama entre el pueblo.

II. *Débora como juez nacional.* Su fama le trajo poder político. Debemos creer que Dios tocaba el corazón de los querellantes para que aceptaran su veredicto.

III. *Débora la generala.* a) Un consejo profético olvidado por el general Barac.

b) El ruego de Barac. Confiaba en Débora porque ésta vivía cerca de Dios. ¿Cómo sienten, los que nos rodean, acerca de nosotros?

c) El éxito de la emboscada en el desfiladero de Cisón.

IV. *El cántico de Debora.* a) Atribuye todo el mérito a Dios (vv. 2-3), no a su ingenio estratégico.

b) Refiere los desastres de apartarse de Dios (v. 8).

c) Da gracias a Dios por las miles de decisiones personales del corazón, pues en aquel tiempo no existía el servicio militar obligatorio.

d) Censura la cobardía de muchos. La frase irónica «balidos de las ovejas», puede compararse a algo peor: los «berridos» de los cantantes de música moderna.

e) Dios desbarata los planes de los mundanos (Salm. 7:15).

f) La actitud de Jael, impropia de la ética cristiana, fue providencial en aquel caso, pues aquella extranjera no tenía el deber de ayudar a un pueblo extraño. Expuso su vida sin necesidad.

g) La fe de Débora le hace sentir lo que leemos en Prov. 4:18 y Salm. 73:6-20.

EL HOMBRE QUE PERDIO EL RUMBO DE SU VIDA POR UNA MUJER

Introducción. Historia triste, pero aleccionadora.

I. *El hombre elegido.* No podemos invalidar los propósitos de Dios, pero podemos torcerlos con nuestras insensateces.

II. *El hombre encumbrado.* El susto del león, del que Dios le libró con su fuerza sobrenatural, debería haberle hecho pensar a Sansón y dar gracias a Dios, pero fue al revés: lo usó para componer un tonto enigma.

III. *El hombre tentado.* Su primera boda podía haber sido una oportunidad de glorificar al Dios de Israel, de haber usado la historia del león en tal sentido.

IV. *El hombre desengañado.* Referir la triste historia de la venganza de los filisteos y como él reaccionó. Pero «donde las dan las toman», o violencia atrae violencia.

V. *El hombre probado.* Veinte años de paz juzgando a Israel era una prueba, por bendiciones. Así lo hace Dios a veces con nuestras vidas. ¿Nos está probando Dios con bendiciones o con contratiempos? ¿Cuál es nuestra respuesta?

VI. *La tentación en edad madura.* Después de haber practicado juicio dando buenos consejos a otros, debería haber puesto buen juicio para sí, pero Satanás tiene golpes arteros en la parte más débil, que en su caso era el sexualismo.

VII. *El hombre derrotado.*

a) Sansón atribuye su fuerza, no a Dios, sino a la fórmula externa de su nazareato.

b) En su cautiverio aprendió hasta dónde llegaba el poder de sus músculos sin el poder sobrenatural de Dios. Así es en nuestra vida (véase Proverbios 3:5).

ANA, LA MADRE DE SAMUEL

Introducción. Referir la historia.

I. *Un problema resuelto por la oración.* La poligamia, permitida en el A. T., tenía sus inconvenien-
tes por no ajustarse al plan primitivo de Dios, siendo
sólo una concesión (véanse Mal. 2:15 y Mt. 19:1-12).

II. *Cuatro virtudes de Ana.*

1. *Su fe.* Oró largamente, no como un mérito,
sino por el ansia de su corazón.

2. Supo disimular la injuria de Eli.

3. Supo descansar en Dios (anécdota de la ancia-
nita y el fajo de leña).

4. Supo cumplir su promesa. Es lamentable cuando Dios nos lo da todo y le regateamos una parte de
lo que le hemos prometido. Ejemplo de Ananías y
Safira (anécdota del mendigo codicioso).

III. *Lo que aprendemos de Ana*. Resumir los cuatro puntos anteriores aplicándolos a nuestras vidas (anécdota de la madre de los cuatro misioneros al Africa palúdica del siglo pasado).

¡FUERA DISFRACES!

Introducción. Referir la historia.

I. *El error de dejarnos llevar por temores o conveniencias.*

a) Jeroboam ignoraba lo que ocurrió en las tribus del Sur.

b) Lo que habría ocurrido de no haber cedido a sus temores humanos. Esto es lo que nosotros también ignoramos en cuanto al futuro, y produce nuestras equivocaciones.

II. *Lo que aprendemos:*

a) *Que no hay que buscar a Dios como recurso de emergencia.* Defecto muy común entre la gente del mundo y aún en los cristianos poco consagrados.

b) *Que no podemos sobornar a Dios.* Error de los católicos romanos de todos los tiempos, denunciado por la Reforma.

III. *Que Dios conoce nuestros disfraces.* ¡Cuánto más le habría valido a la esposa de Jeroboam, ser franca, como Abigail de 1.º Samuel, 25!

Disfraces del alma:

a) El de piedad, descubierto en Mateo 7:22.

b) El de generosidad (Hch. 5:1-10).

c) El de humildad (Ro. 12:42-44, Job 22:29 e Is. 60:2).

d) De amor (Ro. 12:9).

e) De perdón (Mt. 6:14-15). (Anécdota de la mujer que perdonaba sólo en el caso que se muriera).

EL ACEITE DE LA VIUDA

Introducción. Milagros tenían en Israel, sólo en épocas de crisis. Así fue en la época de los reyes tras la división del país.

I. *Dios puede permitir pruebas en un hogar piadoso como el de esta viuda.*

a) ¿Por qué? Jesús contesta en Juan 11:4.

b) Un himno iluminador.

II. *Traer los problemas a los amigos o a Dios.*

III. *Dios cuenta con lo poco que tenemos si lo ponemos a su disposición* (ejemplos en Ex. 4:3 y en Jn. 5:1-13).

IV. *Dios quiere ampliar nuestra fe.* Cacharros prestados (Is. 54:2). En la multiplicación de los panes sobraron doce cestas llenas.

Debemos decir: «Auméntanos la fe» y Efesios 3:20.

Lecciones prácticas:

1. La viuda debía estar en buena relación con los vecinos. ¿Lo estamos nosotros?

2. El milagro tuvo que realizarse en privado, sin propaganda (Mt. 6:1-4).

3. Vender el aceite del «milagro» en aquellos días de crisis era una oportunidad de dar testimonio (Lc. 8:39).

EL MILAGRO DE SAREPTA

Introducción. Es uno de los pocos milagros del A. T. que tuvo el honor de ser citado por Jesús (Lc. 4:2), y puede representar:

I. *Los peldaños de la fe.*

1. Dios permite que se cumplan las leyes naturales en los justos y en los impíos para prueba de los primeros y castigo de los segundos. El propio Elías sufrió los efectos de la sequía que había pedido.

2. Los extraños recursos de Dios. En el desierto no hay comida, pero hay cuervos. Una viuda pobre alimenta a un forastero, pero Dios interviene cuando todo falla.

3. Una escala de prueba ascendente. La viuda quedó sin comida; después sin el hijo.

4. Dios quiere que la fe supere las circunstancias. «A mí primero». Es el principio de Dios, en todas las circunstancias y en todos los terrenos (Mateo 6:33).

II. *No juzguemos a Dios por las apariencias.*

1. La prueba mal interpretada por Elías.

2. Un ejemplo del amor de Dios para los gentiles.

3. La fe de la viuda aumentada y purificada (versículo 24).

ESTER, LA REINA VALIENTE

Introducción. Dios puede usar dos métodos para santificarnos y utilizarnos: las bendiciones o las pruebas. A veces lo primero precede a lo segundo, mientras en otros casos es a la inversa.

I. *El método positivo.*

a) Escogida para reina.

b) En José del Génesis fue al revés, pero en todos los casos se cumplió la promesa de Romanos 8:28.

II. *El método negativo.* Fue en este caso el com plot de Amán. ¿Por qué me escogió Dios para este caso, si he de ser condenada a muerte cuando el rey descubra que soy judía?, podía preguntarse al principio.

III. *Cómo hacer intervenir a Dios en nuestros problemas.* La demora, una oportunidad para la oración. El apuro de no haber sido llamada, lo proporcionó; y la oración es indispensable para tener bendiciones.

IV. *Entendiendo los propósitos de Dios.* Orando y obrando (el sabio refrán popular, ejemplificado en éste y en otros casos en la Biblia).

V. *Usando los medios adecuados.*

a) Vistióse de su ropa real. En los cristianos son las virtudes que menciona Pedro para las mujeres (1.ª Pd. 3:4) más que las joyas.

b) Supo disimular, invitando a Amán su enemigo. Cortesía no es hipocresía. Quizá buscaba que Amán, redargüido, confesara su despropósito al rey.

c) Como esto no ocurrió, tuvo que hacerlo Ester, y Dios proveyó otro acusador, el eunuco Harbona.

Epílogo.

a) ¿Somos defensores de nuestro pueblo en cualquier ciudad o villorrio donde habitamos, tratando de evitarles la condenación?

b) Dios nos ha elevado para tal objeto a la categoría de hijos o esposa mística de Cristo según Efesios 1:5.

c) Purim, una fiesta de gratitud de los judíos, es un ejemplo de la que se celebrará en el Reino de Dios (Lc. 16:9).

LA ORACION DE UN ANCIANO

Introducción. Título del salmo 71. Un canto de siete estrofas.

I. *La invocación.* (v. 3). Si el salmista podía tener esta confianza cuánto más nosotros, que tenemos todas las promesas del N. T.

II. *Niñez y juventud* (v. 6). Algunos pueden decirlo, otros no. Alabadle por haber salido a vuestro encuentro en mitad de la vida, si no podéis alabarle por lo primero.

III. *La vejez, tiempo en que necesitamos más a Dios* (v. 9). Posibles razonamientos del diablo.

IV. *Una manera de ser feliz* (v. 15). Practicar este versículo.

V. *La posteridad* (v. 18). La experiencia de un anciano que ha andado con Dios, aleccionadora para la familia, como herederos del abuelo.

VI. *La esperanza* (v. 20). Este versículo parece ser un anuncio de la esperanza de 1.ª Corintios 15: 42-58. David no había estado literalmente en los abismos de la tierra. El Hades (compárese Lc. 16 con 1.ª Pd. 3:19 y Ef. 4:10). Jesús podía decirlo de un modo literal. Nosotros somos alentados a decirlo simbólicamente en las depresiones de la vida.

VII. *Parece referirse a su regreso al palacio de Jerusalén* (v. 23). Pero es sin duda una referencia al día de la eternidad, a la luz de las consideraciones anteriores.

FORTALEZA Y HERMOSURA

Introducción. Carta a una iglesia con fuerte membresía de esclavos. Explicar sus condiciones sociales. Un testimonio a los superiores o amos, que para Dios son inferiores, si no son creyentes.

I. *Las columnas del templo de Salomón eran fuertes y hermosas a la vez.* Lo primero, esencial; lo segundo, complemento necesario.

II. *Imitando a Jesucristo.*

1. Firmeza de Jesús:

a) No se doblegó ante Satanás (Mt. 4).
b) Ni ante la hipocresía (Mt. 23).
c) Ni ante la expectativa de dolor y muerte (Lc. 9:31).

2. Pero era manso y humilde de corazón:
a) Reprendía con amor (Jn. 8:1-10).
b) Amaba a los pecadores (Lc. 15:2).
c) Bendecía a los niños (Mt. 19:13-15).

III. *Viviendo en Jesucristo.*

1. Pablo, fiel imitador de su Maestro:

a) «Todo lo puedo» (Fil. 4:13), enérgico en sus reproches (Gál. y 2.ª Co. 12 a 14). Sin embargo:

b) Era tierno y amante; se comparaba a una nodriza (1.ª Tes. 2:7).

2. Jesús quiere vernos así:

a) Porque le representamos en este mundo (2.ª Co. 5:20).

b) Hemos de representarle en la eternidad (Apc. 1:5 y 22:4).

c) Quiere hacernos columnas en el templo de Dios (Apc. 2). Debemos empezar a serlo aquí, en el tiempo de prueba. Si falláramos, ¿podría usarnos en la eternidad? Observemos la condición: «Al que venciere».

LAS SIETE MARIAS DE LA BIBLIA

Introducción. Significado del nombre de *María.* Fuerte, entera, capaz (Prov. 31:1). «Mujer María, ¿quién la hallará?».

I. *María, la hermana de Moisés.*

1. En su niñez se revela como, a) Obediente; b) valerosa; c) sagaz.

2. Tras el paso del Mar Rojo. Debería tener por lo menos 90 años. Sin embargo:

a) Era entusiasta (Ex. 15:20).

b) Se supone que ella enseñó el canto de Moisés a sus compañeras y a cada estrofa respondía con el versículo 21.

II. *María en el desierto.*

a) La Palabra de Dios no encubre los defectos de sus héroes. Ejemplo de David, Salomón, Elías y, en este caso, María.

b) Muy aleccionador para las personas tendentes al chisme, la envidia y la murmuración. La característica de los hombres son los negocios, de las mujeres la vida social. Por esto es mayor nuestro peligro.

c) Si Dios no hubiese castigado a María, el chisme, de boca en boca, hubiera podido traer una revolución contra el caudillo de Israel. Así ha ocurrido en ciertas iglesias.

4. Dios no castiga hoy de modo inmediato y visible, porque «por fe andamos», de otro modo muchas iglesias serían leproserías.

5. Hagámonos dignos de este régimen de paciencia y silencio; aunque a veces Dios también disciplina (1.ª Co. 11:31 y Heb. 12:7-11).

AMOR MAS SUBLIME QUE EL DE MADRE

Introducción. Tema a propósito para la «Fiesta de la Madre», cuyo objetivo es fomentar amor y gratitud en la niñez, pero que puede aprovecharse también para comprender otro amor aún superior.

I. *El amor materno como ley natural.*

Obsérvese el instinto en algunos animales, como los conejos, las aves, etc.

II. *El amor instintivo y el moral.*

a) El primero es sólo temporal, el segundo es eterno como lo es nuestra alma (ilústrese con historias de amor maternal).

b) Dios condesciende a compararse con las madres. La objeción es cuando permite catástrofes en la Naturaleza, pero la respuesta es que Dios impuso leyes fijas a la Naturaleza, muy sabias y benéficas, y no las interrumpe a cada paso con milagros, para nuestro mayor provecho espiritual. Pero como dijo el gran poeta Argensola: «Necio, ¿es el mundo el centro de las almas?».

III. *La prueba de este amor superior.* Isaías no podía imaginarse el profundo significado profético y mesiánico del v. 16.

1. El tatuaje, una operación algo dolorosa a que se han sometido algunos amantes para recordar a su amada.

2. Cristo se sometió a uno mucho más doloroso y superior (Salm. 22:16 y Zac. 12:10), cuyo objeto era:

a) Cumplir la redención del pecado, como ejemplo al universo de las consecuencias de la desobediencia al Creador.

b) Ganar nuestro corazón.

3. El amor materno por ser el más alto moralmente es un buen ejemplo del amor divino. ¿No merece nuestra respuesta? Refiéranse ejemplo de hijos ingratos y de hijos agradecidos. ¿Qué seremos nosotros?

COMO BUSCAR A DIOS

Introducción. Es una necesidad del alma humana creada a semejanza de Dios con ideas creativas y sentimientos morales de las que los animales carecen: el sentimiento de adoración, el deseo de buscar al autor de todas las cosas, al Creador, el cual ha sido representado de muy diversas maneras desde los grotescos ídolos de los mayas o los toltecas, hasta los grandes filósofos como Tomás de Aquino.

Sólo la Biblia nos ofrece una noción razonable y cierta del Dios verdadero, además de indicarnos con diversas figuras y ejemplos la manera de buscarlo.

I. *Cómo buscar a Dios.*

a) Con sed (Is. 55:6).

b) Por necesidad (Mt. 11:28).

c) Con sinceridad (Salm. 119:7 y 145).

II. *Dónde.*

a) En su libro (Mt. 4:4).

b) En su Hijo (Jn. 1:1-3).

c) En su Espíritu (Jn. 6:33).

d) Entre su pueblo (Mt. 18:20, Salm. 122:11 y Heb. 10:25).

III. *Cuándo.*

a) Mientras pueda ser hallado (Is. 55:1).

b) En el tiempo aceptable (2.ª Co. 6:2 y Heb. 3: 7 y 8).

JESUS DEMANDA SINCERIDAD

Introducción. Origen etimológico de la palabra. Las esculturas griegas perfeccionadas con cera, que se fundían con el calor.

I. *Sinceridad en el vivir diario.*

a) Hipócrates, el dios del teatro.

b) Dios no va a hacer el milagro de cambiarnos sin nuestro consentimiento, pero nos da su Espíritu para que obremos conforme a sus impulsos.

II. *Sinceridad en el hablar.*

1. No es decir todo lo que pensamos, sino lo que es verdadero y no puede ofender (Salm. 141:3). Jesús mismo usó de discreción según Marcos 9:33-37.

2. Sinceridad en prácticas religiosas.

a) En la limosna (Mt. 5:6-8 y Hch. 6:1-11).

b) En la oración (Mt. 6:5-15).

c) El premio de la sinceridad (Mt. 6:19-21). (Anécdotas medio millón en el cielo y el sueño de la señora japonesa.)

NUESTRO PADRE

Introducción. Es difícil para la mente humana concebir a Dios como Espíritu Creador, a la vez que como nuestro Padre, interesado en los millones de seres humanos que pueblan el planeta; pero esto es a causa de que nosotros somos finitos, y El no.

Por eso la mente humana se ha extraviado en dos extremos:

a) Concebirle como demasiado humano (los dioses mitológicos).

b) Despersonalizarle, como una fuerza inherente a la materia (panteísmo), pero entonces resulta inexplicable la sabiduría manifestada en sus obras.

Jesús vino a revelar a Dios como Espíritu Infinito (Jn. 4:24; pero a la vez como un Padre celestial que conoce todas las cosas (Mt. 6:25:34). Este es el verdadero concepto de Dios, por más que no quepa en nuestra imaginación. Tampoco caben los conceptos de espacio infinito y eternidad; sin embargo, nada hay más cierto.

I. *Privilegios de la paternidad de Dios.*

a) Ennoblece nuestro origen (Hch. 17:28-29).

b) Nos asegura protección (Salm. 103:13).

c) Nos asegura comprensión (Salm. 94:9).

d) Nos asegura bendición (Lc. 11:13 y Salmo 109:28).

e) Nos asegura consuelo (Is. 66:13).

f) Nos asegura herencia (1.ª Pd. 1:24 y Ro. 8: 15-17).

II. *Nuestros deberes.*

a) Santidad (Mt. 5:38).

b) Respeto y veneración (1.ª Pd. 1:17).

c) Sinceridad de verdad (Fil. 2:15).

d) Fraternidad (Mt. 23:9).

Resumen. Una idea iluminadora en todas las circunstancias:

a) Ante lo desconocido: «Mi Padre sabe»...

b) Ante la prueba (Ro. 8:28).

c) Ante la muerte: «Padre en tus manos encomiendo mi espíritu».

LO QUE ES EL CRISTIANO

Introducción. «Ninguno vive para sí.» Es una atinada afirmación del apóstol san Pablo, inspirada por el Espíritu Santo. Así debe ser. Jesús usa significativas figuras para ilustrarlo. Somos, o debemos ser:

I. *Luz que alumbra.*

a) La luz es útil para saber a dónde vamos.

b) Es útil para saber lo que tenemos que hacer.

c) Es útil para poder alegrarnos.

d) No debe ser ocultada. Así con el Evangelio, luz de nuestra alma.

II. *Sal que purifica.*

a) Origen de la palabra: *Sal-ario.*

b) Da buen sabor. Explíquense los frutos prácticos que a pesar de todas las deficiencias del cristianismo a través de los siglos ha producido en la civilización moderna, comparándola con las costumbres antiguas.

III. *Levadura que transforma.*

a) La levadura es contagio de unas células sobre otras, y es muy útil para la producción de pan y otros productos de pastelería.

b) Pero la podredumbre sigue la misma regla (ejemplo de un cesto de manzanas, donde una sola en mal estado puede estropear la cesta). ¿Cuál es nuestra influencia en el mundo?

IV. *Fruto que alimenta y recrea.*

a) Es la figura que emplea el Señor en Juan 15:8.

b) Hay quienes tienen muchas palabras condenatorias contra la injusticia social, pero son incapaces de producir ningún fruto propio en cuanto a hechos de amor.

LA MUJER SIROFENICIA

Introducción. Es un suceso tan importante en la vida de Cristo que está recordado por todos los evangelistas.

a) Cítense los antecedentes históricos remotos de 1.° Reyes 9:26-28.

b) Hágase notar que había habitantes de esta región entre la audiencia al Sermón del Monte» (Mateo 4:24). Quizá por esta razón, Jesús no pudo pasar desapercibido en su viaje de descanso a la costa del Mar Mediterráneo.

La mujer mostró:

I. *Una gran fe en Jesús como Mesías.* Era una fe privada en medio de un pueblo pagano, de ahí su mayor valor.

II. *Una gran humildad.* Se postró a los pies de Jesús, pero el Señor quiso probar su fe pasando de largo. A veces El también nos prueba, quizá por un simple desaire de una hermana o una involuntaria desatención del pastor. ¿Cómo reaccionamos?

III. *Una inquebrantable perseverencia.*

a) Siguió tras la comitiva dando voces.

b) Jesús apretó el tornillo de la prueba con sus palabras hirientes, pero Él sabía hasta dónde podía resistir su fe.

IV. *La santa virtud de no ofenderse.*

a) Creía de tal manera en el Dios de los hebreos que el aparente desaire del profeta de Nazaret no le ofende. Ella no podía adivinar que era nada menos que el Hijo de Dios poniendo a prueba su fe. ¿Nos habríamos ofendido nosotros?

b) Su gran necesidad le animaba para soportarlo todo, pero todavía es mayor nuestra necesidad de perdón de Dios; sin embargo, ¿nos ponemos en situación de que Él no nos perdone? (véase Mt. 6:14-15).

V. *La fe recompensada.*

a) No sólo por la curación de su hija, sino por el elogio que le dispensó.

b) Notemos las veces que le dice ¡Señor! Porque Jesús es Señor e Hijo de Dios, si nos llama pecadores debemos admitirlo respondiendo como esta mujer: «¡Sí, Señor, pero no quiero serlo mediante tu gracia!».

LA ORACION MODELO DE JESUS EN GETSEMANI

Introducción. Es la oración de Jesús que tenemos en más detalle, exceptuando la de Juan 17; pero ésta fue decisiva para la vida del Señor, y es también para nosotros un modelo de oración.

Fue una oración:

I. *Necesaria.* Por amor a nosotros, ya que fue causada por su humillación o «kenosis» (véase Heb. 2:14-18).

II. *Humilde.* «De rodillas», leemos en Lucas; «postrado», declara Mateo. Si asume tal actitud, siendo quien era, ¡cuánto más nosotros debemos sentirnos humildes e indignos ante la presencia de Dios! Aunque Jesús no nos exige una posición corporal determinada para escucharnos.

III. *Filial.* Llama a Dios «Padre», pues lo era en el más alto sentido. Es el mayor estímulo para nosotros lo que Jesús nos ha enseñado acerca del Padre (Jn. 16:27).

IV. *Ardiente.* «Oraba más intensamente» y su sudor era «como grandes gotas de sangre que caían sobre la tierra». Creemos que ningún hombre ha orado así. Pero debemos considerar el momento trascendental que significaba para Jesús. Dolor físico como hombre y angustia moral indecible (Lc. 22:44 y Heb. 2:14-18).

V. *Perseverante.* Oró tres veces (Mt. 26:44). Nos recomienda a nosotros orar siempre y no desmayar (Lc. 18:1).

VI. *Resignada.* «Tu voluntad, no la mía.» ¿Qué habría sido de nosotros si Dios hubiese cedido a la voluntad de la naturaleza humana de Jesús?

VII. *Escuchada.* «Un ángel bajó a confortarle.» ¿Qué le diría? Probablemente le citaría Isaías 53. Notemos cómo estaba en su corazón este pasaje una vez resucitado (Lc. 24:27 y 46-48).

Epílogo. Apliquemos este ejemplo a nuestras oraciones imitando a Jesús en todos estos aspectos.

LA HIJA DE JAIRO

Introducción. Milagro recordado por tres evangelistas.

I. *Un padre atribulado pero creyente.* Tres variantes significativas (Mt. 9): «Está muerta». Pero Marcos 5 y Lucas 8 demuestran que estaba «agonizante», y el padre salió apurado, creyendo que moriría estando el por el camino si Jesús no se apresuraba. Esto parece mostrar las discrepancias del relato en los tres evangelios.

Sin embargo, se mostró

II. *Respetuoso y paciente.* Es evidente que se sentiría impaciente por la interrupción de la mujer con flujo de sangre cuando él necesitaba la atención de Jesús en un asunto tan urgente. Gracias a Dios que Jesús, por hallarse glorificado, puede atender a muchos necesitados a la vez (compárese Mt. 28:18-20 con Mt. 18:18-20).

III. *El milagro en un ambiente de fe.* Jesús no quiso realizarlo sino en presencia de los que creían en su poder. Las lloronas mercenarias no eran aptas, ni probablemente dignas de tal privilegio. Notemos cómo Jesús, en muchos otros milagros, requería fe.

IV. *La paradoja de hablar a un muerto.* En todos los milagros de resurrección Jesús habla a los muertos como si fueran vivos. ¿Por qué? Porque para El lo eran. Hablaba a sus almas, que son nuestro verdadero «yo».

V. *Una recomendación significativa.* «Dadle de comer.» Sería en este caso físicamente necesario. En la vida espiritual los recién nacidos o «resucitados en Cristo», necesitan ser alimentados (1.ª Pd. 2:2).

LA SUEGRA DE PEDRO

Introducción. Una historia contada en los tres evangelios sinópticos, lo cual demuestra lo bien fijada que quedó en la mente de los discípulos. El detalle de su fiebre dado por Lucas, que era médico.

Vemos que se trataba de:

I. *Un hogar generoso.* Pedro era aún joven y el brazo fuerte de la familia, que compartía los ideales del yerno. ¿Es nuestro hogar abierto de par en par a Cristo y a su causa?

II. *Un hogar entristecido.* Por lo menos aquel día. Muy inoportuna la enfermedad en una casa que iba a recibir trece huéspedes. No es extraño que rogaran a Jesús que la curara; sobre todo la hija casada, podemos creer.

III. *Un hogar regocijado.* Jesús la curó y le dio la mano para levantarse. Por razón natural debía estar débil porque en aquel tiempo no se daba alimento a los enfermos.

IV. *Un hogar servicial.* Una vez de pie se puso a servir. Esta es la característica de los recién convertidos.

V. *Un hogar agradecido.* ¿Por qué se llenó la casa y los alrededores de enfermos al anochecer? Es lógico suponer que los miembros de la familia llevaron las noticias de lo que Jesús había hecho en su hogar. Así debemos hacerlo nosotros (hágase leer la poesía a una buena rapsoda del grupo).

SALOME

UNA MADRE AMBICIOSA, PERO FIEL

Introducción. ¿Quién era? Una hermana de la bendita virgen, que casó con un empresario de pesca llamado Zebedeo.

I. *Su fe práctica.* Además de dar sus hijos, era del grupo de mujeres que ayudaban pecuniariamente a Jesús. Le siguió en su último viaje a Jerusalén. ¿Por qué?

II. *Ambiciosa pero resignada.*

1. Motivos de su petición:

a) Su amor de madre.

b) ¿Posible envidia de Pedro?

c) Motivos puros: amor e interés por el Reino. Siempre hay mezcla de motivos en nuestro servicio.

2. La respuesta del Señor: «No sabéis lo que pedís». ¿Qué ignoraban?:

a) Que Jesús era Dios.

b) La extensión de su Reino, que no se limita a esta pequeña tierra.

c) Las duras condiciones inmediatas. La copa significaba la suerte y puede ser dulce como en el Salmo 23:5, o amarga, como en Mateo 26:39.

3. La respuesta afirmativa de los discípulos.
a) Prueba de su sincero amor.
b) Cumplida en Hechos 12:2 y 2.ª Pedro 1:14.

III. *Salomé, creyente imperturbable.* No replica ante la respuesta del Señor, sino que asiente a la declaración de sus hijos. La hallamos:

IV. *Agradecida.*
a) Al pie de la cruz.
b) Al sepulcro para ungir al Señor.

V. *Privilegiada.* Salomé fue probable testigo de tres sucesos maravillosos:
a) La resurrección de Cristo.
b) Probablemente su ascensión.
c) Indudablemente Pentecostés.

Exordio. No tengamos ambiciones propias, porque los planes de Dios son muy superiores a los nuestros.

maestros.

CINCO LECCIONES DE LA ESCUELA DE JESUS

Introducción. Enfatizar el título de «discípulos»
que se da en los Evangelios y en los Hechos a los seguidores de Jesús. Raramente usado en nuestros días,
pero probablemente continuado en la eternidad (Jn.
17:24-26). Nótese cuán eficaz fue tal enseñanza) (Hechos 4:13).

I. *Doctrinal, incomprendida* (v. 22), a pesar de
ser la más importante. ¡Qué bien la entendieron después! (Hechos 2:36).

II. *De humildad.* El razonamiento de los discípulos fue sin duda: Si matan al Maestro, alguien de-
berá sustituirle, hasta que resucite y aparezca como
Mesías. Lo que suponían ocurriría durante su vida;
pero Jesús les desconcierta con su respuesta.

III. *De prudencia.* No les replicó por el camino, sino en casa, para no restar autoridad a los futuros maestros.

IV. *De pedagogía.*
a)   Con el ejemplo de un niño.
b)   Con lo que revela acerca de los niños.

V. *De tolerancia.*
a)   Juan, sobreapellidado por el Señor «Boaner-ges», olvidando la lección anterior, muestra un pensamiento mezquino: «No nos sigue».
b)   No se lo prohibáis (Ro. 14).

¿Quedó algo de «Boanerges» en el discípulo del amor cuando leemos 2.ª Juan? No; hay peligrosas doctrinas que deben ser evitadas, hospedar a sus propugnadores podía ser peligroso, pero siempre hay que replicarles con amor y aconsejarles dirigirse al público no creyente, pues es mejor que propugnen una fe incompleta que la incredulidad (Mc. 9:39).

ELISABETH
LA MUJER QUE SUPO ESPERAR

Introducción. El nombre de *Elisabeth* significa «Dios es mi juramento», o en versión castiza, «adoradora de Dios».

I. *Supo esperar un hijo.* Era una vergüenza para las hebreas ser estériles, pues se creían aborrecidas de Dios. Pedir señal sobre una profecía del futuro era propio de otros servidores antiguos; pero que tenían menos conocimiento de Dios; por eso, posiblemente, la señal concedida a Zacarías fue a la vez un castigo. De nuevo Elisabeth supo esperar el nacimiento del hijo prometido, pero la mudez de Zacarías no se curó el día de su alumbramiento. Otra prueba para la fe de Elisabeth.

II. *Fue prudente.* Al encerrarse en casa hasta ser evidente su preñez. «Alábate el extraño y no tu boca», dice Salomón. En este caso, dejar que hablase la Naturaleza era más prudente.

III. *Creyente inspirada.*

a) Sabía el milagro ocurrido a su marido, pero no el de su parienta María. No obstante, el ángel reveló a su marido que el Mesías vendría pronto, por lo que le dijo acerca de su hijo.

b) Llamó bienaventurada a María, pero no la adoró.

IV. *Decidida y práctica.* ¡Cuán gozosa se sentía de ver crecer a su hijo sabiendo lo que había de ser. Juan significa «don de la gracia del Señor», y valerosamente se opuso a la opinión de sus parientes de llamarle Zacarías. Seguramente el nombre le dio ocasión de testificar de esta gracia, pues leemos que en toda la vecindad se comentaba lo que le había ocurrido. ¿Aprovechamos nosotros todos los medios para testificar de la gracia del Señor?

MARIA DE NAZARET, MADRE DE JESUS

Introducción. Conviene guardar el equilibrio entre las exageraciones idólatras de Roma y lo que es la virgen María en realidad. El ángel la llamó bienaventurada, y nosotros también.

Reconozcamos sus virtudes:

I. *Era piadosa.* Lo reconocemos por su cántico.

a) Conocedora de la Biblia.

b) Fervientemente adoradora. Lo observamos en sus alabanzas.

c) Asidua a los servicios religiosos. Sus cánticos, copiados de los servicios en la sinagoga, lo demuestran. Asistente a la primera reunión de oración de la iglesia (Hch. 1:14).

II. *Creyente.* «Bienaventurada la que creyó», le dijo el ángel.

III. *Razonadora.* La razón no está opuesta a la fe. «¿Cómo será esto?»

IV. *Humilde.* «He aquí la criada del Señor.»

V. *Obediente.* «Hágase en mí conforme a tu palabra.»

VI. *Abnegada.* ¿Por qué?

a) El anuncio significaba ver truncadas sus esperanzas de matrimonio, con todos los honores.

b) Igualmente con los de un alumbramiento normal en su casa de Nazaret. Nunca podía imaginarse un pesebre, cuando preparaba cuidadosamente los pañales y la cuna en su hogar.

VII. *Resignada pero valiente.*

a) Interpretando la profecía de Simeón, buscaba a Jesús para preservar su vida, y vio que su hijo no le hacía caso, al parecer (Mr. 3:31-35).

b) El día de la crucifixión, manteniéndose en pie delante de la cruz.

VIII. *Tolerante y comprensiva.* Durante todo el ministerio de Jesús, viéndose postergada como madre (Mt. 12:46).

Resumen. Imitar estas virtudes es, sin duda, más apreciado por ella que adorar sus imágenes.

EL HOGAR DE NAZARET

Introducción. Hay un gran paréntesis de 30 años entre el nacimiento de Cristo y el principio de su ministerio público. Escritores apócrifos del II siglo trataron de llenarlo con relatos imaginarios, de los cuales no tenemos garantía por su inanidad o falta de motivo. Pero tenemos unas palabras en Lucas 2:41-52 que nos llevan a considerar la infancia de Jesús:

I. *En el hogar.* Aunque no tenemos detalles, es evidente la piedad de aquel santo hogar. La expresión de Jesús «¿No sabiais?» da motivo para suponer muchos detalles piadosos que no se nos explican.

II. *La escuela de la aldea.* Un rabino enseñaba en ella, no sólo a leer y a escribir, sino sobre todo, la ley del Antiguo Testamento y la interpretación rabínica de la misma. Quizá tienen aquí su razón humana las repetidas denuncias de Jesús sobre sus exageradas tradiciones. El Niño Jesús no nació con toda la sibduría divina a causa de su «kenosis», pero sin duda el Espíritu Santo inspiraba a Jesús, no sólo después de su ministerio, sino aun antes (Lc. 2:47). Podemos, pues, creer que ya desde niño comprendía los errores del religionismo de su pueblo que El comentaría en casa.

III. *La escuela del ambiente.* Nazaret, enclavado en una colina donde pasaba la carretera de Egipto a la India, le ponía en contacto con hombres de todas las razas, y el Espíritu de Dios le iba abriendo a la idea de que había venido a salvar a todas las gentes del mundo.

IV. *La sabiduría demostrada en el templo.* La ceremonia de su mayoría de edad le llevó a poder demostrar su sabiduría a los doctores de la ley. Una de sus pruebas humanas fue sin duda la larga espera en Nazaret, probablemente a causa de la muerte de José.

V. *La entrada en su ministerio público.* El ministerio del Bautista fue el llamado para iniciar el suyo. Allí recibió la confirmación del Padre celestial de que El era el Mesías. Si la espera era una prueba para Jesús, su ausencia lo sería para María, en un hogar dividido, ya que sus hermanos no creían en El.

E) Asimismo ... persuadir ... un sentido políti-
de honrar, pero el amor ... entra al tercer en todos los
sentidos.

MARIA MAGDALENA

Introducción. Fue una mujer rica que Jesús libró de siete demonios. Es un misterio el de la relación del alma (nuestro yo) y la computadora del cerebro, dividido en dos departamentos, el segundo de
los cuales se llama cerebelo. Allí archivamos nuestros recuerdos y es la razón de los sueños.

Parece ser que esta parte del cerebro puede quedar trastornada o ser invadida por seres espirituales.
Su liberación o curación la hizo:

I. *Agradecida.* Leemos en Lucas 8:2 que era de
las que ayudaban a Jesús con sus ofrendas. ¿Qué hacemos nosotros de nuestro dinero?

II. *Llena de amor entusiasta.* Es una tradición
gratuita del romanismo que fuera la prostituta que
Jesús perdonó en casa de Simón el fariseo, pero sentía amor y gratitud a Cristo por su curación. ¿Cómo
mostramos nosotros nuestra gratitud al Señor?

III. *Valiente.*

a) Se necesitaba valentía para estar al pie de la
cruz entre los soldados y la plebe enfurecida. Y allí
estuvo, al lado de la propia madre de Jesús.

b) Asimismo, para acudir a un sepulcro solitario de noche; pero el amor quita el temor, en todos los sentidos.

IV. *Diligente y comunicativa.* Corrió a comunicar la noticia del sepulcro vacío. Organizó con las otras mujeres el propósito de ungir su cuerpo, probablemente porque confiaban en la resurrección de su amado Maestro, en quien creían como Mesías, mucho más tarde, quizá por haber oído comentarios rabínicos en la sinagoga acerca del salmo 16:10 y tuvieron más presente la interpretación judía, que habían oído muchas veces, que la clara profecía de Jesús dada en Mateo 16:21 y 20:19 que sería dentro de tres días. Los planes de Dios son siempre superiores a nuestras pobres interpretaciones.

V. *Desolada y confortada.* Es encantador el relato de Juan 20:11-18. Jesús le reveló la paternidad de Dios en los dos aspectos: la suya, esencial, como Unigénito, y la nuestra, de adopción. Más tarde, resucitado, explicó a todos los discípulos el secreto del por qué podemos ser hechos aceptos en el Amado (véase Lc. 44:49).

MARIA DE BETANIA

Introducción. Hacer referencia a la historia de Juan 11, pero en el tema de hoy hay provechosos pensamientos sobre el carácter de esta María, que debemos imitar.

I. *Escogiendo lo mejor.*

a) Lo espiritual es siempre mejor, aun sin descuidar lo material. «Hay tiempo para todo», dice Salomón.

b) Las mujeres tienen el hábito y oportunidad de escoger miles de veces en las tareas diarias. ¿Lo sabemos hacer en los intereses espirituales?

II. *Dando lo mejor.* Hágase observar:

a) El valor pecuniario de trescientos denarios en aquel tiempo.

b) Es de doble valor, lo mejor que damos, cuando es dado en el mejor momento.

c) La esperanza mesiánica de que Jesús había de resucitar y presentarse como Mesías, animó sin duda a sus discípulos más fieles a ungir su cuerpo muerto, pero María se anticipó a todos.

d) Jesús apreció la intención de todos ellos, pero particularmente de la que se anticipó; a pesar de lo innecesario que era a causa de su pronta resurrección; pero no la abochornó haciendo coro a Judas. ¡Qué delicado es el Maestro! Procuremos imitarle cuando nuestros hermanos se equivocan.

III. *En el mejor momento.* «La palabra a su tiempo, ¡cuán buena es!», dice Salomón. Más puede serlo, todavía, un donativo o un acto cariñoso.

IV. *Al mejor receptor.*

a) La idea de María, aunque equivocada, fue aceptada por su buen propósito. Muchas veces somos demasiado críticos respecto a otros creyentes, pues Jesús juzga su espíritu e intención. Es una buena obra mostrar el error cuando existe (como, por ejemplo, a los católicos, el abuso de las imágenes), pero debemos hacerlo siempre con amor.

b) Jesús indicó claramente, más tarde, que aprecia bien las obras de amor y caridad al prójimo, aceptándolas como hechas a sí mismo (Mt. 25:31-45), pero en Jeremías 14:12 y en otros pasajes escriturales, vemos que Dios condena la ofrenda hecha con motivos innobles, pues el Señor mira el corazón.

Aprendamos como El a comprender.

LAS BODAS DE CANA

Introducción. El primer milagro de Jesús. Parece que los invitados eran parientes carnales del Señor. ¿Qué aprendemos de este suceso?

I. *Jesús no es contrario al matrimonio.* Prejuicios clericales posteriores propugnaron el celibato y el ascetismo.

II. *No desdeña una fiesta.* En la que hubo vino y probablemente danzas en corro, según las costumbres judías.

III. *La respuesta del Señor a su madre.* Dos interpretaciones exageradas de la lacónica frase literal griega *¿Qué a ti y mí?* Jesús empezaba a demostrar la superioridad de las cosas espirituales a las materiales, incluyendo la persona de su madre (véase Lucas 8:19-21).

IV. *El milagro.* No era, químicamente, sino una transmutación del agua y el aire en sustancias diferentes, pero compuestas por los mismos átomos. ¿No podía hacerlo el Hijo de Dios, cuyo poder y sabiduría nos admira en la elección y clasificación del centenar de átomos que componen los tres elementos de la naturaleza y todavía más en los organismos derivados de aquellos que figuran en la naturaleza entera? (véase Col. 1:15-18).

V. *Su objetivo.* «Principio de señales», dice el texto; o sea, empezar a demostrar a sus más allegados su poder sobrenatural; no ejercido hasta entonces, según los evangelios sinópticos.

VI. *La fe respetuosa de la virgen María.* Sin embargo, su madre parece saber algo de este poder (¿por alguna experiencia milagrosa anterior, como pretenden algunos apócrifos, o por el recuerdo de su nacimiento sobrenatural?), porque a pesar de la fría respuesta de Jesús, muestra a los criados su esperanza de que hará algo. Es una lección de fe para nosotros que divagamos entre los favores de la providencia en respuesta a nuestras oraciones, y el misterio del silencio divino en la mayoría de los casos.

VII. *Dios da más abundantemente de lo que pedimos.* Esta era una experiencia de Pablo (Ef. 3:20) y también de muchos otros hijos de Dios experimentados en fe y oración.

VIII. *Lo mejor, después.* Así fue en Caná; así suele ser muchas veces en nuestras vidas; pero lo será por excelencia, en lo postrero de ellas: la eternidad.

I. Un juez perdonador. Cítanse otros ejemplos
de perdón dado por desacierto (1 c. 5:21; Mt. 6:15;
...0).

JUZGAR Y PERDONAR

Introducción. Una escena dramática de los evangelios, muy aleccionadora.

I. *La mujer hallada culpable* del mayor pecado sexual, según la ley de Moisés (Lv. 20:10), pues el Antiguo Testamento no castigaba tan severamente el cohabitar con una virgen.

II. *Cambio de juez.* El propósito de los enemigos de Cristo fue ponerle en compromiso, como en Mateo 22:23.

III. *La escritura incógnita.* Tradición curiosa, pero bien posible.

IV. *Un juez perdonador.* Cítense otros ejemplos de perdón dado por Jesucristo (Lc. 5:21, 7:41 y 19:9-10).

V. *La condición del perdón.* «No peques más.» Jesús no perdona para fomentar el pecado, lo que suele ocurrir con frecuencia con el perdón dado por los hombres, sino que perdona y santifica.

EL MAESTRO ESTA AQUI Y TE LLAMA

Introducción. Segunda parte del tema «María de Betania». Hágase notar la enfermedad de Lázaro estando Jesús ausente en Perea. La demora intencionada del Señor. Dios escribe recto con renglones torcidos.» La prueba suele traer tentación, que sería fuerte en esta familia, por los servicios prestados a Cristo. Esto se hace evidente en las palabras «Si hubieras estado aquí». Ignoran que el Señor les había hecho sufrir, no sólo para proporcionarles el privilegio de la resurrección de Lázaro, sino para consolar a millones de hogares fúnebres con el diálogo que provocó su muerte. Nuestro mensaje, hoy, se basa en una frase de Marta que merece ser considerada por partes.

I. *El Maestro.* Este es el título que le daban entre sí, pues cuando se dirigían a El, siempre le llamaban Señor (Lc. 10:40).

¿Por qué le llamaban Maestro en su intimidad? Porque habían recibido grandes lecciones de sus labios. Aun sus enemigos lo reconocían un maestro sin igual (Mt. 7:28-29 y Jn. 7.46). Mucho más sus amigos que le habían comprendido mejor (Jn. 6:68). ¡Qué bien haberle escogido nosotros!

II. *Está aquí*. Había llegado. Ya no era el ausente difícil de encontrar. Nosotros podemos decirlo por fe. (Mt. 28:29). Pero pasó todavía una hora entre la llegada de Jesús hasta el clímax del milagro. Esta es la hora (para Dios) en que estamos viviendo, hasta el cumplimiento de sus promesas. «La de «resucitará» se convierte para nosotros en «Saldrán a resurrección de vida» (Jn. 5:29).

III. *Te llama*. María podía decirse: ¿Para qué? ¿Para consolarme? ¡Mejor habría sido no hacernos esperar! ¿No estamos tentados nosotros a pensar así? Pero María había oído, sin duda, grandes palabras de esperanza cuando no se sabía separar de Jesús (Lc. 10:42). ¿No es así con nosotros? (Hacer leer los vv. de Juan 5:24-29 por una hermana hábil para la lectura, y comentarlos. Hacer lo mismo con Jn. 14:1-3).

MARIA, MUJER DE CLEOFAS

Introducción. Era madre de Santiago el menor; el segundo Santiago del grupo apostólico. Una de las mujeres que se concertaron para ungir a Jesús; pero quizá por vivir en la aldea de Emaús se retrasó un poco aquella mañana de la resurrección, y llegó con Salomé, ya salido el sol (Mr. 16:1). Pasaron apuro al encontrarse solas por ignorar dos cosas:

a) Que la piedra ya había sido revuelta por un ángel.

b) Que sus compañeras ya habían estado en el sepulcro y estaban dando gloriosas noticias a los demás discípulos.

¡Cuántas veces nos apuramos a causa de lo que desconocemos! Notemos en este caso:

a) Que encontraron ángeles, en vez de un cadáver.

b) María pudo oír la confirmación del recado de los ángeles de boca de su propio marido (Lc. 24:35).

c) De labios del mismo Jesús (vv. 35-49).

Lecciones prácticas del caso:

I. *Ser puntuales* en nuestros compromisos, particularmente en los cultos. María pudo haberse levantado un poco más temprano; nosotras también.

II. *Evitar preocupaciones innecesarias.* Es la advertencia de Jesús en Mateo 6:25-34.

III. *Afrontar con valor y gozo la incógnita del mundo espiritual.* ¿Quién no siente escalofrío ante lo que hemos visto tantas veces en el lado de abajo de la muerte, suceso para todos inevitable?

Afortunadamente, tenemos en la Escritura promesas alentadoras:

a) En el A. T.: Salmo 23:4-6, Eclesiastés 12:7 y Job 19:25.

b) En el N. T.: Lucas 12:4, Juan 5:24 y 14:1-3, y muchas otras en las epístolas.

IV. *Nuestra futura experiencia.*

a) Sin duda nos espera al otro lado un amable reproche como el que oyó María de parte de los ángeles.

b) Posiblemente de nuestros propios amados que nos precedieron.

c) De los ángeles, o de Jesús mismo, a todos.

V. *Creer y esperar.* María de Cleofás no quiso volver con su marido a Emaús. ¿Por qué? Para él la resurrección de Jesús era una ilusión de mujeres (Lc. 24:22). ¿No es así con algunas de vosotras, amadas hermanas? Pero un día se demostrará que no lo es.

¿ME AMAS?

Introducción. Sugiérase animadamente el relato de Juan 21 haciendo énfasis en la pregunta de Jesús a Pedro.

I. *El amor a Cristo, la marca del cristianismo.* Cítese el ingenioso saludo de Pablo a todos los cristianos sin dejar ninguno fuera, en el último versículo de Efesios.

II. *Por qué amamos a Cristo.*

a) Por lo que hizo en favor de los humanos como Verbo de Dios creador (Col. 1:16). Las descripciones biológicas de los médicos acerca de cualquier órgano, particularmente los relacionados con la mente, como el ojo, el oído o el cerebro, nos dejan estupefactos y agradecidos.

b) Por su venida al mundo como Redentor y sus sufrimientos por nosotros.

c) Por los favores que nos dispensa en el tiempo presente, aún en detalles aparentemente triviales.

d) Por lo que ha prometido hacer con nosotros en el futuro eterno.

III. *La fe y el amor.*

a) La fe nos introduce a Cristo, el amor nos hace permanecer unidos a El.

b) Es el punto de reunión de todos los cristianos, sean cualquiera sus ideas teológicas.

c) Es la atmósfera del cielo.

IV. *Señales de que estamos en este amor.*

a) Nos complacemos en pensar en el amado.

b) Nos agrada oír de la persona amada.

c) Nos place leer de él (anécdota).

d) Nos complacemos en agradarle.

e) Apreciamos a sus amigos.

f) Somos celosos de su honra (anécdota).

g) Nos complacemos en hablarle (la oración).

h) Nos place estar a su lado.

V. *Importancia de amar o no amar a Cristo.*

a) Si no le amáis, corréis un gran peligro.

b) Preguntaos el motivo.

c) Si le amamos, pero no bastante, busquemos intensificar nuestra amistad.

LECCIONES DE LA ASCENSION

Introducción. ¿Por qué Jesús no podía quedarse en este planeta? Después de asegurar la fe de los suyos durante 40 días, la remachó ascendiendo al cielo visiblemente delante de muchos testigos. Este hecho nos ofrece muchas enseñanzas.

I. *Una lección de fe.* Conveniente para nosotros que parecemos cansados de esperar, pero más lo era para ellos que debían ser testigos, arriesgando, y dando sus vidas.

II. *Una lección de amor.* Coméntese la pregunta a Pedro y su respuesta ascendente (Jn. 21:15-17).

III. *Una lección de paciencia.* «Esperad en Jerusalén.» Aplicable a nosotros. (Véase Heb. 6:12 y 10:36, así como Stg. 5:7.)

IV. *Una lección de servicio.* Sabían que Jesús podía verles desde su gloria. (Véase Mt. 28:20.) Habían tenido ejemplos prácticos de ello durante aquellos cuarenta días.

V. *De sumisión y confianza.* Los discípulos querían indagar si el Reino sería inmediato, pero tuvieron que aceptar el plan de Dios de una demora de siglos, que todavía dura.

VI. *De esperanza.* La decepción de su partida era incomprensible por los discípulos de momento, ¡pero cuán bien comprendida la vemos en Hechos 2! Su ignorancia acerca del tiempo y del tamaño del mundo, les hizo caer en el error de que volvería en sus días, pero había sido entendida, completamente, por Pedro, al final de sus días (2.ª Pedro 3:9).

BERNABE EL CONSOLADOR

Introducción. Propietario rico de Chipre. Su posición social no le impidió juntarse con gente más humilde a causa de su fe.

I. *Bernabé el caritativo.* Empleó la mejor de sus propiedades para hacerse tesoro en el cielo. Fue por el error de pensar que Cristo volvería en sus días y que todos los cristianos debían esperarle en Jerusalén, que los primeros discípulos practicaron un comunismo cristiano, pero siempre vale más errar por más que por menos, cuando se trata de Dios y de la vida eterna.

II. *Bernabé el discípulo confiado.* Creyó en la sinceridad de la conversión de Pablo; y su confianza, juzgada por algunos como temeridad, ¡cuánto bien ha hecho al mundo! ¿Qué hubiera sucedido si Pablo no hubiese hallado tal amigo? Muchas veces hemos sido engañados por hipócritas, pero las almas sinceras no deben pagar el precio de los falsos; debemos aprender a razonar como Bernabé, que no era crédulo, sino buen pensador.

III. *Bernabé, el misionero que supo ser segundo.* A pesar de ser más rico, reconoció la superioridad intelectual y la talla espiritual de Pablo. En su lamentable separación del apóstol, tuvo una razón suficiente, no abandonar a su joven sobrino, desalentando su inicial fervor misionero.

IV. *Bernabé, un corazón generoso que no supo mantener el rencor.* No sabemos cómo se resolvió el conflicto con Pablo, quien fue el primero en buscar la paz; pero dado el fuerte carácter de Pablo, es de suponer que fuera Bernabé, y Pablo lo secundó pronto y de buena gana.

Es irrazonable que existan rivalidades entre cristianos ante una tarea tan grande, un reino de Dios tan inmenso y una vida presente tan corta.

DORCAS

Introducción. Su nombre significa «gacela», por lo que algunos han supuesto que era esbelta como ese bello animal, pero lo que vale más es la hermosura de su espíritu. ¿Cómo sería su cuerpo ahora si por ventura se hallara en algún viejo cementerio de la disputada franja de Gaza, en Israel?; pero lo que ella en realidad fue nos está hermosamente descrito en el Nuevo Testamento. Era:

I. *Diligente.*

a) «Llena de buenas obras» significa actividad personal.

b) «Y de limosnas que hacía.» ¿Era rica o pobre? Posiblemente ni lo uno ni lo otro. De ser muy rica, no habría sido costurera, y de ser muy pobre, no habría podido hacer limosnas. Era una medianía en recursos, como la mayoría de nosotros. Con todo, era

II. *Generosa.* Su ejemplo nos estimula (anécdota de las manos vacías; poesía, hágase recitar por la mejor rapsoda del grupo).

371

III. *Puesta a prueba.* ¡Cuántas preguntas se haría al verse enferma e imposibilitada de hacer sus buenas obras. ¿Cómo le habría respondido el Señor? (Jn. 11:4).

IV. *Apreciada.* Un predicador decía: «Que no tengan que decir de nosotros cuando faltemos: ¡Gracias a Dios, ya descansamos!, sino ¡Cuánta falta nos hace!». (Véase Ef. 2:10.) Dios prepara la oportunidad de buenas obras a nuestro alrededor, pero ¿nosotros las llevamos a cabo?

V. *Resucitada.*

a) Pedro no se jactó del milagro que iba a efectuar, sino que quiso comunicar con Dios a solas.

b) El milagro no es siempre necesario ni factible. ¿Por qué? Jesús nos responde con Juan 13:7 y 20:29.

c) Las resurrecciones actuales son de más valor, pues son espirituales y tienen que ver con la eternidad. Dorcas tuvo que morir otra vez, pero sabemos que habrá otra resurrección definitiva (Jn. 5:24-29).

Resumen. Que nuestras vidas puedan ser de tal naturaleza que se cumpla en nosotros Hebreos 11:4.

AQUILA Y PRISCILA

Introducción. «Mejores son dos que uno», dijo Salomón (Ecl. 4:9-12). Y éste fue también el dictamen de Dios referente al matrimonio (Gn. 2:18). ¡Qué bueno es la unión de dos personas que son un corazón y un alma!

I. *Una esposa unida al marido en el Señor.* Probablemente más inteligente que él, pero el nombre de Aquila va siempre primero, por ser la cabeza del hogar.

II. *Abnegada ante el peligro.* No sabemos los detalles a que Pablo alude en Romanos 16:3-4; muchos expositores lo refieren a Hechos 19:30; posiblemente escondieron al apóstol Pablo en su casa y no le dejaron salir a la multitud que le hubiera matado.

III. *Velando por la pureza de la fe.* Apolos, prosélito judío convertido por Juan el Bautista, predicaba una doctrina muy semejante a los modernistas de nuestros días, pero no era culpable por su desconocimiento de la obra redentora de Cristo. Fue la esposa quien intervino en este caso, así lo da a entender la alusión de Lucas, poniendo primero el nombre de Priscila. Sin duda Aquila corroboró la enseñanza de su esposa, pero ella fue la más atrevida.

IV. *Dando a la obra la mayor importancia.*

a) Se aliaron con Pablo a causa de su común oficio, pero los hallamos después moviéndose tras el apóstol en su labor misionera.

b) Los encontramos finalmente, en Roma, de donde habían sido expulsados por el emperador Claudio. Un ejemplo de cómo debemos aprovechar las oportunidades políticas de este mundo, para promover la obra de Dios.

MARIA, LA MADRE DE JUAN MARCOS

Introducción. Era hermana de Bernabé, casada en Jerusalén y dueña de la casa donde Jesús celebró la Santa Cena. Podemos admirar su solicitud y paciencia en hospedar un creciente número de discípulos, desde que Jesús puso sus pies en aquella casa.

I. *Un hogar al servicio del Señor.* Primero recibieron a trece huéspedes, luego ciento veinte durante diez días y más tarde a miles que entraban y salían. Finalmente vieron marchar al hijo a misiones extranjeras.

II. *Un hogar privilegiado.*

a) Por la presencia del Señor y como plataforma de su más grande y revelador discurso (Jn. 14 a 17).

b) Por la venida del Espíritu Santo (Hch. 2).

c) Como principal centro de oración en la gran iglesia primitiva de Jerusalén. Fue allí que la oración consiguió la liberación de Pedro.

III. *Como centro de misiones.*

a) Por el primer viaje del muchacho con Pablo y Bernabé.

b) La separación de Pablo y Bernabé abrió una nueva rama misionera.

IV. *Madre de un misionero,* que vemos madurar en la prosecución de la obra.

a) Marcos tuvo sus defectos de carácter, pero supo superarlos aprendiendo a perdonar y a servir. ¿No lo aprendería de labios de su madre? (Proverbios 22:6).

b) Todos los grandes hombres han recibido una gran influencia de sus madres. Se ha observado que el nombre de las madres de los reyes es consignado en el Antiguo Testamento (la madre de Wesley y de numerosos misioneros modernos).

Resumen. Aprendamos a dar al Señor lo mejor que tenemos:

a) Nuestro servicio personal.

b) Nuestro hogar.

c) Si el Señor lo muestra, y abre el camino, nuestros propios hijos.

LIDIA DE TIATIRA

Introducción. Pablo es llamado por una visión a
Macedonia y llega a Filipos. Como los judíos aún no
tenían sinagoga en esta ciudad, se entera de que unas
judías y prosélitas griegas del judaísmo, se reúnen
en un lugar solitario, cerca del río, donde encuentra
a Lidia.

I. *Verdadera adoradora de Dios.* Sus deberes
profesionales no la privaban de dedicar un tiempo
a Dios. Excusas triviales para faltar a los cultos.

II. *Estuvo atenta.* Escuchó a un forastero desconocido cuando ya había aceptado el judaísmo, tan
superior a la fe pagana. Ello demostraba un interés
especial y creciente en asuntos de fe. ¿Lo tenemos
nosotras?

III. *Fue obediente.* En el bautismo, Pablo no lo
predicaba como una doctrina para la salvación (1.ª
Co. 1:17), pero sí como una muestra de obediencia
y fe.

377

IV. *Fue generosa.* Pronto sintió el deseo de hacer algo por los servidores de Dios que la habían traído el Evangelio, invitándoles, no a una sola comida, sino a un hospedaje constante. ¿No sería por el deseo de aprender más?

V. *Activa en la obra.*

a) Lo deducimos de Filipenses 4:5. Pablo no tiene que reprocharla citándola como a las dos que se peleaban, sino que elogia a un grupo en el que indudablemente había estado Lidia.

b) Otra deducción referente a Lidia podemos sacarla del hecho que el Señor enviara una carta a la iglesia de Tiatira, en Apocalipsis 2:18. ¿No la habría fundado, o contribuido a su florecimiento, la heroína de nuestra historia?

BENEFICA PROVIDENCIA

Introducción. Romanos 8:28 es un texto paradójico, que no podía ser producto de la mente realista del apóstol Pablo, pero él escribía inspirado por el Espíritu Santo. Sólo puede ser comprendido a la luz de la eternidad.

I. *Antecedentes.* Quien lo escribe era un hombre que había recibido favores de Dios en su azarosa vida viajera; pero también contrariedades y apuros (véase 2.ª Co. 11:23-33, Hch. 21:27 a 28:31). Sin embargo, escribe Filipenses 1:20: «Ahora, como siempre, Cristo será magnificado».

II. *La paradoja.* Aquí también no dice no, «algunas cosas», sino «todas» (ejemplo de un tapiz mirado al revés).

III. *La garantía.* (Ro. 8:32). El clamor de Getsemaní de parte del Hijo de Dios. Algo costoso para el mismo Dios, era evidencia de esta suprema virtud del amor de Dios a sus criaturas (Jn. 3:16). ¿Qué le diría el ángel que bajó a consolarle la noche de la Pasión?

IV. *La paradoja de la cruz.* «Confió en Dios, que lo libre ahora.» Precisamente porque confiaba en Dios no necesitaba ser librado de sus sufrimientos para continuar confiando en El. Era el siervo sufriente de la profecía mesiánica de Isaías 53. Así es el caso en nosotros «Bienaventurados los que no vieron y creyeron».

V. *Un presente y un futuro.* En Apocalipsis 14: 13 leemos: «Sus obras les siguen». «Glorifica tu nombre», dijo Jesús ante el dilema de la cruz. Si lo decimos, oíremos ahora ya en nuestro corazón: «Lo he glorificado. ¿Cómo? Por el conocimiento de la fe, «y le glorificaré aún». ¿Cuándo? En la eternidad.

Ciertamente, tal si lo vemos en esta etapa de nuestra vida, como si no lo vemos al presente, «a los que aman a Dios [o los que son amados por Dios] todas las cosas les ayudan a bien».

EL IDEAL DEL AMOR CRISTIANO

Introducción. La vida cristiana ha sido engendrada en el amor de Dios revelado en el Calvario, y debe desarrollarse en la práctica del amor.

El capítulo 12 de Romanos llamado «El Sermón de la Montaña del Espíritu Santo», tiene 12 características:

I. *Es sincero* (v. 9 a). Ejemplo del amor materno.

II. *Es santo* (v. 9 b). Cuando se practica por motivos piadosos.

III. *Es generoso* (v. 10). Abraham y Lot, Rut y Orpha.

IV. *Es activo* (v. 11). (Anécdota: La respuesta de la enfermera de leprosos.)

V. *Es optimista* (v. 12 a). Pensando en el premio.

VI. *Es paciente* (v. 12 b). El que practicamos con los hijos y los nietos.

VII. *Produce espíritu de oración* (v. 12 c). El consejo del director de misiones: «Si oran, darán».

VIII. *Es caritativo* (v. 13 a). 2.ª Co. 8.

IX. *Es hospitalario* (v. 13 b). El ejemplo de Lidia de Tiatira (Hch. 16:15).

X. *Es afectuoso.* (v. 15). No por simple simpatía (véase v. 9).

XI. *Es condescendiente* (v. 16). ¿Con quiénes y por qué?

XII. *Es perdonador* (vv. 14 y 17). Véase ejemplos y resultados, en «Enciclopedia de anécdotas», págs. 326-348.

Epílogo. ¿Somos capaces de practicarlo?

MARIA DE ROMA

Introducción. No sabemos mucho de esta María, pero una frase de Pablo lo dice todo (Ro. 16:6). «A buen entendedor»... Seámoslo en ete caso considerando las circunstancias.

I. *Antecedentes.* Aquila y Priscila hallaron a Pablo en Corinto, y volvieron a Roma cuando la política del sucedor de Claudio lo permitió, pero parece que no volvieron solos, por la lista de nombres que hallamos en el último capítulo de la epístola a los Romanos (5:16).

II. *El elogio.* Una frase particular, referente a esta mujer, ha quedado por los siglos en la famosa epístola a los Romanos (v. 6). ¿Cómo se ganó tal elogio?

III. *El secreto inferido.* Se ha supuesto que María era una creyente judía de Corinto que se trasladó con Aquila y Priscila a Roma y posiblemente atrajo a otros grupos de cristianos corintios a aquella ciudad. Esto era un procedimiento ideal para organizar iglesias, cuando no había tanta crisis laboral como han provocado las máquinas; pero todavía hay posibilidades entre artesanos ingeniosos y que tienen un corazón para servir al Señor. Esto es de más valor ante el Señor que el mismo trabajo misionero sostenido (1.ª Co. 9:17), aunque la labor misionera sostenida es aprobada en 1.ª Corintios 9, cuando es justificada por la labor de los obreros.

Epílogo a las siete Marías. Puede componerse un epílogo amplio que abarque las enseñanzas aprendidas si han sido dadas en siete reuniones consecutivas sobre personas de este nombre, o muy resumidas si se ha hecho un estudio breve de cada una de ellas en una sola reunión, terminando con recordar que la palabra María o Miriam significa en hebreo «Excelente» o «Completa».

LIBERTAD Y SANTIDAD

Introducción. Parecen dos ideas incompatibles; pero pueden ser una realidad en corazones regenerados.

I. *La libertad del cristiano.*

a) De la ley (véase carta a los Gálatas). El padre es superior al ayo, cuando está presente. Dios ha venido a nosotros en Cristo.

b) Del temor de condenación eterna. Véase Romanos 8:15-16 y Juan 5:24. (Ilustración de Lutero: *Domini sumus.*)

II. *Los límites de la verdadera libertad.* Hacer con los demás lo que queremos para nosotros (ejemplo del Código de Circulación).

III. *Cómo conseguir esta libertad.* Por la regeneración del Espíritu Santo (ejemplo de los salvacionistas en los lupanares; ilustración de la hija del minero).

IV. *El barniz impermeabilizante* es:

a) El amor puro a las almas perdidas.

b) El amor «ágape», a los hermanos, el cual produce los nueve frutos de Gálatas 5:19-24.

LA PAZ DE DIOS

Introducción. Filipenses 4:7-9 es un texto precioso motivado por una reyerta entre dos hermanas de Filipos.

I. *El privilegio del gozo cristiano.* ¿Es posible gozarse en ciertas circunstancias? (Ejemplo: la guerra civil española.) Sí, si sabemos confiar en el Señor para el mañana, pues el presente es pasajero y el futuro está en sus manos.

II. *Una paz sobrenatural* El verbo griego indica un muro alrededor de paz (el cuadro de la catarata y el petirrojo). En Jesús podemos tener paz en medio de las mayores tempestades. Fue en la terrible noche de la pasión que Jesús dijo: «Mi paz os doy» (Jn. 14:27), «no como el mundo la da», se refiere a la costumbre judía de saludar con la palabra *Shalom.*

III. *El origen y razón de esta paz.*

a) Depende de nuestros pensamientos, si están centrados en Cristo o en nuestras preocupaciones y deseos (dicho de Lutero acerca de los pájaros).

b) Dominio de nuestras acciones (v. 9). ¿Qué habían visto en el apóstol Pablo? El disfrutaba de la paz de Dios, en la cárcel de Filipos, donde cantaba himnos.

Que podamos decir como David (Salm. 119:165).

UN HOGAR MODELO, AUNQUE DIFICIL

Introducción. El apóstol Pablo estaba siempre pronto a recoger y utilizar, lo mejor que encontraba, para el Reino de Dios.

Aunque tuvo varios discípulos y ayudantes, confió la iglesia más alta, espiritualmente, a su discípulo preferido, Timoteo.

I. *Hijo de un hogar difícil por ser mixto*. No sabemos cuáles eran las ideas de la cultura griega que profesaba el padre de Timoteo. Para él la religión de su esposa y su suegra judías sería una mera superstición de la religión judía. ¡Cuántos hogares semejantes hay en nuestros días! ¿Qué harían ellas para inclinar el corazón de Timoteo a la fe cristiana, a pesar del padre?

II. *Era un hogar pacífico*.

a) En relación con ellos mismos. Madre e hija se esmeraban en una misma tarea en favor del niño. Aunque había muchas escuelas interpretativas, creadas por diversos rabinos de aquellos tiempos, es seguro que ambas profesaban una fe idéntica.

b) En relación con el padre, respetando sus ideas hasta donde éstas respetaban los principios divinos.

III. *Un hogar de fe no fingida.*

1. Ambas vivían la fe que profesaban ante el miembro no religioso de la familia, pero también ante el niño. Pondrían guarda a su boca.

2. «Te persuadiste», dice Pablo. ¿Cómo persuadiremos a nuestros hijos de la verdad de nuestra fe?

a) Demostrándoles sinceridad y verdad en todos los detalles de nuestra vida doméstica.

b) Poniendo en su mano buenos libros que confirmen, con más detalles y argumentos, la fe que tratamos de inculcarles nosotras con palabras sencillas.

c) No inscribirles en centros educativos donde puedan recibir influencias negativas.

d) Velar por las amistades que contraen.

e) Procurando que entren en relación con organizaciones universitarias cristianas.

IV. *Buscarles, si es posible, un preceptor semejante a san Pablo.* De otro modo, que sea el padre o la misma madre cristiana tal preceptor.

APROBADOS DE DIOS

Introducción.

a) 2.ª Timoteo 2:15 es una gran recomendación de Pablo a su mejor discípulo, a quien llama «amado hijo» en Filipenses 2:19. Este joven estaba en buen camino de ser aprobado.

b) No importa que el mundo desapruebe si Dios aprueba (Heb. 11:28 y Salm. 109:28). Como no podemos oír al presente la voz de Dios, procuremos, de momento, la aprobación de los mejores servidores que Dios tiene sobre la tierra.

c) ¿Qué hay que hacer para conseguir tal aprobado?

I. *Entrar en la escuela de Cristo.* ¿Cómo? Por la fe (Jn. 6:28).

II. *Evitar errores.* El mismo apóstol se sentía temeroso de cometerlos, no para perder la salvación, pero sí la plena aprobación del Señor (1.ª Co. 9:27).

III. *Hacer buen uso de la Palabra de Verdad.* La expresión original indica recortar nuestra vida de acuerdo con el patrón.

IV. *Poner esmero y diligencia en los detalles.*

a) Dando a Dios el primer lugar (Mt. 6:23).

b) Imitando a personas como Pablo (Col. 3:17).

V. *Rectitud en los procedimientos.*

a) Porque Dios conoce el corazón (Salm. 51:6 y 90:17).

b) Dos peticiones sabias del Salmo 90:17.